# 베팬알백 ❷

1986~1998

이재국 · 두산 베어스 지음

베어스 팬이라면 죽기 전에
알아야 할 100가지 이야기

②

# 베팬알백

휴먼큐브

# 우리나라 최초의 프로야구단, 베어스

올해 2023년은 한국프로야구가 출범한 지 41주년이 되는 해입니다. 두산베어스는 1982년 1월 15일, 'OB 베어스'라는 이름으로 한국 프로야구 구단 중 가장 먼저 창단한 뿌리 깊은 역사를 자랑하는 구단입니다.

두산 베어스는 KBO리그 '최초'의 팀답게 '최초'의 기록을 여럿 가지고 있습니다. 1982년 10월, 만원 관중의 뜨거운 열기 속에서 치러진 첫 번째 한국시리즈에서 삼성을 꺾고 초대 챔피언의 영광을 안은 팀이 바로 베어스입니다.

당시 에이스 박철순은 허리 통증을 참아내며 한국시리즈 6차전 완투승을 거뒀습니다. 혼신의 힘을 다해 145개의 공을 뿌리며 시작과 끝을 모두 책임진 불사조였습니다. 타석에서는 김유동의 활약이 빛났습니다. 9회초 그랜드슬램 아치를 동대문야구장 밤하늘에 수놓으며 벅찬 감동을 선사했습니다.

KBO리그 1호 신인왕을 배출한 구단도 두산 베어스입니다. 1983년부터 KBO가 신인왕을 선정했는데, 그 첫 주인공이 바로 외야수 박종훈이었습니다. 또 그해 두산 베어스는 최초의 2군 전용구장을 경기도 이천에 개장하며 KBO 역사에 새로운 이정표를 세우기도 했습니다. 지금 이곳은 '화수분 야구'의 산실 '두산 베어스 파크'로 불리고 있습니다.

두산 베어스는 팬 퍼스트를 가장 먼저 외친 구단이기도 합니다. 1982년 2월 최초의 어린이 회원 모집을 시작으로 전지훈련 참관단 이벤트도 시작했습니다. 여기에 두산 베어스는 어린이야구선수권대회를 개최하며 아마야구 발전과 야구 꿈나무 육성에도 힘을 보탰습니다.

이 모든 두산 베어스의 발자취와 역사가 이 책 『베팬알백 – 베어스 팬이라면 죽기 전에 알아야 할 100가지 이야기』에 담겨 있습니다. 팬 여러분 덕분에 V6를 달성할 수 있었던 과정 등 두산 베어스의 고난과 역경, 환희와 기쁨이 고스란히 녹아들어 있습니다.

이 책이 두산 베어스를 사랑하는 모든 팬 여러분께 값진 선물이 되었으면 합니다. 항상 두산 베어스를 응원해주셔서 감사합니다.

두산 베어스 구단주

박정원

# 베어스를 기록하고 기억합니다

"글 좀 써주세요."

2018년 봄날쯤으로 기억한다. 두산 베어스 홍보팀 함태수 과장 (현 홍보팀장)이 잠실구장에서 야구를 보고 있는 필자에게 다가오더니 슬쩍 얘기를 꺼냈다. 함 과장은 스포츠전문지 야구기자 출신이다. 어느 날 두산 프런트 직원으로 변신했지만, 오랫동안 야구기자 선·후배 관계로 현장에서 함께 지낸 터라 편하게 말을 하는 사이였다.

"두산 베어스 홈페이지를 개편했는데 '두런두런'이라는 코너가 신설됐습니다. 현장 취재를 많이 하셨으니 두산 베어스와 관련한 재미있는 뒷얘기나 에피소드 같은 걸 연재해주시면 좋을 것 같아서요."

당시 필자는 스포츠동아에서 퇴사한 뒤 프리랜서로 활동하고 있던 시기였다. 뜻밖의 제안을 받고서는 고민을 했다. 잠시 후 필자는 역제안을 했다.

"소소한 에피소드도 좋은데, 아예 두산 베어스 역사를 연재해보는 건 어떨까? 연대기식으로 정리하는 건 지루할 수 있으니, 주제를 잡아 스토리 중심으로 '베어스 팬이라면 알아야 할 100가지 이야기'를 추려보는 건 어때?"

"오~ 그것 좋겠네요. 내일 내부 회의를 해보고 다시 말씀드릴게요."

다음 날 함 과장은 당시 홍보팀 김태준 팀장, 박진환 차장 등과 얘기를 나눈 뒤 곧바로 필자에게 연락을 해왔다.

"회의를 해보니 반응이 좋습니다. '베팬알백' 준비해주시죠!"

『베팬알백-베어스 팬이라면 죽기 전에 알아야 할 100가지 이야기』는 이렇게 세상에 태어나게 됐다.

베어스는 우리나라에서 최초로 탄생한 프로야구단이다. 최초 한국시리즈 우승팀이기도 하다. 최초로 어린이회원을 모집하고, 최초로 MVP와 신인왕을 배출하고, 최초로 2군 훈련장을 마련하는 등 갖가지 최초 기록을 쓴 유서 깊은 구단이다. 여기에 원년 최고 스타 박철순을 비롯해 수많은 스타와 갖가지 스토리를 간직한 구단이기도 하다. 팬들의 자부심 높이와 충성심의 깊이, 애정의 넓이가 남다를 수밖에 없다. 그렇기에 베어스 구단의 역사를 정리한다는 것은 필자에게도 가슴 뛰는 도전이었다.

그러나 쓰면 쓸수록 무거운 사명감과 마주하게 됐다. 누가 강요한 것도 아니었다. 그저 이 책이 먼 훗날 베어스의 역사서로 남을 수도 있다는 생각에……. 사료를 좀 더 꼼꼼하게 수집하고, 사실관계를 한층 더 정확하게 파악할 필요가 있었다.

『베팬알백』을 준비하는 과정에서 구경백 일구회 사무총장께 많은 신세를 졌다. OB 베어스 시절 역사의 산증인이기도 한 구 사무총장은 시도 때도 없이 과거 이야기를 묻는 필자에게 한 번도 귀찮은 표정 없이 생생한 증언을 해줌으로써 『베팬알백』에 재미와 깊이를 더해줬다.

베어스 구단의 밑그림을 그린 박용민 초대 단장은 아흔 살에 가까운 고령에도 불구하고 과거의 흥미로운 비화비사들을 생생하게 기억해 글을 풍성하게 만드는 데 큰 도움을 줬다. 베어스 구단의 창단 과정과 대전으로 내려간 까닭, 박철순 영입 뒷얘기, 곰 마스코트와 삼색 모자의 사연 등……

여기에 박철순, 조범현, 김광수, 박종훈, 신경식, 장호연, 윤석환, 최일언, 김형석, 김상호, 임형석, 권명철, 김상진, 김경원, 진필중, 강혁 등 베어스의 역사를 화려하게 장식한 주인공들이 기꺼이 인터뷰에 응하면서 『베팬알백』에 사실감 넘치는 생명력을 불어넣었다.

김영덕, 김성근, 윤동균, 이광환, 김인식, 김경문, 김진욱, 김태형 등 베어스 역대 감독들도 생생한 증언과 조언을 아끼지 않았다. 무엇보다 『베팬알백』 초반에 많은 이야기를 풀어낸 뒤 지난 1월 세상을 떠난 김영덕 베어스 초대 감독에게 다시 한번 고개 숙여 인사를 올린다. 고인의 살아생전에 『베팬알백』 연재가 시작되면서 귀한 증언을 실을 수 있었다는 것 자체가 다행스러운 일이 아닐 수 없다.

『베팬알백』이 세상에 나올 수 있도록 물심양면 도움을 주고 기다려주신 두산그룹 박정원 회장님과 두산 베어스 전풍 대표이사, 김태룡 단장 이하 두산 베어스 가족들에게 감사한 마음을 전한다. 특히 기획 단계에서 힘을 실어주고 원고에 적합한 과거 사진을 찾아주느라 애써주신 김태준, 박진환, 함태수 팀장을 비롯한 두산 베어스 홍보팀 직원들에게 깊은 사의를 표한다.

아울러 야구의 계절이 돌아오면 늘 야구와 함께 사느라 가정에 소홀해지는 가장이지만, 응원을 아끼지 않는 아내 전영애와 씩씩하게 성장하고 있는 딸 이한비에게도 고마운 마음을 담아 이 책을 선물하고 싶다.

야구는 '기록의 스포츠'이자 '기억의 스포츠'다. 『베팬알백』이 베어스 역사의 복원뿐만 아니라 올드팬들에게는 추억 여행을, 젊은 팬들에게는 역사 탐구를 할 수 있는 장이 되기를 바라는 마음이다. 이 책이 과거와 현재, 세대와 세대를 이어주면서 두산 베어스의 또 다른 앞날을 준비하는 밑거름으로 작용하길 기대한다.

이재국

# 차 례

- - - - - - - - - - - - - - - - - - - - - - - -

# BEARS
# 26

## 1986년 '사상 최초 플레이오프 무대'로의 초대

1986년 후기리그 우승 세리머니

KBO리그 최초 창단 구단인 OB 베어스는 프로야구 초창기에 늘 '최초'의 역사를 만들었다. 또 하나의 최초 역사가 있으니, 바로 1986년 KBO 구단 최초로 플레이오프 무대에 나섰다는 사실이다.

한국야구사에서 가을야구는 그 이전까지 한국시리즈밖에 없었다. 1986년 플레이오프가 처음으로 펼쳐지면서 가을야구도 한층 더 흥미진진해지고 풍성해졌다. 이로 인해 KBO의 가을야구 시스템 자체가 한 단계 더 도약하게 됐다.

플레이오프의 출발점이 된 1986년으로 역사 탐험과 추억 여행을 떠나보는 것도 의미가 있을 듯하다.

## 🥎 사상 최초 플레이오프 성사

KBO 포스트시즌 제도는 진화를 거듭해왔다. 한국시리즈는 원년인 1982년부터 시작됐고, 플레이오프는 1986년부터 거행됐다.

1989년부터 준플레이오프가 도입됐고, 2015년부터는 와일드카드 결정전이 열렸다.

그중 포스트시즌 제도에 가장 먼저 손질이 가해진 1986년으로 거슬러 올라가보자.

1986년 플레이오프가 시행된 것은 바로 전년도 1985년에 삼성 라이온즈가 전·후기리그를 통합우승한 일과 관련이 있다. 삼성이 한국시리즈를 없애면서 완전무결한 우승을 차지했지만, 프로야구 전체를 놓고 봤을 때는 클라이맥스라 할 수 있는 한국시리즈가 무산된 것은 흥행 측면에서 아쉬움이 남을 수밖에 없는 일이었다. 그래서 어떤 식으로든 한국시리즈는 반드시 개최되도록 제도 정비를 하게 됐다.

1권에서 1986년부터 시행된 포스트시즌 제도와 관련해 설명한 바 있지만, 다시 살펴보자면 ① 전·후기리그에 걸쳐 티켓 두 장(1위와 2위 상관없음)을 쥔 팀은 한국시리즈에 직행하고 나머지 두 팀끼리 플레이오프를 거행하며 ② 티켓을 가진 팀이 모두 다를 때(4개 팀)는 전기 1위-후기 2위, 후기 1위-전기 2위가 플레이오프를 거쳐 한국시리즈에 진출한다는 내용이었다.

이에 따라 1986년 전기리그와 후기리그에 모두 2위를 차지한 해태가 한국시리즈에 직행했다. 그리고 전기리그 1위인 삼성과 후기리그 우승 결정전에서 1위를 확정한 OB가 사상 최초의 플레이오프 진출팀으로 결정됐다.

## ⚾ 원년 KS 우승 OB, 4년 만의 가을잔치······
## 최초 PO에서 삼성과 격돌

OB는 '원년 우승팀'이라는 진한 향기를 가진 팀이지만, 4년이라는 세월이 흐르는 동안 그 기억과 추억이 가을바람에 날리는 낙엽처럼 하나둘씩 흩날려갔다.

그사이 많은 것이 바뀌었다. 원년 한국시리즈 MVP 김유동은 1984년 삼미 슈퍼스타즈로 이적한 뒤 1985년 청보에서 유니폼을 벗었고, 초창기 OB의 홈런포 상징 인물이었던 김우열은 빙그레 이글스가 대전·충청권을 연고로 창단하자 "고향(충북 영동)팀에서 마지막 열정을 태우고 싶다"며 트레이드를 요구해 1986시즌을 앞두고 이적했다.

이런 변화와 흐름 속에 OB는 1982년 한국시리즈 이후 4년 만에 가을잔치 무대에 서게 됐다. OB 팬들에게 1986년 가을은 그래서 가슴 설레는 계절이었다.

OB와 삼성, 삼성과 OB. 사상 최초의 플레이오프 매치업은 호사가들의 구미를 당기는 카드였다. 프로야구 출범 후 그리 길지 않은 기간 동안 양 팀은 실타래처럼 얽힌 참으로 많은 사연과 역사를 쌓았다.

무엇보다 역사적인 최초의 한국시리즈(1982년)에서 격돌한 상대팀. 그 후 두 팀이 4년 만에 가을 무대에서 다시 맞붙게 된 것도 특별한 이야깃거리였다.

양 팀 사령탑의 대결도 세간의 관심을 끌었다. 삼성 김영덕 감독과 OB 김성근 감독은 재일교포 출신으로 한때는 형제처럼 지내던 사이였다. 그러나 1982년 OB에서 감독과 코치로 팀의 우승을 합작했지만, 선수 기용 등을 놓고 수시로 충돌하면서 감정의 앙금이 생겼다. 1983시즌 후 김영덕 감독이 삼성 감독으로 가는 과정에서 이들은 극도로 껄끄러운 사이가 됐다. 이에 대해서는 1권의 16, 17장에서 자세히 기술한 바 있다.

오로지 야구적인 관점에서만 보더라도 양 팀의 색채는 뚜렷한 대비를 보였다. OB는 맏형 윤동균을 비롯해 박종훈, 김형석, 신경식, 김광림 등이 타선의 주축을 이루는 '좌타 군단'이었고, 삼성은 김일융, 권영호에 1986년 루키 성준까지 가세해 '좌투 군단'으로 자리잡았다.

얽히고설킨 라이벌 구도도 흥미로웠다. 재일교포 에이스인 OB 최일언과 삼성 김일융, 1986년 좌완 신인 투수 OB 박노준과 삼성 성준, MBC 청룡에서 각각 이적한 OB 이종도와 삼성 이해창의 대결 등도 팬들에게 주목받는 요소였다.

OB가 평균자책점(2.61) 1위에 오른 '방패의 팀'이었다면, 삼성은 팀 타율(0.276) 1위를 차지한 '창의 팀'. 반대로 삼성은 평균자책점 2.95로 7개 팀 중 5위에 그쳤고, OB는 팀 타율 0.248로 역시 5위에 머물렀다. 만년 약체팀 청보(팀 타율 0.219)와 그해 처음 1군 무대에 진입한 신생팀 빙그레(팀 타율 0.236)를 아래에 뒀기에 망정이지, 0.248의 팀 타율은 OB 구단 창단 이래 최저일 정도로 화력이 강하지는 않았다.

## 🎾 OB 1차전 선발 에이스 최일언 아닌 박노준?

1986년 플레이오프는 우리나라에서 최초로 열린 아시안게임 일정으로 인해 정규시즌이 끝나고 3주간의 공백을 거친 후에야 시작됐다. 그사이 OB는 해태와 벌인 후기리그 우승 결정전(25장에 소개)으로 그나마 실전 감각을 다소 찾기는 했지만, 아무래도 기나긴 휴식이 변수가 될 수밖에 없었다.

1차전 선발투수 매치업부터 화제를 불러일으켰다. OB 선발투수는 신인 좌완 박노준. 그 당시는 선발투수 예고제가 시행되지 않던 시절이다. 대부분 그해 19승 4패(평균자책점 2.84)를 기록한 OB 에이스 최일언이 1차전 선발로 등판하리라고 예상했으나 김성근 감독은 신인 카드를 꺼내 들었다.

박노준은 선린상고 시절부터 전국구 최고 스타로 떠오른 인물이다. 고려대 시절까지 투수와 타자 양쪽에서 발군의 실력을 발휘했다. 말하자면 '이도류(쌍검술)' 유형의 선수였는데, OB는 입단 당시 그를 타자로 보고 계약금 5000만 원을 안겼다. 투수는 이미 전년도에 해태에 입단한 선동열이 1억 3800만 원으로 역대 최고 계약금 기록을 세웠지만, 박노준은 '역대 야수 최고 대우'라는 수식어와 함께 화려한 스포트라이트를 받고 OB 유니폼을 입었다.

김성근 감독은 박노준이 입단하자 투수와 타자로 동시에 활용할 방안을 찾았는데, 오히려 타자보다는 투수 쪽에 주력했다. 그러나 박노준은 그해 투수로서 정규시즌 110과 1/3이닝을 소화하며 5승 6패 7세이브(평균자책점 2.28)를 기록했고, 타자로서도 타율

0.173(52타수 9안타)에 그쳤다. 특히 시즌 중반 어깨 이상과 투구 폼이 흐트러지는 난조 속에 부진에 빠졌다.

박노준은 결국 선린상고 동기인 MBC 청룡의 김건우에게 1986년 신인왕을 넘겨줬다. 김건우는 첫해부터 18승 6패, 평균자책점 1.80으로 눈부신 피칭을 펼쳤다. 그해엔 김건우뿐만 아니라 신인 투수 풍년가를 부를 만한 시즌이었다. 삼성 성준도 혜성처럼 등장해 '작은 김일융'으로 불리며 15승 5패 2세이브, 평균자책점 2.36의 호성적을 거뒀다. 신생팀 빙그레에 입단해 타선 지원을 받지 못해 승수보다 패수가 많았지만 이상군(12승 17패)과 한희민(9승 13패)도 신인 돌풍을 일으켰고, 해태 차동철(10승 4패 3세이브)과 김정수(9승 6패 5세이브) 등도 이름을 보탰다.

이에 비하면 박노준은 아마추어 시절의 명성에 크게 미치지 못한 성적을 올린 것이 사실이다. 그런데도 김성근 감독이 5전3선승제의 플레이오프에서 가장 중요한 1차전 선발투수로 최일언 대신 박노준을 선택하자 모두들 놀랄 수밖에 없었다. 이유를 찾자면 박노준은 9월 이후에만 3연승을 올리며 OB가 플레이오프 진출 티켓을 따내는 데 결정적인 공을 세웠다. 그 기세를 믿었던 것이다.

삼성 선발투수는 정규시즌 13승 4패, 평균자책점 2.53을 기록한 재일교포 김일융. 전년도 삼성이 전·후기리그 통합우승을 할 때 팀 동료 김시진과 함께 25승으로 공동 다승왕에 올랐던 좌완 에이스였다. 시즌 도중 탈수증으로 전년도보다는 성적이 떨어졌지만, 여전히 OB로서는 부담이 되는 상대 에이스였다.

## ⚾ 1차전, 박노준과 김일융 완투 대결······ OB 0-1 패배

10월 11일 대구구장, 박노준과 김일융 두 좌완의 대결 속에 1차전 팡파르가 울렸다. 1차전 선발투수 박노준 카드는 생각보다 나쁘지 않은 선택이었다. 6안타만 허용한 채 1실점 완투를 펼쳤기 때문이다. 그러나 문제는 상대 선발투수 김일융이 더 호투했다는 점이었다. 단 4안타만 내주면서 OB 타선에 점수를 내주지 않았다.

1회말 나온 1점이 승부를 가를 줄은 꿈에도 몰랐다.

선공에 나선 OB는 1회초 1사 후 2번 타자 김광수가 볼넷을 얻어 출루했지만 2루 도루를 시도하다가 아웃당하면서 기선 제압에 실패했다.

그러자 곧바로 삼성이 반격에 나섰다. 1회말 1사 후 2번 좌타자 허규옥이 우익선상으로 빠지는 2루타로 살아 나갔다. 단타로 처리할 수 있었던 타구를 우익수 김형석이 무리하게 잡으려다 뒤로 빠뜨린 것이 뼈아팠다(공식기록원은 실책 없이 2루타로 판정). 1차전이라 긴장한 데다 의욕이 넘친 나머지 빚어진 결과였는데 이것이 이날 승부를 가르는 결정적 장면이 되고 말았다.

박노준은 이어 3번 장효조를 유격수 플라이로 잡아 한숨 돌리는 듯했지만, 곧바로 4번 타자 이만수에게 좌전 적시타를 내주면서 1회에 선취점을 빼앗기고 말았다.

OB 타선은 김일융에게 눌려 힘을 쓰지 못했다. 4회초 2사 후 김형석이 팀의 첫 안타를 쳤지만 소득이 없었고, 6회초 2사 후 1번 타자 이승희가 중월 2루타를 날렸지만 후속타가 터지지 않았다.

박노준은 1회 1실점 후 역투를 거듭했다. 삼성 역시 추가점을 못 내기는 마찬가지였다. 5회 선두타자 김용국이 2루타로 나간 뒤 배대웅의 투수 앞 희생번트 때 선행주자가 아웃되고, 6회에도 무사 1, 2루 찬스에서 장태수의 희생번트가 또 투수 앞으로 가면서 2루 주자가 3루에서 횡사했다.

9회초 OB의 마지막 공격. 1사 후 김광수와 김형석의 연속 안타로 1, 2루 황금 찬스를 잡았다. 그러나 4번 타자 신경식이 2루수 앞 땅볼로 4(2루수)-6(유격수)-3(1루수) 병살타로 물러나면서 결국 0-1로 패하고 말았다.

박노준은 8이닝 동안 기대 이상의 호투를 펼치고도 완투패를 안았고, 좌타 군단 OB는 삼성 좌완 김일융의 두뇌피칭에 휘말리며 상대에게 완봉승을 안겨주고 말았다.


## ⚾ 2차전, 이종도 결정적 투런포⋯⋯ OB 반격의 5-3 승리

2차전 이야기에 앞서 우선 이종도에 대한 설명이 필요할 듯하다. 원년 MBC 청룡 선수로 1982년 3월 27일 KBO 최초 개막전에서 7-7 동점이던 연장 10회말에 삼성 이선희를 상대로 끝내기 만루홈런을 날려 드라마를 만든 주인공. 이 만루홈런은 지금도 매년 개막전마다 회자되곤 하는 전설이다.

1984년까지 MBC 유니폼을 입었던 이종도는 1985년 1월 16일, 1800만 원의 조건에 OB로 현금 트레이드됐다. 이종도는 MBC에서 입지가 좁아졌지만, 김성근 감독은 좌타 일색인 팀 타선에서 요긴하게 활용할 우타 카드로 보고 영입을 추천했다.

김 감독은 1985년 110경기 중 105경기에 투입할 정도로 이종도를 중용했다. 그러나 1986년에는 시즌 내내 거의 대타 카드로 활용하는 데 그쳤다.

그런 이종도를 플레이오프 1차전에 7번 좌익수로 깜짝 선발 기용했다. 김 감독은 이에 대해 "이종도가 큰 몫을 해내리라 기대하고 있다"고 취재진에게 설명했다. 경험이 많고 찬스에 강한 선수인 데다, 좌타자 일색인 OB 타선에서 좌투수에게 강한 이종도를 회심의 카드로 본 것이다.

하지만 이종도는 1차전 5회까지 두 타석에서 범타로 물러나면서 기대를 충족시키지 못했고, 8회에 대타 양승호로 교체됐다. 그리고 2차전 선발 라인업에 이종도는 없었다.

10월 12일 대구구장에서 열린 2차전. OB의 선발투수는 우완 계형철이었다. 그해 정규시즌 5승 7패에 그쳤지만 경험을 믿었다. 3전 2선승제 플레이오프에서 2차전마저 패하면 벼랑 끝에 몰리기에 여차하면 모든 투수를 투입할 요량으로 총력전을 준비했다.

'좌투 군단' 삼성은 2차전 선발투수로 역시 좌완 권영호를 내보냈다. 그해 선발과 구원을 오가며 7승 7패에 19세이브를 올린 투수. 김영덕 감독은 급하면 15승을 올린 신인 좌완 성준을 구원 등판시킬 그림까지 그려놓았다.

OB는 1회초 좌타자들이 힘을 냈다. 2사 후 김형석, 윤동균, 신경식으로 이어진 좌타 트리오의 중심타선이 3연속 안타를 때려내면서

2점 홈런을 친 이종도

선취점을 뽑았다.

삼성은 1회말 곧바로 반격에 나섰다. 1사 후 2번 타자 허규옥이 3루타를 치고 나갔다. 장효조가 유격수 플라이로 물러났지만 1차전 결승타의 사나이 이만수가 다시 우전 적시타를 날리면서 1-1 동점이 됐다.

OB는 3회초 2사 1, 2루에서 유지훤의 좌전 적시타로 다시 2-1 리드를 잡았다. 이어 5회초 선두타자 윤동균의 우익선상 2루타, 신경식의 희생번트 후 유지훤이 다시 중월 2루타를 터뜨려 3-1로 앞서나갔다.

이때 타석에 등장한 인물은 이종도. 2차전 라인업에서 이름이 빠졌지만 3회초 박종훈 타석 때 대타로 나서 볼넷을 고른 바 있다.

삼성 김영덕 감독도 뭔가 느낌이 왔는지 기민하게 움직였다. 베테랑 선발 권영호를 내리고 팔팔한 신인 성준을 호출했다.

좌투수에 강한 타자답게 이종도는 여기서 왼쪽 담장을 넘어가는 2점 홈런을 터뜨렸다. 스코어는 순식간에 5-1. 이종도는 선발로 출장하지는 않았지만 김성근 감독의 장담처럼 "큰 몫"을 해냈다.

삼성은 5회말 2점을 뽑아 2점 차로 추격한 뒤 9회말 2사 후 허규옥의 안타로 마지막 불씨를 지폈다. OB는 6이닝 무실점으로 역투한 장호연을 내리고 마침내 아껴둔 에이스 최일언을 투입했다.

장효조의 안타로 2사 1, 2루 위기. 타석에는 이만수가 들어섰다. 스코어는 5-3. 홈런 한 방을 맞으면 역전이 되는 상황이었다. 그러나 최일언은 이만수를 가볍게 3루수 앞 땅볼로 처리한 뒤 포효했다. OB는 대구 원정에서 1승 1패로 균형을 맞추고 서울 잠실에서 열리는 3~5차전을 기대했다.

## 🎾 3차전, 최일언 2-0 완봉승······ KS까지 1승 앞으로

1차전과 2차전이 대구에서 10월 11~12일 이틀간 펼쳐진 뒤 13일 하루 이동일이 편성됐다. 3차전은 잠실로 이동해 14일에 펼쳐질 예정이었다. 그런데 이날 갑자기 가을비가 쏟아지면서 경기는 하루 뒤로 순연됐다. 이 점이 또 하나의 변수가 됐다.

3차전 선발투수로 OB는 최일언을, 삼성은 김시진을 선택했다.

에이스 최일언은 1차전에 이어 2차전에서도 선발투수로 나서지 못하자 일각에서는 부상설이 돌기도 했지만, 2차전 9회 위기에 등판해 2타자를 상대하며 승리를 마무리했다. 김성근 감독은 3차전 선발투수 최일언에 대해 "컨디션이 나쁘긴 하지만 5~6회 정도는 잘 던져줄 것으로 믿는다"고 말했다.

김시진은 1985년 25승을 거두며 팀 동료 김일융(25승)과 50승을 합작했다. 후유증이 찾아왔을까. 1986년 시즌 내내 팔꿈치 고장으로 힘든 시즌을 보냈다. 그럼에도 16승 6패 3세이브, 평균자책점 2.47의 성적을 올리기는 했지만, 삼성 입단 이후 17승(1983년), 19승(1984년), 25승(1985년), 16승(1986년), 23승(1987년)을 기록했으니 5년 사이에 가장 적은 승수를 거둔 것도 사실이다.

경기는 최일언과 김시진의 팽팽한 투수전으로 전개됐다. 특히 최일언은 감독의 기대 이상으로 역투를 펼쳤다. 5~6회가 아니라 7회와 8회를 넘어 9회까지 막강한 삼성 타선을 상대로 단 1점도 내주지 않았다. 9이닝 8안타 7탈삼진 무실점 완봉승. 결국 OB는 2-0 승리를 거두고 한국시리즈까지 1승만을 남겨두는 유리한 고지를 점령했다.

OB 타선은 2회와 7회에 1점씩을 뽑아 승리에 필요한 점수를 만들었다. 이날 다시 7번 좌익수로 선발 출장한 이종도가 맹활약했다. 2회말 볼넷, 4회말 우전안타, 7회에 우월 2루타를 날리면서 100%

출루를 기록했다.

사실 선취점을 빼앗길 뻔했다. 최일언의 초반 컨디션이 썩 좋지 않았기 때문이다. 1회초 시작하자마자 선두타자 이해창에게 좌월 2루타를 맞으면서 위기를 만났다. 그러나 포수 조범현이 기막힌 견제로 이해창을 2루에서 잡아냈다. 이어 2사 후 장효조가 3루타를 때렸지만, 이만수가 범타로 물러나면서 OB는 위기를 벗어날 수 있었다.

OB는 2회말 신경식과 유지훤의 안타와 이종도의 볼넷으로 1사 만루 찬스를 잡은 뒤 박종훈의 우익수 희생플라이로 선취점을 뽑았다. 최일언이 호투를 거듭하는 사이 7회말 이종도가 우월 2루타를 치고 나갔고, 3회부터 포수 마스크를 쓴 김경문이 중전 적시타로 이종도를 불러들여 2-0으로 앞서나갔다.

OB는 9회초에 무사 만루의 대위기를 만났다. 선두타자 대타 이종두의 중전안타, 이해창의 1루수 앞 내야안타로 무사 1, 2루. 이때 허규옥의 투수 앞 번트가 절묘하게 안타가 되면서 만루가 됐다.

타순은 3번 타자 장효조, 4번 타자 이만수로 이어질 차례. 삼성의 최고 타자들이 대기하고 있어 긴장감이 더욱 고조됐다. 그런데 이때 장효조의 타구가 투수 정면으로 가면서 1(투수)-2(포수)-3(1루수)으로 연결되는 더블플레이가 이루어졌다. 그리고 마지막 타자 이만수는 삼진.

최일언은 완봉승으로 건재를 과시했다. 반면 김시진은 8회까지 5안타만 허용했으나 2실점으로 패전투수가 됐다. 이제 OB는 1승만 거두면 한국시리즈행 티켓을 따내는 절대적으로 유리한 상황을 맞이했다. 더군다나 9회초 무사 만루 위기를 벗어나면서 이겼기 때문에 사기가 하늘을 찔렀다.

## ⚾ 4차전, 김일융에 막혀 1-2 분패······ 2승 2패 승부는 원점

10월 16일 잠실에서 열린 4차전. OB는 1차전에서 기대 이상의 호투를 펼친 박노준을 4차전 선발투수로 투입했다. 벼랑 끝에 몰린 삼성은 에이스 김일융을 선택해 1차전의 선발투수 매치업이 그대로 이어졌다.

1차전에서 김일융에게 완봉패를 당한 OB는 4차전에서는 1회말 시작하자마자 선취점을 뽑으며 기세를 올렸다.

선두타자 이승희가 우전안타를 쳤을 때 우익수 장효조가 실책을 범하면서 무사 2루 찬스를 잡았다. 김광수의 희생번트로 1사 3루, 3번 타자 김형석이 삼진을 당해 2사 3루로 이어졌다. 여기서 4번 타자 신경식의 땅볼을 2루수 김성래가 놓치는 실책을 범하면서 이승희가 홈을 밟았다. 삼성 선수들의 부담감이 커진 것일까. 1회말에만 2개의 실책을 범해 OB에게 점수를 헌납했다. OB는 1-0으로 리드하며 머릿속으로 한국시리즈를 그리기 시작했다.

그러나 2회초 삼성이 반격을 시작했다. 선두타자 김성래는 1회말 수비 실수를 만회하려는 듯 좌월 2루타를 날렸다. 이어 이종두의 좌전안타로 무사 1, 3루가 됐고, 오대석의 중견수 희생플라이로 1-1 동점이 됐다. 그러자 김성근 감독은 바로 박노준을 빼고 장호연을 투입했다.

1-1 스코어는 8회말까지 그대로 이어졌다.

9회초 삼성 공격. 이만수가 중전안타를 치고 나갔다. 이어 장태수가 1루수 쪽으로 희생번트를 대자 신경식이 날렵한 수비로 선행주자를 2루에서 포스아웃시켰다. 1사 1루. 다음 타자 김성래의 우전안타로 1사 1, 3루가 됐다.

삼성은 여기서 이종두 타석 때 대타로 좌타자 박승호 카드를 꺼내 들었다. 박승호는 중견수 희생플라이를 날렸고, 삼성이 2-1로 앞서게 됐다.

OB는 9회말 기막힌 찬스를 잡았지만 득점 실패로 아쉬움을 곱씹어야만 했다. 선두타자 윤동균이 우월 2루타를 날렸다. 그러나 다음 타자 신경식의 번트가 투수 앞으로 갔고, 공을 잡은 김일융은 곧바로 3루를 선택해 윤동균을 잡아냈다.

1점 차 승부에서 1사 3루 찬스를 이어가려던 계획은 1사 1루로 변하고 말았다. 이어 유지훤이 삼진으로 돌아서고 이종도가 우익수 플라이로 물러났다. OB는 1-2로 패하고 말았다.

삼성 선발투수 김일융은 이날 9이닝 동안 5안타 2볼넷 6탈삼진 1실점(비자책점)으로 다시 완투승을 올렸다. OB는 김일융에게 2승을 내주면서 플레이오프 전적 2승 2패로 균형을 이뤘다. 2회부터 박노준을 구원 등판한 장호연이 7과 2/3이닝 1실점으로 역투를 펼쳤지만 소득이 없었던 것이 OB로서는 못내 아쉬웠다.

## ⚾ 5차전, 3-7 패배…… KS 눈앞에 두고 아쉬운 발길

　사상 처음 펼쳐진 플레이오프는 최종전까지 가는 명승부로 문을 열었다. 10월 17일 잠실구장에서 한국시리즈 직행 판가름이 나는 상황으로 전개됐다.

　내일이 없는 싸움. OB는 4차전 선발 등판 후 조기 강판된 박노준을 다시 5차전에 선발 등판시켰다. 이번 플레이오프에서만 3번째 선발 등판이었다.

　반면 삼성은 성준을 내세웠다. 신인 좌완투수들의 선발 맞대결이 성사됐다. 내일이 없는 싸움. 김성근 감독이나 김영덕 감독이나 가용할 수 있는 모든 투수를 대기시켜놓고 여차하면 교체하겠다는 계획을 세우고 경기에 돌입했다.

　앞선 4경기가 투수전 속에 1~2점 차의 박빙 승부로 펼쳐졌다면, 5차전은 초반부터 화끈한 타격전으로 불이 붙었다. 중반까지는 엎치락뒤치락했다.

　선취점은 삼성의 몫이었다. 1회초 1사 후 허규옥의 볼넷과 와일드피치로 1사 2루. 김성래의 땅볼 때 2루수 김광수가 실책을 범하면서 1사 1, 3루가 되고 말았다. 이어 이만수의 몸에 맞는 공으로 1사 만루. 여기서 이해창의 좌익수 희생플라이가 나왔다. 삼성이 1-0으로 리드를 잡았다.

　OB는 2회말 2점을 뽑으며 역전에 성공했다. 선두타자 윤동균의 볼넷 후 신경식의 우익선상 2루타로 무사 2, 3루 기회를 만들었다. 여기서 유지훤의 좌익선상 2루타로 2점을 쓸어 담아 2-1로 전세를

역전 적시타를 친 유지훤

뒤집었다. 삼성은 성준을 내리고 권영호를 마운드에 올려 급한 불을
껐다.

4회초 삼성이 다시 반격했다. 선두타자 이해창의 솔로 홈런으로
2-2 동점을 만들고, 박노준 대신 마운드에 오른 김진욱을 상대로
김용국이 1타점 좌중간 2루타를 때리면서 3-2로 재역전했다. 삼성
은 5회초 이만수의 적시타로 또 2점 차로 달아났다.

OB는 5회말 1사 1, 3루에서 김광수의 3루수 땅볼 때 3루 주자가
홈을 밟아 3-4, 1점 차로 따라붙었다.

팽팽하던 균형은 7회초에 깨졌다. 6회초부터 마운드에 오른 최일언을 상대로 선두타자 장효조가 우중월 솔로 홈런을 때렸다. 우중간 관중석 상단에 떨어지는 초대형 홈런. 분위기가 갑자기 삼성 쪽으로 기울어졌다. 이어 1사 후 김성래의 2루타와 이만수의 적시타가 터졌다. 스코어는 6-3.

삼성은 9회초 마지막 공격에서도 4연속 안타로 1점을 추가하며 달아났다. 선두타자 김용국의 우전안타, 장효조의 중전안타, 장태수의 좌전안타, 김성래의 투수 앞 번트 안타까지……

8회말 무사 1, 2루의 찬스를 놓친 OB는 9회말에도 삼자범퇴로 물러나면서 3-7로 패하고 말았다.

삼성은 성준(1이닝 2실점)과 권영호(8이닝 1실점) 2명으로 5차전 마운드를 운영했다. 반면 OB는 선발 박노준(3과 1/3이닝 3실점)에 이어 김진욱(1/3이닝 0실점), 황태환(2/3이닝 1실점), 윤석환(2/3이닝 0실점), 최일언(3이닝 2실점), 계형철(1이닝 1실점) 등 6명을 연달아 투입하며 총력전을 펼쳤으나 승리와 인연을 맺지 못했다.


## 🎾 최초 플레이오프 무대…… 아쉬움 속에 얻은 수확

5차전까지 가는 혈투가 끝났다. 4년 만에 눈앞으로 다가온 한국시리즈에 나서지 못한 OB로서는 아쉬움이 컸다. 무엇보다 플레이오프에서 3차전까지 2승 1패로 리드를 잡아 한국시리즈까지 1승만을 남겨두고 물러났기에 진한 여운이 남았다.

그러나 전기리그 5위에서 후기리그 1위로 치고 올라간 저력과 뚝심은 다음 시즌을 기대하게 만들기에 충분했다. 사상 최초 플레이오프 무대에 섰다는 사실 또한 역사의 한 페이지를 장식했다는 점에서 의미가 있었다.

무엇보다 베어스는 이때부터 플레이오프와 가장 인연이 많은 팀이 됐다. 2022년까지 가장 많은 플레이오프 경기(65경기)에 나선 팀이 바로 베어스다. 여기서 37승 28패로 가장 많은 승리와 가장 높은 승률(0.569)을 올린 팀 역시 베어스다.

베어스는 플레이오프와 가장 많은 인연을 맺은 팀답게 훗날까지 기억에 남을 만한 숱한 플레이오프 명승부를 만들었다. 그 잊을 수 없는 명승부 장면들은 앞으로 차차 소개해나가려고 한다.

# 김진욱 vs. 선동열,
# '15회 완투 무승부' 전설 속으로

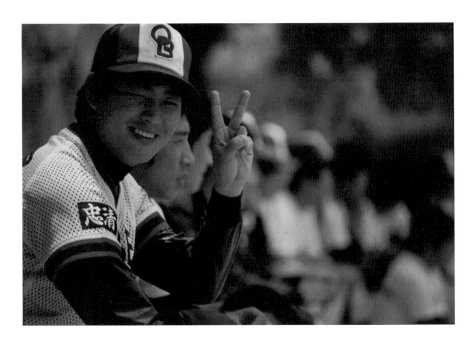

'해태 킬러'라고 불렸던 김진욱

"워메, 또 진욱이 너냐? 꼭 고로코롬 우리 게임에 나와야 쓰겄냐잉?"

해태 타이거즈의 간판타자 김종모는 경기 전 OB 베어스 선수들이 훈련을 시작하자 투수 김진욱을 보더니 농담을 던지며 얼굴을 찡그렸다.

"아따, 징글징글허다."

지나가던 해태 4번 타자 김봉연도 한마디 거들었다.

선발투수 예고제가 시행되지 않던 1980년대 후반, 양 팀 라인업이 교환된 뒤에야 김진욱이 OB 선발투수로 등판한다는 사실을 알게 된 해태 선수들은 고개를 절레절레 흔들었다.

사실 고개를 더 흔들어야 하는 쪽은 어쩌면 OB 타자들이었는지 모른다. 해태 선발투수는 선동열이었으니까.

선동열이 누군가. 1985년 후반기에 해태 유니폼을 입은 뒤 KBO리그를 폭격한 당대 최고 투수. 1986년에는 KBO리그 사상 최초로 0점대 평균자책점(0.99)의 신기원을 개척하기도 했다. 나아가

1987년(0.89)과 1993년(0.78)까지 총 3차례나 0점대 평균자책점을 작성했다. KBO리그에서 지금까지 0점대를 기록한 투수는 선동열 외에는 누구도 없다.

그러나 그런 선동열에게도, 또 최강의 위용을 자랑하던 해태 타자들에게도 껄끄러운 상대가 있었으니 바로 OB 최일언과 김진욱이었다. 둘 다 '해태 킬러'라는 별명이 붙었고, 1980년대 후반 KBO리그에서 선동열과 '맞짱'을 뜨는 몇 안 되는 투수들이었다.

0점대 평균자책점을 자랑하는 선동열이 선발투수라면, 해태는 확률적으로 1~2점을 내면 이길 가능성이 크다. 그렇지만 상대 선발투수 역시 1~2점 뽑기 힘든 투수라면 얘기는 달라진다. 그 시절 김진욱은 해태 타자들에게 그런 존재였다. 이기더라도 뭔가 쉽지 않은, 늘 불편했던 투수였다.

이번 27장에서는 1987년 4월 19일 '주윤발' 김진욱과 '무등산 폭격기' 선동열이 광주에서 펼친 15이닝 완투 맞대결의 전설을 이야기하고자 한다.


## ⚾ 선동열과 김진욱의 '맞짱'


경기의 시작을 알리는 차임벨이 울리고, 1회초 OB의 선공으로 경기가 시작됐다. 선동열부터 마운드에 올랐다. OB 1번 타자 김광림이 끈질긴 승부 끝에 6구째를 공략해 2루수 쪽 내야안타로 출루했다.

'오늘 뭔가 되는 날인가.'

김성근 감독은 적극적으로 움직였다. 2번 타자 김광수에게 희생 번트를 지시했다. 그러나 선동열의 불같은 강속구는 번트를 대기도 쉽지 않았다. 초구는 파울.

2구째에도 또 번트를 댔다. 그러나 투수 앞 땅볼. '수비까지' 좋은 선동열은 곧바로 2루로 공을 던져 선행주자를 잡아냈다. 1사 1루가 됐다.

'날다람쥐' 김광수는 실수를 만회하고자 2루 도루를 노리며 1루에서 리드 폭을 넓히기 시작했다. 그런데 선동열은 '견제마저' 좋은 투수였다. 김광수가 견제구에 걸려 그만 아웃이 되고 말았다. 이어 3번 타자 김형석도 1루수 앞 땅볼. OB는 선취점을 뽑는 데 실패했다.

1회말 해태 공격. 마운드에 오른 OB 선발투수 김진욱은 선두타자 이순철을 스트레이트 볼넷으로 내보냈다.

해태 주포 1루수 김성한이 손목 부상으로 시즌 초반 장기 결장하는 사이, 그 공백을 메우던 이건열이 타석에 들어섰다. 2루수 앞 땅볼. 1사 2루가 됐다. 이어 3번 타자 김준환이 초구에 좌전 적시타를 때렸다. 2루 주자 이순철이 쏜살처럼 홈까지 뛰어들면서 해태가 너무나도 쉽게 선취점을 뽑았다.

1회부터 실점을 한 김진욱은 어떤 기분이었을까.

"당시 해태가 최강팀이었잖아요. 힘 있고 잘 치는 타자가 많았죠. 그런데 상대 투수가 0점대 방어율(평균자책점)을 자랑하던 선동열이니까 솔직히 먼저 실점을 하면 이기기 쉽지 않잖아요. 그래도 1점까지는 해볼 수 있기 때문에 정신을 차렸죠. 2점을 주면 승부가 더욱 힘들어진다고 보고 어떻게 해서든 더 이상 실점하면 안 된다는 생각만 하고 던졌던 것 같아요."

두산과 kt 사령탑을 지낸 김진욱 전 감독의 기억이다.

## 🎾 0-1로 뒤진 8회말, 선동열 상대로 마침내 동점

김진욱은 스스로의 다짐대로 이후 침착하게 막아나갔다. 다음 타자인 4번 김봉연을 3루수 병살타로 유도해 1회를 마쳤다.

2회는 삼자범퇴, 3회와 4회에는 2사 후 안타를 1개씩 내줬지만 무실점. 그리고 5회부터는 해태 타선을 무안타 무실점으로 꽁꽁 묶어나갔다.

김진욱이 호투하는 사이 OB는 점수를 뽑아야 했지만, 좀처럼 기회를 잡지 못했다. 1회 김광림이 내야안타를 친 뒤 4회까지 안타 생산에 실패했다.

이런 상황에서 5회초 찾아온 기회를 날린 것이 아쉬웠다. 선두타자 박종훈이 중전안타로 팀의 두 번째 안타를 뽑았지만 김경문이 초구에 2루수 앞 병살타를 치고 말았다. 이어 신경식이 볼넷을 골라 2사 1루. 여기서 이승희의 중월 2루타가 터졌다. 1루 주자 신경식이 2루와 3루를 돌아 '학다리'로 질주하며 홈까지 쇄도했다. 하지만 상대의 기막힌 중계 플레이에 걸려 포수 김무종에게 태그아웃당하면서 땅을 쳤다.

OB는 7회초 다시 찬스를 잡았다. 1사 후 윤동균이 상대 유격수 서정환의 실책으로 나간 뒤 박종훈의 우전안타로 1사 1, 2루. 그러나 후속타 불발로 역시 무위에 그쳤다.

0-1 스코어는 그대로 이어졌다. 1점은 쉬운 듯 어려운 점수였다. '난공불락' 선동열이 마운드에 버티고 있기에 더욱 그랬다. 경기 후반으로 접어들수록 1이닝 1이닝이 순식간에 지나갔고, 타선이 좀처럼 점수를 뽑지 못하니 김진욱의 역투도 물거품이 되는 듯했다.

패배의 어두운 먹구름이 엄습해오던 8회초, OB는 마침내 선동열을 무너뜨리며 귀하디귀한 1점을 얻었다.

선두타자 8번 이승희가 볼넷을 얻은 뒤 9번 타자 유지훤이 1루수 앞으로 희생번트를 성공시키면서 1사 2루. 여기서 1번 타자 김광림이 통렬한 좌전 적시타로 이승희를 불러들였다. 드디어 1-1 동점이 만들어졌다.


## ⚾ 연장 15회, 누구도 먼저 마운드를 내려오지 않았다

9회 정규이닝까지 1-1로 승부를 가리지 못했다. 이때까지 선동열은 133구, 김진욱은 127구를 던진 상황. 요즘 같으면 투수 보호 차원에서 강판시켰을지도 모른다. 하지만 그때는 '혹사'의 위험성보다는 '사나이의 자존심'을 더 중요시하던 시대. 둘 다 연장전에 접어들어서도 마운드에 올랐다. 아니, 여기까지 온 이상 둘은 상대보다 먼저 마운드에서 내려갈 생각이 없는 듯했다.

연장 10회초, OB는 절호의 기회를 잡았다. 선두타자 신경식이 좌전안타를 뽑았다. 이승희의 1루수 앞 번트. 해태의 바뀐 1루수 김일환이 선행주자를 잡으려고 2루에 던졌지만 신경식이 먼저 2루에 도달했다. 야수선택으로 무사 1, 2루. 이날 경기에서 가장 좋은 찬스가 만들어졌다.

다시 유지훤의 희생번트 시도. 그러나 역시 '수비마저' 좋은 선동열이 번트타구를 잡자마자 과감하게 3루로 던져 선행주자를 잡아냈다. 1사 1, 2루에서 김광림의 투수 앞 땅볼로 2사 2, 3루가 됐다. 다음 타자 김광수의 타구가 1루수 미트에 빨려 들어가면서 점수를 뽑는 데 실패했다.

OB는 연장 11회말에 큰 위기를 만났다. 선두타자 이순철을 볼넷으로 내보낸 뒤 김일환의 투수 앞 번트 타구를 김진욱이 잡아 2루에 던졌지만 모두 세이프. 무사 1, 2루에서 7회부터 좌익수 대수비로 들어간 김일권의 희생번트로 1사 2, 3루가 됐다. 끝내기 패배 위기였다.

김진욱은 해태 4번 타자 김봉연을 우익수 얕은 플라이로 유도했다. 발 빠른 3루 주자 이순철도 홈 쇄도를 포기할 수밖에 없었다. 2사 2, 3루.

다음 타자는 김종모였다. 김진욱이 "무슨 공을 던져도 다 친다"며 가장 껄끄러워하던 교타자. 결국 고의볼넷으로 만루 작전을 썼다. 2사 만루가 됐다. 여기서 김진욱은 한대화를 1루수 파울플라이로 잡아내면서 한숨을 돌렸다.

12회, 13회, 14회…… 양 팀은 점수를 내지 못했다. 결국 규정상 마지막 이닝인 연장 15회에 접어들었다.

선동열은 여전히 힘이 남아도는지, 15회초 OB 공격을 공 12개로 삼자범퇴시키며 마운드를 내려왔다.

이제 OB가 이 경기를 이길 방법은 없었다. 최선은 무승부였다. 김진욱은 13회와 14회 삼자범퇴로 깔끔하게 막은 여세를 몰아 15회말에도 거침이 없었다. 조충열을 초구에 1루수 직선타, 김무종을 우익수 뜬공으로 잡은 뒤 이순철을 1루수 파울플라이로 잡아냈다. 공 8개로 마지막 이닝을 끝냈다.


## ⚾ 선동열 213구-김진욱 200구……
## 역대 2호 연장 15회 완투 무승부

처절하게 전개된 연장 15회 혈투는 이로써 1-1 무승부로 끝났다. 선동열은 15회까지 56타자를 상대하며 무려 213개의 공을 던졌다. 8안타 4볼넷 8탈삼진 1실점.

김진욱은 정확히 200개의 투구 수로 55타자를 상대했다. 3안타 7볼넷 4탈삼진 1실점. 특히 김진욱은 5회부터 15회까지 무려 11이닝을 무피안타 무실점으로 막는 강렬한 투구를 이어갔다. 비공인이지만 산술적으로 '11이닝 노히트노런' 역투를 펼친 셈이었다.

18일까지 3연패를 했던 해태는 19일 경기에선 지난해 OB에만 6승 무패를 기록한 에이스 선동열을 내세웠으나 15회까지 OB 김진욱으로부터 3안타밖에 뽑지 못하는 극도의 타선 부진으로 1-1로 비기는 데 그쳤다. (중략) OB 김진욱은 15회까지 흐트러짐 없이 역투, 5회 이후엔 해태에 하나의 안타도 내주지 않아 완투한 해태의 선동열보다도 나은 투구 내용을 보였다. 선동열은 9개의 삼진을 잡았지만 안타는 8개나 맞았다.

_1987년 4월 20일자 〈동아일보〉

사실 연장 15회까지 8안타를 허용한 선동열에게 '8개나 맞았다'고 하기에는 평가가 야박하긴 하다. 9이닝당으로 계산하면 4.8개를 내준 것이었으니 말이다. 어쨌든 언터처블 선동열이었기에 그런 평가도 나온 것이다. 그보다는 연장 15회까지 3안타만 허용한 김진욱이 놀라운 피칭을 했다고 말하는 편이 옳아 보인다.

김진욱 전 감독은 15회 완투를 한 그날로 기억의 회로를 돌렸다.

"그날따라 유난히 코너워크가 잘 이뤄졌어요. 15회까지 던졌지만 전혀 피곤한 줄을 몰랐으니까. 밸런스가 좋으면 던질 때 힘들지 않은데, 그날은 그만큼 밸런스가 좋았어요. 연장 15회말이 끝나면서 무승부가 됐을 땐 그냥 이기지 못했다는 생각에 허탈하고 아쉬웠어요. 선동열이라는 이름의 무게감이 있기 때문에 그 시절 상대 투수라면 부담이 컸죠. 해태가 1점이라도 앞서 있으면 선동열이 일부러 점퍼를 벗고 몸을 푸는 시늉만 해도 '아이고 졌다'를 외치던 시절이

김진욱의 투구 모습

니까. 전 그날 상대가 선동열이라 더 집중됐던 것 같아요. 15회까지
어떻게든 이기기 위해 던졌고 좋은 투수와 좋은 게임을 했어요. 이
기지 못한 점은 아쉬웠지만, 개인적으로는 성취감이 컸습니다. 성장
하는 데 큰 도움이 됐던 게임으로 기억해요."

KBO리그에서 양 팀 선발투수 모두 연장 15회까지 완투를 펼치
며 무승부를 기록한 일은 역대 총 4차례 있었다.

**역대 선발투수 연장 15회 완투 맞대결 무승부 사례**

| 구분 | 일자 | 경기 | 구장 | 스코어 | 완투 투수 |
|---|---|---|---|---|---|
| 1 | 1986.7.27. | 해태-청보 | 인천 | 0-0 | 차동철(해태)<br>김신부(청보) |
| 2 | 1987.4.19. | OB-해태 | 광주 | 1-1 | 김진욱(OB)<br>선동열(해태) |
| 3 | 1987.5.16. | 해태-롯데 | 사직 | 2-2 | 선동열(해태)<br>최동원(롯데) |
| 4 | 1994.4.28. | 쌍방울-해태 | 광주 | 3-3 | 김원형(쌍방울)<br>조계현(해태) |

최초는 1986년 7월 27일 해태 차동철과 청보의 재일교포 투수 김신부가 0-0 무승부를 기록한 일이었다. 그리고 이날 김진욱과 선동열의 15회 완투 맞대결은 역대 2번째인 셈이다. 김진욱은 베어스 역사에서 유일한 투수이기도 하다.

영화로도 소개된 불세출의 투수 해태 선동열과 롯데 최동원의 연장 15회 완투 맞대결은 KBO 역대 3번째였다. 선동열은 1987년 4월 19일 OB전에서 김진욱과 15회 연장 무승부를 기록한 뒤, 한 달도 채 되지 않은 5월 16일 롯데전에서 최동원과 또 15회 완투 무승부를 기록했다. KBO리그 역사에서 두 차례나 15회 완투를 펼친 유일한 주인공이다.

1994년 4월 20일 쌍방울 '어린 왕자' 김원형과 해태 '싸움닭' 조계현이 연장 15회 혈투 끝에 3-3 무승부를 기록한 것이 마지막 사례로 남아 있다. 해태가 4경기에 모두 관여돼 있다는 점이 특이하다.

김진욱은 4월 19일 15회 완투 이후 5월 3일 청주 빙그레전에 처음 등판했다. 보름 만의 등판이었는데, 이번엔 6회에 OB 3번째 투수로 나섰다. 그러고는 6회 두 타자를 범타 처리한 뒤 8회 1사까지 무안타로 막았다. 이로써 4월 19일 해태전 5회부터 '13이닝 연속 무피안타' 신기록을 세웠다.

그 이후 1991년 쌍방울 신인 소방수 조규제가 14와 1/3이닝 연속 무피안타(8월 18일 청주 빙그레전~9월 7일 전주 빙그레전)로 김진욱의 기록을 경신했고, 다시 1999년 삼성 마무리투수 임창용이 15이닝 연속 무피안타(7월 4일 수원 현대전~24일 대구 현대전)로 조규제의 기록을 넘어섰다.

# BEARS
# 28

## 김진욱이 '해태 킬러'와
## '선동열 킬러'로 기억되는 이유

김진욱

앞 장에 이어 1987년 4월 19일 OB 김진욱과 해태 선동열이 펼친 15이닝 완투 맞대결에 얽힌 이야기를 하고자 한다. 불세출의 투수 선동열과 맞대결을 펼쳐도 승리에 대한 기대감을 품게 만든 사이드암 투수. '해태 킬러'와 '선동열 킬러'로 이름을 날린 그 시절 김진욱에 관한 추억 여행이다.

## 해태전 맞춤형 투수 김진욱······ 김성근 감독의 전략적 선택

1987년 4월 그날 해태전에서 연장 15회를 던지고 무승부가 되자 김진욱은 더욱 아쉬운 마음이 들 수밖에 없었다.

선동열 역시 자존심이라면 둘째가라면 서러운 투수. 헛심을 쓴 그날의 결과를 운명으로만 받아들이지 않았다.

"다음 잠실 OB 게임에 던지겠다."

선동열이 연장 15회 무승부로 끝나자마자 선전포고를 했다는 말이 OB 선수들 귀에까지 들려왔다. 다시 만날 OB전에 일찌감치 자원 등판 의사를 드러냈다는 얘기였다.

OB 타자들의 얼굴에는 난감한 표정이 번졌다. 다들 한마디씩 던졌다.

"연장 15회 무승부가 되는 바람에 일이 더 꼬였네."

"야야, 우리 괜히 선동열 독기만 품게 만든 것 아니냐?"

여기저기서 푸념이 터져 나왔다. 타율 떨어지는 소리가 벌써부터 들리는 듯했다. 선동열을 다시 만나게 됐으니 타자들로서는 그런 반응이 나올 만도 했다.

그러나 김진욱의 생각은 달랐다.


"당시 우리 팀 타자들이 '왜 또 동열이가 우리 게임에 등판하냐?' 면서 웅성웅성했어요. 우리 사이에서는 '선동열이 화가 나서 다음 잠실 게임에 자원 등판하기로 한 것 아니냐'는 말까지 돌았으니까요."


김진욱 전 감독은 오래됐지만 지금도 또렷이 기억나는 당시 상황을 들려줬다.


"물론 타자 입장에서는 선동열과 만나는 게 좋을 리 없죠. 그런데 전 솔직히 그게 싫었어요. 선동열하고 붙으면 붙는 거지, 붙기 전부터 주눅 드는 게 싫었죠. 그때 전 속으로 다짐했어요. '그래? 그럼 다음에 또 한 번 붙어보자'고 말이죠."

1987년 김진욱은 32경기(선발 12경기)에 등판해 150과 1/3이닝을 소화하면서 평균자책점 2.57로 뛰어난 성적을 거뒀다. 유난히 승운이 따르지 않아 4승 7패 6세이브에 그쳤지만, 투구 내용 자체는 빼어났다. 최일언이 같은 해 2.56의 평균자책점(154와 2/3이닝)으로 14승 8패 1세이브를 올린 것에 비하면 김진욱에게 승운이 얼마나 안 따랐는지를 알 수 있다.

특히 김진욱은 그해 해태전에 매우 강했다. 그리고 해태전에서만 무려 65이닝(8경기)을 던졌다. 한 시즌 전체 투구 이닝의 43%를 해태 특정팀을 상대로 던졌던 것이다.

OB 김성근 감독은 타고난 전략가였다. 치고 빠질 때를 치밀하게 계산하는 스타일이었다. 김 감독의 성향상 김진욱을 그렇게 집중적으로 '해태전 맞춤형 투수'로 투입했다는 것만으로도 그가 해태에 얼마나 강했는지를 잘 알 수 있다.

실제로 1987년 김진욱의 해태전 평균자책점은 1.66에 불과했다. 해태 타자들이 평균적으로 9회까지 공격해도 김진욱을 상대로 2점을 뽑기가 어려웠다. 선동열을 상대하는 OB 타자들만큼이나 김진욱을 상대하는 해태 타자들도 난감하기는 마찬가지였다. 타율 내려가는 소리가 들리니 해태 타자들도 김진욱 얼굴만 보면 "징글징글허다"하며 혀를 내두를 수밖에.

다만 김진욱은 그해 해태전에서도 승운이 따르지 않았다. 1점대 평균자책점으로도 1승 4패에 그쳤으니 말이다. 4월 19일 광주 무등야구장에서 펼쳐진 해태전 15회 1-1 무승부도 그런 경기 중 하나였다.

마운드에 선 김진욱

1980년대 해태는 왕조를 구축한 최강팀이었다. 1986년부터 1989년까지 4연패를 달성하며 리그를 압도했다. 선동열을 필두로 막강한 마운드를 구축하고 있었고, 1번부터 9번까지 쉬어 갈 틈이 없는 강한 타순을 갖추고 있었다. 그러니 상대 타자뿐만 아니라 상대 투수 역시 해태는 피해 가고 싶은 팀이었다.

그런데 김진욱은 모두가 기피하는 해태를 만나는 걸 오히려 즐겼다. 김진욱은 개인적으로 프로 통산 1안타 완봉승을 2차례 기록했다. 거의 노히트노런이나 다름없는 경기였다.

그중 하나는 1988년 5월 24일 잠실 MBC전 4-0 승리였다.

그리고 또 하나는 1989년 5월 4일 잠실 해태전 1-0 승리였다. 그런데 바로 이 경기도 선동열과 완투 맞대결 속에 이긴 것이었다. 김진욱은 1안타 무실점 완봉승, 선동열은 6안타 1실점 패전을 기록했다.

김진욱은 그로부터 40여 일 지난 6월 16일 잠실에서 또 해태 선동열과 선발 맞대결을 펼쳤다. 선동열은 설욕을 벼르고 마운드에 올랐지만, 이날 역시 김진욱의 1-0 완봉승으로 끝났다. 선동열은 4안타 1실점으로 또 완투패를 당했다.

김진욱의 통산 기록을 보면 5차례 1-0 완투 경기를 했다. 그중 3차례 완봉승과 2차례 완투패가 포함돼 있다. 그런데 3차례 1-0 완봉승 중 2차례가 선동열과 완투 대결 끝에 얻은 것이었다. 반면 선동열은 개인 통산 9차례 1-0 완투 경기를 했는데 5번 이기고 4번 졌다. 그 4차례 완투패 중 2차례는 김진욱과 맞대결에서 당한 것이었다.

다시 말해 김진욱과 선동열이 맞붙은 2차례 1-0 완투 경기만 놓고 보면 김진욱이 2승 무패를 기록했다. 그만큼 해태 타자들은 김진욱이 마운드에 오르면 답답할 수밖에 없었다. 해태가 선동열을 내고도 승리를 장담할 수 없었던 상대였다. 이런 순간순간의 임팩트와 기억이 김진욱을 '해태 킬러'와 '선동열 킬러'로 각인시켰는지도 모른다.

그렇다면 김진욱은 어떻게 해태를 상대로 잘 던졌을까.

"해태에는 힘 있고 적극적으로 치는 타자가 많았어요. 당시 저도 힘이 있던 시절이라 오히려 힘 대 힘으로 붙는 건 자신이 있었습니다. 콘택트 스타일로 짧게 치는 타자를 상대하는 게 좀 힘들었죠. 그래서 해태에 강했던 게 아닌가 싶기도 합니다. 해태전 선발로 나갈 때 경기 전 김성한 선배나 김종모 선배를 만나면 '아따, 또 너냐잉?' 같은 말을 자주 들었어요. 그때 속으로 '아, 이 사람들도 날 부담스러워하는구나'라고 생각했죠. 그래서 더 자신 있게 던졌던 것 같아요."

## ⚾ '주윤발'로 불렸던 쾌남, 김진욱 투수에 관하여

김진욱은 젊은 날, 잘생긴 외모로 눈길을 끌었다. 당시 스크린의 최고 스타였던 홍콩 배우 주윤발을 닮았다고 해서 '주윤발'이라는 별명으로 불리기도 했다.

귀공자 같은 외모만 보면 야구 인생도 탄탄대로일 것 같지만, 알고 보면 선수 시절 그의 인생은 파란만장했다.

성장 과정부터 우여곡절이 많았다. 그의 본적은 영천으로 돼 있지만, 그곳은 아버지의 고향이다. 김진욱이 실제로 태어난 곳은 대구였다. 대구에서 성장하던 그는 대명초등학교 4학년 말에 아버지의 고향 영천으로 전학을 갔다. 그리고 영천 중앙초등학교에서 5학

김진욱은 외모 덕분에 '주윤발'이라는 별명으로 불리기도 했다.

년 말부터 야구를 시작했다.

그런데 중학교 입학 무렵 부모님과 함께 다시 강원도 춘천으로 이사를 갔다. 야구부가 없는 강원중에 배정되는 바람에 1년간 야구를 그만둬야 했다. 그러다 야구부가 있는 춘천중으로 전학을 가면서 다시 야구공을 잡을 수 있었다.

이때부터 그의 잠재력이 폭발했다. 춘천중 시절 1976년 문교부

장관기 우승을 이끌며 최우수선수상을 받았고, 전국 고교팀의 스카우트 표적 1호가 됐다. 하지만 그는 수많은 야구 명문학교의 제안을 제쳐두고 친구들과 함께 이희수 감독이 이끄는 창단팀 천안북일고로 진학했다.

고교 2학년 때 예상하지 못한 일이 발생했다. 동계 훈련 도중 갑자기 허리에 이상증세가 나타나면서 선수 생명의 기로에 섰다. 허리 통증은 다리 마비 증세로 이어졌다. 거의 걷지를 못했다. 병원에 갔더니 '척추분리증'이라는 진단이 나왔다.

김진욱은 그 시절을 돌이키며 "혼자서 많이 울었던 시기였다"고 기억했다.

"스스로 일어서지를 못할 정도였으니 많이 울었죠. 당시 병원에서 '이제 운동 못 한다'고 하더라고요. 서울에 있는 대학병원에 가도 같은 얘기였고."

야구선수로서뿐만 아니라 일반인으로 살아가야 할 삶까지 절망에 부딪힌 순간이었다. 그러나 그는 포기하지 않았다.

"다시 야구를 하려고 고집을 부렸죠. 왜 그런 생각이 들었는지 모르겠지만, 할 수 있을 것 같았어요. 그랬더니 의사 선생님이 부모님한테 '운동 다시 하다가는 영원히 휠체어를 탈 수 있다, 당신들이 부모 맞냐'면서 만류를 하시더라고요. 부모님도 '이제 야구는 여기서 끝내자'고 하셨어요. 그래도 저는 야구를 포기할 수 없더라고요. 스포츠의학도 발달하지 않았던 시기인데 혼자서 이리저리 운동법을 궁리하면서 저한테 맞는 재활훈련을 스스로 찾아서 했죠."

그는 기적적으로 다시 일어섰고, 야구를 다시 시작했다. 그러나 허리 통증은 잊을 만하면 다시 찾아오는 불청객. 허리만 아프지 않으면 그의 구위는 아마추어 무대에서는 언터처블인데, 야구를 하는 날보다 쉬는 날이 더 많았다.

다행히 야구로 돌아와 천안북일고 졸업반이던 1979년 봉황대기 고교야구대회에서 감투상을 받았다.

동아대로 진학한 뒤에도 한동안 허리가 아파 운동을 할 수 없었다. 그가 훈련을 하려고 하면 당시 동아대 강병철 감독이 부상 악화가 걱정돼 만류를 했고, 그는 "안 아프다"며 고집을 부렸다. "1이닝, 아니 한 타자만이라도 상대하게 해달라"며 강 감독에게 매달려 겨우 등판 기회를 잡곤 했다.

그러다 졸업반이던 1983년 대통령기 전국대학야구대회 최우수선수상을 수상했다. 프로구단의 눈길을 받기 시작한 순간이었다. 결국 당시 대전과 충청권을 연고로 한 OB가 천안북일고 출신의 김진욱을 지명하게 됐다.

초등학교는 대구에서 영천으로, 중학교는 춘천으로, 고등학교는 천안으로, 대학교는 부산으로 옮겨 다닌 '유전인생'. 프로 생활은 대전에서 출발했지만, 1년 후 OB 베어스는 서울로 입성하게 된다.

## 🎾 고질적 허리 통증 속 고군분투…… 봄날 수채화 같았던 투구

1984년 OB 입단 당시 신인이지만 구위 하나만큼은 특급으로 평가받았다. 선수 보는 눈이 까다롭기로 소문난 김성근 감독은 스프링캠프부터 루키에게 눈길을 주더니, 결국 1984년 4월 7일 시즌 개막전 선발투수로 김진욱을 낙점할 정도였다.

김진욱은 프로 데뷔전에서 MBC를 상대로 8회 2사까지 4안타 1실점으로 막아 2-1 승리를 이끌면서 승리투수가 됐고, 개막 한 달 동안 4승 1패를 기록하며 센세이션을 일으켰다.

그러나 프로에서도 고질적 허리 통증으로 인해 기대만큼 성장하지는 못했다. 한 시즌을 완벽한 몸 상태로 던진 적이 거의 없었다.

김진욱의 투구 모습

김진욱은 1984년 데뷔해 1992년까지 9년간 OB에서 뛰었다. 1993년 쌍방울로 이적한 시즌까지 KBO리그에서 10년간 활약하며 통산 53승 71패 16세이브, 평균자책점 3.69를 기록했다. 1994년에는 대만 프로야구 쥐궈 베어스(현 푸방 가디언스)에 입단했다가 결국 은퇴했다.

"OB에 입단하고 나서 가장 난감했던 것도 역시 허리 통증이었어요. 선배들 눈치가 많이 보였어요. 단체 훈련을 하다가 갑자기 허리가 아파 훈련에서 열외 되는 일이 잦았으니까요. 처음엔 이런 저런 얘기가 나왔죠. '게으르다'는 둥, '꾀병 부리는 것 아니냐'는 둥⋯⋯."

사정을 모르는 야구인들과 팬들은 더 오해를 하기도 했다. 일부에서는 "인물값 하느라 야구를 꾸준히 하지 못한다"는 얘기가 나오기도 했다. 그러나 다행히 이런 오해는 적어도 OB 선수단 내에서는 없었다.

"고질적인 허리 통증으로 운동하기 힘든 몸이라는 것을 안 OB 선배들이 나중에는 정말 많이 배려해주셨어요. 정신력으로 극복할 수 있는 부상이 있고, 그렇지 못한 부상이 있잖아요. 허리 통증은 정신력으로 이겨낼 수 없거든요. 허리가 아플 땐 팔 높이 자체가 달라지기도 했으니⋯⋯. 저도 물론 훈련을 할 수 없는 날이면 벤치에 앉아서라도 훈련이 끝날 때까지 함께하려고 했죠. 선배들, 동료들 배려

덕분에 그래도 10년간 프로 생활을 할 수 있었던 것 같아요. 몸이 따라주지 않는데 무리하게 계속 던지다 보니 선수 생활 후반부에는 어깨 인대 손상이 오더라고요. 남들은 제가 선수 생활을 너무 일찍 그만뒀다고 할지 모르지만, 그래도 저는 저 자신이 자랑스러웠어요. 어릴 때 허리 때문에 병원에서도 야구를 하면 안 된다고 했는데 프로에서 10년을 버텼잖아요."

시속 140km만 던져도 강속구라는 소리를 듣던 1980년대, 정통 오버핸드 투수라고 해도 팀마다 140km를 넘는 투수는 손에 꼽혔다. 사이드암과 언더핸드 투수라면 기교파로 인식됐다. 그랬던 그 시절에 사이드암 투구로 시속 140km대 빠른 공을 뿌린 김진욱은 '별종'이라면 '별종'이었다. 전 구단을 통틀어서도 그만큼 빠른 공을 던지는 '옆구리 투수'를 보기 힘들었다. 강속구 사이드암 투수의 계보를 논하자면 김진욱이 원조 격이다.

건강한 몸 상태로 던질 수만 있었다면 김진욱은 분명 자신의 통산 기록 이상의 퍼포먼스를 펼쳤을지 모른다. 허리 통증이 없는 날에는 누구보다 투쟁심이 발동하는 투수이기도 했다.

실제로 김진욱은 프로 10년간 완투만 34차례 기록했다. 통산 53승 중 완투승이 32승이었고, 완봉승도 12차례나 있었다. 완봉승 12회는 역대 12위의 기록이다.

입단 이듬해인 1985년 10승 투수로 도약하고, 1988년과 1989년 11승을 올리며 '반짝' 했던 시절도 있었다. 그러나 나머지 시즌에는 한 자릿수 승수에 그쳤다.

기록만 보면 꾸준하지 못했고, 최고의 투수가 되지는 못했다. 그러나 1980년대 후반 OB 베어스 야구를 논할 때 김진욱은 빼놓을 수 없는 인물이다. 암흑기가 시작됐던 그 시절, 그래도 유일하게 2년 연속(1988~1989년) 두 자릿수 승수(11승)를 올리며 고군분투한 어깨였다.

'천하무적' 선동열을 상대로도 이길 수 있다는 기대감을 품게 만드는 투수. 그런 점에서 김진욱은 암흑기 시절, 상처 난 베어스 팬들의 자존심을 지켜준 고마운 존재였다. 봄날 수채화같이 피어올랐던 그의 싱그러운 미소는 팬들의 가슴을 따뜻하게 어루만져주는 작은 위로이기도 했다.

# 장호연의 '개막전 노히트노런'을 만들어준(?) 김진욱의 대형사고

1988년 개막전에서 진기록을 달성한 장호연

"자, 라스트!"

1988년 4월 1일 오후, 롯데와 개막전을 하루 앞둔 OB 선수단은 부산의 경남상고(현 부경고) 운동장에서 훈련을 하며 마지막 컨디션 점검에 나섰다. OB 포수 조범현은 배팅볼 투수로 마운드에 올라 타격 훈련을 도왔다. 타석에 들어선 좌타자 김광림을 향해 마지막 공을 던져주면서 "라스트"라고 큰 소리로 외쳤다.

이 공만 치고 나면 훈련 끝. 그래서 다른 선수들은 이미 하나둘 짐을 싸면서 숙소로 돌아갈 준비를 하고 있었다.

이때 김광림이 잡아당긴 마지막 타구는 1루 선상으로 총알처럼 날아갔다. 1루 파울라인 밖으로 김진욱이 걸어가는 것을 발견한 김광림은 놀란 나머지 "볼!"이라고 고함을 쳤다. 그러나 김진욱이 쳐다볼 새도 없었다. 쏜살같은 타구는 눈 깜짝할 사이에 김진욱의 급소를 강타했다.

"악!"

김진욱은 외마디 비명을 지른 채 그 자리에 쓰러졌다. 땅바닥에

드러누워 온몸이 오그라든 채 고통스러운 얼굴로 데굴데굴 굴렀다. 그를 본 동료들은 '보통 일'이 아니라는 것을 직감했다.

김진욱은 다음 날 개막전 선발투수로 내정돼 있었다. 돌다리도 두들겨보고 건너는 성격의 김성근 감독이 '개막전의 사나이'로 불린 장호연을 제쳐두고 일찌감치 낙점했을 만큼 김진욱은 그해 스프링캠프와 시범경기에서 절정의 컨디션과 구위를 자랑하고 있었다.

그러나 이 같은 불의의 사고로 김진욱은 병원으로 후송됐고, 난감해진 김성근 감독은 결국 개막 다음 날 2선발로 내정했던 장호연을 하루 앞당겨 개막전 선발투수로 결정했다.

그런데 그 장호연이 그만 사고(?)를 치고 말았다. 바로 롯데를 상대로 '개막전 최초 노히트노런'이라는 대기록을 세운 것이다.

KBO리그 역대 3번째로 작성된 이 노히트노런은 KBO 개막전 역사상 처음이자 유일한 노히트노런이다. 그리고 베어스 역사상 최초의 노히트노런이기도 하다. 역대 노히트노런 중 삼진을 하나도 잡지 않은 유일한 사례이자 최소 투구 수로 달성했다는 것도 특이점이다. 사연 없는 대기록이 있겠냐마는 장호연의 노히트노런 속에는 많은 뒷얘기와 사연이 숨어 있다.

## 🎾 1988년 개막전 선발, 장호연 대신 김진욱을 먼저 내정한 이유

장호연은 '개막전의 사나이'로 통한다. 1983년 동국대 졸업 후

'개막전의 사나이' 장호연

OB에 입단하자마자 개막전에 선발 등판해 완봉승을 올리며 승리의 첫 단추를 끼웠다. 1984년에만 동아대 출신의 신인 김진욱이 개막전 선발로 나섰을 뿐, 1987년까지 개막전 선발은 줄곧 장호연의 몫이었다.

장호연은 그 이후에도 1988년, 1989년, 1990년, 1992년, 1995년

등 개막전에만 총 9차례나 선발투수로 등판해 KBO 역사상 최다 출장 기록을 보유하고 있다. 또한 통산 6승 2패로 여전히 KBO개막전 최다승 투수로 이름을 올려놓고 있다.

1987년까지의 실적만 보더라도 대단했다. 장호연은 4차례 개막전 선발투수로 나서서 3승을 올렸다. 1986년 해태와 격돌한 개막전에서만 팀이 연장 승부 끝에 3-3 무승부를 기록하는 바람에 승리를 기록하지 못했을 뿐이었다.

김성근 감독만큼 미신과 징크스를 많이 따지는 사람도 없다. 그럼에도 1988년 김 감독이 '개막전 승리 보증수표' 장호연을 제쳐두고 김진욱을 일찌감치 개막전 선발투수로 낙점한 데는 크게 2가지 이유가 있었다.

우선 김진욱의 구위가 빼어났다.

OB 구단은 1988시즌에 앞서 투수 최일언과 김진욱, 포수 김경문 등 3명을 특별히 일본 요코하마 구단의 오키나와 스프링캠프에 파견했다. 거기서 김진욱은 피칭에 완전히 눈을 떴다.


"요코하마 선수단하고 같이 훈련하면서 정말 야구가 많이 늘었습니다. 그 전까지 직구와 커브, 싱커를 던졌는데 요코하마 캠프에서 포크볼을 배웠어요. 특히 그때 투구 밸런스를 완벽하게 제 것으로 터득한 게 가장 큰 소득이었습니다. '이게 밸런스구나', '이렇게만 던지면 되겠다' 싶었어요. 그때만 해도 그해 20승도 자신 있었어요."

김진욱 전 감독은 지금도 1988년 당시의 느낌이 떠오르는지 지난날을 회상하며 목소리 톤을 높였다.

요코하마 스프링캠프를 마치고 국내로 돌아와 김진욱이 피칭하는 모습을 보고는 김성근 감독도 깜짝 놀랐다. 사이드암 투수로 밸런스가 완벽해졌고, 강속구에 힘이 더 붙었던 것이다. 김 감독은 김진욱을 향해 신뢰의 눈빛을 보냈다. 그러더니 한마디를 던졌다.

"진욱이, 개막전 맞춰 준비해라."

그리고 다른 이유 하나는 '개막전의 사나이' 장호연의 컨디션이 더디게 올라왔다는 점이었다. 장호연은 1987년 15승 8패 6세이브, 평균자책점 2.82의 호성적을 올렸다. 그러나 연봉 협상에서 구단과 합의점을 찾지 못하면서 2월에 진행된 제주도 전지훈련 명단에서 제외됐다. 서울에 남아 모교인 충암고와 일산에 있는 제일은행 구장을 번갈아 오가며 개인 훈련을 해오다, 연봉 협상이 타결되면서 뒤늦게 팀 훈련에 합류했던 터였다.


## 개막전 선발 낙점 김진욱, 불의의 사고 순간

"야, 근데 우리 개막전 선발투수가 누구냐?"

1988년 개막 하루 전, 버스를 타고 경남상고로 훈련하러 가는 길에 베테랑 투수 계형철이 궁금하다는 듯 물었다.

그 시절에는 선발투수 예고제를 시행하지 않았다. 특히나 김성근 감독은 선발투수와 라인업을 놓고 경기 당일까지 상대와 수 싸움을 펼칠 정도로 기밀 유지를 중요시하던 스타일. 심지어 같은 팀 선수들에게도 알려주지 않았다.

누구도 대답하지 않자 계형철이 넘겨짚었다.

"진욱이 너냐?"

역시 산전수전 다 겪은 베테랑답게 촉이 있었다. 전지훈련과 시범경기에서 김진욱의 구위를 봤으니 그렇게 짐작하는 것도 무리는 아니었다.

김진욱은 선수 시절부터 신사였다. 거짓말을 잘 못하는 스타일이었다. 먼저 나서서 "접니다"라고는 말하지 못했지만, 계형철 선배가 직접적으로 물어오자 어쩔 수 없이 "예"라고 대답했다.

버스 바로 옆 좌석에 앉은 장호연이 김진욱을 보면서 다소 놀란 듯이 "너냐?"라며 물었다.

장호연이라면 '개막전의 사나이' 아닌가. 갑자기 느낌이 이상했다. 김진욱은 이미 한 달 전에 김성근 감독에게 "개막전 준비하라"는 얘기는 들었지만, 개막을 앞두고 정식 통보를 받지는 못했다. 갑자기 선발이 바뀐 건가 싶어 장호연에게 되물었다.

"혹시 형이에요?"

"아니, 나 아니야."

김진욱의 얘기에 1년 선배 장호연은 손사래를 치며 웃었다.

"에이, 감독님이 바꿨구먼. 그럼 형이 낼 개막전 선발이네. 잘 던져요."

장호연은 "나한테는 아무 말씀 없었어"라며 재차 손을 내저었다.

경남상고에 도착해 오후 늦게까지 훈련을 진행했다. 해가 뉘엿뉘

엿 넘어갈 무렵, 선수들은 다음 날 개막전을 머리에 그리며 하나둘 훈련을 마무리하기 시작했다.

그때 김진욱도 장호연과 외야에서 러닝을 한 뒤 가방을 싸기 위해 1루 쪽으로 걸어갔다. 그런데 1루 근처 파울라인을 넘어가는 순간 어디선가 "볼!"이라는 다급한 목소리가 들렸고, 김진욱은 공을 쳐다볼 새도 없이 그만 타구에 급소를 맞고 말았다.

현재 '김광림 야구학교' 대표이자 감독을 맡아 후진을 양성하고 있는 김광림은 당시의 기억이 생생하다.

"제가 좌타자니까 왼쪽 타석에서 공을 잡아당겼는데, 타구가 직선으로 날아가다 오른쪽으로 휘어지더라고요. 1루 쪽을 보니 누가 있었어요. 타구가 날아가는 궤적을 보니 위험하겠다는 느낌이 왔어요. 그래서 순간적으로 '볼'이라고 외쳤는데 진욱이가 바로 맞고 쓰러졌죠. 사실 각도상 급소를 맞을 확률은 거의 없었어요. 외야에서 1루 쪽으로 대각선으로 걸어왔고, 1루 파울라인을 넘어갔기 때문에 오른발을 앞으로 내딛는 상황이었으면 허벅지나 엉덩이에 맞았겠죠. 하필이면 왼발을 내딛다 다리가 벌어지는 그 순간에……."

자신의 타구에 동기 투수가 불의의 사고를 당했으니 그 역시 충격이 컸다. 그 직전에 김진욱이 개막전 선발투수로 내정됐다는 얘기를 들은 터라 더욱 그랬다.

"주변에 있던 사람들이 다 그곳으로 뛰어갔어요. 저도 마찬가지였고요. 진욱이가 개막전 선발투수라고 알고 있었는데 '큰일 났다' 싶더라고요. 만약 개막전에 못 나가면 제 책임이 크잖아요. 생각보다 상태가 심각했어요. 보통 공에 급소를 맞으면 엉덩이나 엉치뼈 부위를 툭툭 치면서 통증을 누그러뜨리잖아요. 그때 누군가가 그런 방법을 썼더니 김진욱이 '제발 건드리지 마라. 나 좀 가만 놔둬'라며 고통스러워했어요. 그 순한 친구 진욱이 입에서 욕까지 나왔으니까……. 트레이너조차 손도 못 댔어요."

김광림은 여전히 안타까운 목소리로 당시 상황을 돌아보며 말을 이어나갔다.

"그렇게 진욱이가 땅바닥에 누워 20분쯤 흘렀나? 겨우 진정이 좀 되더라고요. 운동장으로 승용차가 들어와 있었는데 부축을 받고 일어섰지만, 차에 탈 때 거의 게걸음을 하듯 옆으로 걸어서 겨우 탔어요. 일단 일어섰으니 괜찮아지는 줄 알고 옷을 갈아입고 병원으로 가기 위해 먼저 숙소로 갔던 기억이 납니다. 승용차에 저도 탔고요. 숙소에서도 옆으로 한 발씩 게걸음을 해서 이동하고, 병원 계단을 올라갈 때도 옆으로 겨우겨우 발걸음을 옮겼어요. 아래쪽이 퉁퉁 부었는데도, 의사가 큰 이상은 없다고 하더라고요. 수술할 정도는 아니라고."

그런데 그게 아니었다. 이후 상황에 대해서는 부상 당사자인 김진욱 전 감독이 설명했다.

"부산에서는 의사가 인턴분이었던 걸로 기억하는데 방법이 없다고 해서 어쩔 수 없이 그날 부산 숙소에서 하루 잤다가 다음 날 혼자 서울로 올라왔어요. 강동성심병원에 갔더니 중요 부위의 한쪽 신경을 다쳐서 수술해야 한다고 하더라고요. 결국 신경을 잇는 수술을 했죠. 가장 속상했던 것은 그해에 정말 밸런스가 좋았는데 수술하고 한동안 공을 던질 수 없었던 일입니다. 당시 어떻게 해서든 빨리 운동장에 나가서 그 밸런스로 공을 던져야겠다는 생각만 했던 것 같아요. 그런데 몸은 못 따라오는데 너무 서두르다 오히려 무리하게 됐고 결국 어깨 인대 손상이 오면서 은퇴할 때까지 어깨 통증을 달고 살게 됐죠."

김진욱은 개막 후 40여 일이 지난 5월 11일 광주 해태전에 시즌 첫 등판을 했다. 하필이면 운명처럼 선발 맞상대가 선동열. 1987년 연장 15회까지 선동열과 완투 맞대결을 펼쳐 1-1 무승부를 기록했던 김진욱은 이날도 선동열과 맞장뜨며 완투 대결을 펼쳤다. 그러나 8회말 밀어내기 볼넷을 허용하면서 0-1로 팀이 패해 패전투수가 되고 말았다.

김진욱은 그해 11승 8패 2세이브, 평균자책점 3.10을 기록했다. 나쁘지 않은 성적이었지만 일본 요코하마 스프링캠프에서 터득한 피칭 밸런스를 완벽하게 살리지는 못했다. 김진욱은 야구 인생에서 그해를 가장 아쉬워한다.

## ⚾ 김성근 감독, 결국 개막전 선발 장호연으로 교체

다시 1988년 개막전으로 거슬러 올라가보자. 4월 2일 사직구장. OB 선수단은 김진욱의 부상 탓에 어수선한 분위기로 개막전을 맞이해야 했다. 김성근 감독은 결국 유난히 개막전에 강했던 장호연을 예정보다 하루 앞당겨 1선발로 내세웠다.

롯데 선발투수는 윤학길. 롯데에는 에이스 최동원이 있었지만 그해 연봉 협상이 좀처럼 진척되지 않아, 전년도 13승을 거두면서 '차세대 에이스'로 평가받은 윤학길이 개막전 선발로 낙점됐다.

이로써 1988년 부산 사직구장 개막전은 '짱꼴라' 장호연과 '고독한 황태자' 윤학길의 선발 맞대결로 펼쳐지게 됐다. 장호연은 잠도 제대로 자지 못한 채 개막전 아침을 맞이해야 했다.

# BEARS
# 30

## 장호연은 어떻게 '개막전 무탈삼진 노히트노런'을 달성했나

장호연

1988년 개막전 아침이 마침내 밝아왔다. 1984년 OB 베어스 지휘봉을 잡은 김성근 감독으로서는 5년 계약 기간이 만료되는 해. 1986년과 1987년 플레이오프 무대에서 각각 삼성과 해태에 2승 3패로 아쉽게 물러나면서 한국시리즈 진출에 실패했던 터라 그야말로 배수의 진을 치고 기다린 1988년 개막이었다.

롯데는 1988시즌을 앞두고 부산 출신의 어우홍 감독을 새롭게 영입해 권토중래를 노렸다. 어 감독은 1982년 세계야구선수권대회에서 김재박의 개구리번트와 한대화의 극적인 3점 홈런으로 한국이 우승할 때 대표팀을 지휘했던 인물. 1984년 MBC 청룡 감독으로 부임했다가 1985년 시즌 도중 해임된 뒤 부산 야구의 재건을 위해 고향팀 롯데 감독을 맡게 됐다.

계약 마지막 해의 김성근 감독과 계약 첫해의 어우홍 감독의 얄궂은 만남. 게다가 양 팀 모두 개막전 선발 카드에는 사연이 있었다.

OB는 스프링캠프와 시범경기를 통해 가장 좋은 구위를 자랑하던 김진욱이 개막 하루 전에 연습 타구에 급소를 맞는 예기치 못한 부상으로 이탈하자 '짱꼴라' 장호연을 선택했고, 롯데는 에이스 최동원의 연봉 협상이 타결되지 않아 '포스트 최동원'으로 평가받던 윤학길을 내밀었다.

30장에서는 KBO리그 개막전 역사상 최초이자 유일한 노히트노런과 함께 장호연의 이야기를 이어가고자 한다.


## 🎾 1회말 무사 1, 2루 위기부터 시작한 장호연

OB의 선공으로 1988년 사직구장 개막전이 시작됐다. 1회초 1번 타자는 박노준. 삼색 헬멧을 깊숙이 눌러 써 눈이 보일락 말락 한 스타일로 타석에 들어서 '독일 병정'이라는 별명으로 불린 박노준이었다.

박노준은 볼카운트 1B-1S에서 3구째에 기습번트를 댔다. 1루 파울라인 쪽으로 굴러가는 절묘한 번트. 투수 윤학길이 타구를 잡아 던졌으나 1루에서 살았다. 무사 1루.

그러나 이때 박노준은 투수 송구를 처리하던 롯데 1루수 '자갈치' 김민호와 충돌하면서 한 바퀴 굴렀고, 오른 다리 부상이라는 불청객을 만나면서 개막 첫 타석 만에 부축을 받고 그라운드를 떠나야 했다.

김성근 감독은 박노준을 대신해 대주자로 김명구를 투입했다. 김명구는 2번 타자 김광수의 삼진 때 2루 도루에 성공했다. 3번 타자 신경식의 타구는 3루수 글러브를 맞고 유격수 쪽으로 흐르는 내야안타. 1사 1, 3루에서 타석에 들어선 4번 타자 양세종의 우전 적시타로 선취점을 뽑았다.

1점을 먼저 업고 시작한 OB 선발투수 장호연. 그런데 그 역시 등판하자마자 난조를 보였다.

1회말 롯데 선두타자인 재일교포 홍문종에게 스트레이트 볼넷을 허용하고 말았다. 공은 빠르지 않지만 팔색 변화구와 제구, 완급 조절이 강점인 장호연이기에 공 4개로 볼넷을 내주는 것은 예상하지 못한 의외의 장면이었다.

그런데 이것으로 끝이 아니었다. 2번 타자 박영태마저 몸에 맞는 공으로 내보냈다. 장호연은 1회 시작부터 무사 1, 2루의 위기로 출발했다.

장호연 역시 당시의 기억이 생생하다. 이날 1회 상황에 대해 그는 "사실 1회에 무너지는 줄 알았다"고 고백했다.

장호연의 얘기를 더 들어보자.


"그해 시범경기까지만 해도 김진욱 공이 정말 좋았거든요. 그러니까 김진욱이 먼저 개막전 선발로 낙점받았겠죠. 저는 김진욱이 사고를 당한 날, 그러니까 개막 하루 전날 피칭을 많이 했어요. 원래 등판 하루 전에는 거의 공을 만지지도 않는데 이틀 후 선발로 나갈 줄 알고 투구를 많이 했죠. 그런데 갑자기 김진욱이 다치면서 제가 개막전 선발로 바뀌니까 마음이 무거웠어요. 다친 김진욱 대신 던지는 거라 부담도 많이 되고 긴장도 많이 해서 잠도 잘 자지 못했던 걸로 기억합니다. 남들은 저보고 '전혀 긴장을 안 하는 투수 같다'

고 하지만 사실 전 매 경기 긴장했어요. 잠을 설쳐서 그런지 개막 당일 야구장에 도착했을 때도 컨디션이 좋지 않았어요. 경기 시작하자마자 스트레이트 볼넷부터 내줬죠. 공이 살짝 벗어나는 것도 아니고 제 기억으론 땅바닥으로 던지고 하늘로 던지고 그랬어요. 그리고 2번 타자까지 내보냈으니 거기서 한 방 맞았다면 무너졌을지도 모릅니다."

난감해진 상황. 타석에는 3번 타자 한영준이 들어섰다. 장호연은 머릿속으로 병살타 유도부터 그렸다. 볼카운트 1B-2S에서 몸쪽으로 살짝 휘어 들어가는 공을 던졌다.

투수 앞 땅볼. 상상했던 대로 결과가 나왔다. 1(투수)-6(유격수)-3(1루수)으로 이어지는 더블플레이가 완성됐다. 어쩌면 대기록 달성을 위한 발판은 이때 마련됐는지 모른다.

그러나 장호연은 당시 더블플레이 상황을 돌이키며 "아찔했던 순간이었다"고 웃음부터 터뜨렸다.

"정말 운이 좋았죠. 의도대로 투수 앞 땅볼이 나왔어요. 그런데 하마터면 더 큰 일이 벌어질 뻔했지 뭡니까. 2루에 던진다는 것이 그만 원바운드 송구가 됐거든요. 아차 싶었죠. 그때 베이스커버를 들어온 유격수 유지훤 선배님이 기막히게 글러브로 원바운드 송구를 걷어내더니 1루까지 던져서 더블플레이를 만들었습니다. 정말 까다로운 바운드라 유지훤 선배님이 공을 잡지도 못할 줄 알았거든요. 제 손에서 공이 떠날 때 송구 실책으로 실점을 하거나 최소 무사 만루가 될 줄 알았어요. 그 송구가 뒤로 빠졌다면 1회에만 최소 2~3점은 주지 않았겠습니까. 최악의 상황은 대량 실점 후 강판이었겠죠."

어쨌든 결과적으로 2사 3루를 만들었다. 그리고 4번 타자 김용철을 유격수 땅볼로 처리하면서 1회 대위기를 벗어났다.

## 🎾 만만디 피칭, 2회부터 '맞춰 잡기 신공'

1회말 18개의 공을 던진 장호연은 2회부터 특유의 '만만디 피칭'으로 투구 수를 줄여나갔다. 공이 빠르지 않으니 롯데 타자들 눈에는 훤히 보였다. 거의 다 초구나 2구부터 의욕적으로 방망이를 붕붕 휘둘렀다. 그러나 공은 얄밉게도 살짝살짝 변했고, 배트 중심을 요리조리 피해나갔다.

덕분에 투구 수도 절약되기 시작했다.

2회 9개, 3회 6개, 4회 6개……. 2회부터 4회까지 3이닝을 내리 삼자범퇴로 처리했다.

그러는 사이 OB는 4회초에 귀중한 점수를 뽑았다. 2사 후 7번 타자 구천서의 우중간 2루타와 8번 타자 유지훤의 좌전 적시타로 2-0으로 달아났다.

5회말 롯데 공격. 장호연은 선두타자 김민호를 볼넷으로 출루시켰다. 그러나 유두열(작고)을 좌익수 플라이로 잡고, 정영기를 2루수 앞 땅볼로 유도해 더블플레이를 이끌어내면서 이닝을 마무리했다. 5회까지 투구 수는 54개에 불과했다.

2점 차의 살얼음판 리드를 잡고 있던 OB는 7회초 2점을 추가하면서 마침내 승기를 잡았다. 1사 후 대타 김영균의 중전안타와 김광수의 좌익선상 2루타로 1사 2, 3루. 윤학길의 투구 수는 99개에 이르렀다. 좌타자 신경식이 타석에 들어서자 롯데 벤치는 윤학길의 구위가 떨어진 것으로 판단하고 좌완 안창완을 투입했다.

여기서 OB는 신경식의 2루수 땅볼로 1점, 양세종의 중전 적시타로 1점을 보태 4-0으로 달아났다. 사실상 승부의 추가 OB 쪽으로 기울었다.

이제 관심사는 하나였다. 바로 OB 선발투수 장호연이 노히트노런을 진행 중이었기 때문이다.

롯데 타선은 장호연에게 6회말 삼자범퇴, 7회말 삼자범퇴에 이어 8회말에도 삼자범퇴로 물러났다. 장호연은 8회까지 투구 수 90개로 끝냈다.

OB 역시 8회초, 9회초 공격을 삼자범퇴로 순식간에 마무리했다.


## ⚾ 운명의 9회말, 역대 3호 노히트노런 순간

롯데는 8회까지 24개의 아웃카운트가 잡히는 동안 안타를 단 한 개도 뽑지 못했다. 볼넷 2개와 몸에 맞는 공 1개가 전부였다.

그야말로 운명의 9회말. 대기록에 이제 아웃카운트 3개만 남겨둔 상태였다.

롯데는 8번 포수 김용운(작고)부터 시작되는 타순이었다. 어우홍 감독이 움직였다. 롯데 사령탑 데뷔전인데 노히트노런 희생양이 되는 것이 달가울 리 없을 터. 어 감독은 대타로 베테랑 정학수를 투입했다. 키는 작지만 다부진 플레이를 해온 원년 멤버 정학수의 경험을 믿었다.

정학수는 작심한 듯 초구를 노려 쳤지만 3루수 쪽 강한 땅볼. 그런데 평소 야무진 플레이를 해온 3루수 구천서가 그만 이 공을 잡지 못했다. 대기록을 앞두고 타자들이나 야수들이나 긴장하기는 마찬가지였다. 강습 타구여서 안타와 실책의 모호한 경계에 있었다.

안타를 줄까, 실책을 줄까.

기록원의 판단 하나에 운명이 갈리는 상황이었다. 모두들 마른침을 삼키며 백스크린 쪽 전광판을 쳐다봤다. 이날 사직구장 기록을 맡은 정만오 KBO 공식기록원도 다시 한번 플레이를 곱씹으며 고민을 했다.

잠시 후. 사직구장 백스크린 전광판 'E' 칸에 숫자가 올라갔다.

실책Error이었다. 강습 타구였지만 3루수가 처리할 수 있다고 본 것이었다.

무사 1루였지만, 장호연으로서는 일단 노히트노런 가능성을 살려두게 됐다. 그러나 대기록을 앞두고 이런 실책이 나온다는 것은 불길한 징조였다.

롯데는 조성옥(작고) 타석 때 다시 경험 많은 베테랑 김용희를 대타로 투입하며 몸부림을 쳤다. 볼카운트 1B-1S 이후 연속 3개의 파울이 나왔다.

이어 6구째를 쳤지만 유격수 앞 땅볼. 6(유격수)-4(2루수)-3(1루수) 더블플레이! 이날 장호연의 3번째 병살타 유도였다. 9회말 롯데 공격도 순식간에 2사 주자 없는 상황이 돼버렸다.

다음 타자는 롯데에서 가장 까다로운 1번 타자 홍문종. 롯데에게는 26개의 아웃카운트가 올라갔고, 장호연에게는 97개의 투구 수가 기록됐다.

이제 마지막 타자가 될 것인가.

홍문종은 좌타석에 들어서더니 잠시 숨을 골랐다. 그리고는 초구가 날아들자 그대로 방망이를 돌렸다. 일본 프로야구에서 뛰었던 경험 많은 재일교포 베테랑 타자는 이럴 때일수록 소극적 태도보다는 적극적 공격이 필요하다고 본 것이었다. 그러나 초구는 파울.

장호연 역시 거침이 없었다. 볼카운트 0B-1S에서 다시 공격적 투구로 들어갔다.

2구째 바깥쪽 코스의 공. 홍문종의 배트가 빠르게 돌았다. 방망이 중심에 제대로 맞은 타구는 총알처럼 좌익수 쪽으로 날아갔다.

양 팀 선수단과 팬들의 모든 눈은 흰 공의 궤적을 뒤쫓았다. 7회부터 대수비로 나선 좌익수 송재박이 뒷걸음질을 쳤고, 타구는 낮은 탄도로 쏜살처럼 빠르게 비행했다.

타구가 좌익수 키를 넘어간다면 대기록이 눈앞에서 무산되는 상황. 이때 송재박이 내민 글러브 속으로 타구가 빨려 들어갔다. 마침내 아웃카운트 27개가 마무리됐다.

노히터! KBO리그 역사상 3번째 대기록이 탄생하는 순간이었다.

**KBO 역대 페넌트레이스 노히트노런**

| 번호 | 선수 | 소속팀 | 달성일 | 상대팀 | 구장 | 포수 | 스코어 | 비고 |
|---|---|---|---|---|---|---|---|---|
| 1 | 방수원 | 해태 | 1984.5.5. | 삼미 | 광주 | 유승안 | 8-0 | 최초 |
| 2 | 김정행 | 롯데 | 1986.6.5.(DH1) | 빙그레 | 사직 | 한문연 김용운 | 8-0 | |
| 3 | 장호연 | OB | 1988.4.2. | 롯데 | 사직 | 김경문 | 4-0 | 개막전 무탈삼진 |
| 4 | 이동석 | 빙그레 | 1988.4.17. | 해태 | 광주 | 유승안 | 1-0 | 2실책 |
| 5 | 선동열 | 해태 | 1989.7.6. | 삼성 | 광주 | 장채근 | 10-0 | |
| 6 | 이태일 | 삼성 | 1990.8.8. | 롯데 | 사직 | 이만수 | 8-0 | |
| 7 | 김원형 | 쌍방울 | 1993.4.30. | OB | 전주 | 김충민 | 3-0 | |
| 8 | 김태원 | LG | 1993.9.9. | 쌍방울 | 잠실 | 김동수 | 9-0 | |
| 9 | 정민철 | 한화 | 1997.5.23. | OB | 대전 | 강인권 | 8-0 | 낫아웃 출루 |
| 10 | 송진우 | 한화 | 2000.5.18. | 해태 | 광주 | 강인권 | 6-0 | |
| 11 | 찰리 | NC | 2014.6.24. | LG | 잠실 | 김태군 | 6-0 | |
| 12 | 마야 | 두산 | 2015.4.9. | 넥센 | 잠실 | 양의지 | 1-0 | |
| 13 | 보우덴 | 두산 | 2016.6.30. | NC | 잠실 | 양의지 | 4-0 | |
| 14 | 맥과이어 | 삼성 | 2019.4.21. | 한화 | 대전 | 강민호 | 16-0 | |
| #1 | 박동희 | 롯데 | 1993.5.13. | 쌍방울 | 사직 | 강성우 | 4-0 | 6회 강우콜드게임 |
| #2 | 정명원 | 현대 | 1996.10.20. | 해태 | 인천 | 김형남 장광호 | 4-0 | 한국시리즈 4차전 |

#는 특수 기록.

## 🎾 노히트노런인 줄도 모르고 달성…… 유일한 무탈삼진 노히터

"다른 건 잘 기억이 나지 않는데 마지막 타자를 처리한 장면은 아직도 생생합니다. 홍문종 선배는 재일교포였는데 정말 잘 쳤던 타자 아니었습니까. 그날 마지막 타구도 사실 배트 중심에 잘 맞았어요. 맞는 순간 '어이쿠' 싶었는데, 좌익수가 뒷걸음질을 치면서 잡아내더라고요."

대기록을 완성하는 마지막 장면에 대한 장호연의 회상이다.

그는 9회까지 완투하면서 볼넷 2개와 몸에 맞는 볼 1개만 허용했다. 피안타도 없었고 실점도 없었다. KBO리그 역사상 개막전 최초의 노히트노런이자 지금까지 여전히 유일한 개막전 노히트노런. 그날의 기록은 그렇게 완성됐다.

그런데 재미있는 점은 장호연은 그날 마지막 아웃카운트를 잡고도 노히트노런인 줄 몰랐다는 것이었다.

"그날 경기 도중 누구도 노히트노런에 대해 얘기를 안 했어요. 저는 경기가 끝날 때까지 노히트노런이 진행되고 있는지 정말 몰랐죠. 제 공이 시속 130km 갓 넘는 수준이었잖아요. 그래서 전 평소에도 늘 타자가 저보다 우위에 있다고 생각하고 긴장을 하면서 던져왔거든요. 그날은 1회 첫 타자부터 스트레이트 볼넷을 내줬으니 더 긴장했습니다. 1이닝, 1이닝만 보고 버텨보자는 생각으로 던졌죠. 경기 후반으로 흘러갈 때도 전광판을 대충 보고 0점으로 진행되고 있다는 것만 알았죠. 막연히 '잘하면 완봉 페이스는 될 것 같다'는 생각은 했던 것 같아요."

장호연의 말을 들어보니 일리 있는 얘기였다. 그로서는 노히트노런을 상상하지 못했고, 상황을 파악하지 못했던 이유가 있었다.

"당시 국내 프로야구에 노히트노런이 몇 번 나오지 않았던 시절이잖아요. 그래서 정말 그날 노히트노런이라는 것 자체를 상상조차 하지 못했어요. 지금 생각해보면 어쩌면 그날 노히트노런은 동료들 덕분이었던 것 같습니다. 누군가가 7회나 8회쯤에, 아니면 9회 마운드에 올라갔을 때 노히트노런에 대해 언급했다면 대기록을 의식해서 더 긴장했겠죠. 그러면 안타를 맞거나 점수를 줬을지 모릅니다. 경기 끝나고 선수들이 마운드로 달려와서 난리를 치더라고요. 그제야 노히트노런이라는 걸 깨닫고 어리둥절했던 것 같아요."

무엇보다 눈길을 끄는 것은 이날 탈삼진이 무려(?) 0개였다는 점. 역대 KBO 노히트노런 중 탈삼진이 없는 경기는 이것이 유일하다. 베어스 역사상 최초 노히트노런이기도 했고, 지금까지 베어스 국내 투수 중 유일한 노히트노런이기도 하다(베어스 역사에서 2015년 유니에스키 마야, 2016년 마이클 보우덴이 각각 2호와 3호 노히트노런을 달성했는데 모두 외국인 투수였다).

그리고 장호연의 이 노히트노런은 단 99구로 달성됐다. KBO 역대 노히트노런 중 투구 수 100개 미만으로 완성한 유일한 사례다. 다시 말해 역대 최소 투구 수로 달성한 노히트노런이다.

"1-0으로 지는 것보다 10-9로 이기는 게 낫다", "공 3개로 삼진을 잡는 것보다 공 1개로 맞춰 잡는 게 낫다"는 명언을 남긴 장호연. 1988년의 노히트노런은 그의 평소 지론이 제대로 녹아든 대기록이어서 더욱 눈길을 끈다.

장호연은 현역 시절 '팔색 변화구'를 던지는 투수였다. 직구는 시속 130km를 넘을까 말까 한 수준. 그러나 언제든 마음만 먹으면 140km짜리 공도 던질 수 있었다. 1960년생으로 환갑을 넘긴 나이지만 지금도 사회인야구를 즐기며 시속 130km 안팎의 공을 던지고 있다고 하니 놀라울 따름이다.

## 🎾 역사적 그날, 장호연의 회상과 김경문의 기억

노히트노런을 기록한 날, '변화구 투수' 장호연은 유난히 직구를 많이 던졌다고 한다. 물론 같은 직구라도 움직임(무브먼트)이 다양한 직구였다.

"제 야구 인생에서 아마도 직구를 가장 많이 던진 경기가 아니었나 싶어요. 평소라면 10개 던지면 거의 9개가 변화구인데, 그날은 제 기억으로 7대3 정도로 직구가 많았어요. 별거 아닌 직구라도 약간씩 변화를 줬죠. 당시엔 그런 공을 그냥 다 직구라고 했어요. 요즘으로 치면 싱킹 패스트볼, 컷 패스트볼 등을 던졌다고 보면 됩니다. 꼬리가 우타자 몸쪽으로 살짝 말려 들어가는 테일링 패스트볼도 던졌고요. 배트 중심만 살짝살짝 피해 가는 공으로 범타를 많이 이끌어냈죠."

공격적 피칭을 한 까닭은 김경문의 적극적 리드 때문이었다. 장호연은 그날의 이야기를 다시 이어나갔다.

"그날 포수는 김경문 선배님이었어요. 조범현 선배님과도 호흡을 많이 맞췄는데 두 분의 성향이 조금 다르죠. 조범현 선배님은 처음부터 끝까지 계산된 치밀한 볼 배합을 하는 스타일인 반면 김경문 선배님은 공격적인 볼 배합을 많이 하셨죠. 노히트노런을 한 그날도 김경문 선배님이 초반부터 던지고 싶은 공을 맘껏 던져보라고 했습니다. 직구 사인을 많이 내시더라고요. 제가 직구라고 해봤자 시속 130km대니까 뻔히 눈에 보이잖아요. 그러니까 롯데 타자들이 공격적으로 막 치더라고요. 그런데 김경문 선배님이 보실 땐 그날 제 직구 움직임이 괜찮다고 느끼셨나 봐요. 결국 투구 수가 많이 줄어들면서 100개가 안 되는 공으로 완투할 수 있었습니다."

그렇다면 그날 포수로 앉아 장호연의 공을 받아준 노히트노런의 숨은 주역 김경문은 어떻게 기억하고 있을까. 김경문 전 감독은 "오래전 일이지만 당연히 생각난다"며 웃었다. 그러면서 그날의 기억과 장호연 투수에 대한 추억을 빛바랜 사진첩에서 끄집어냈다.

"호연이는 매우 영리한 투수였어요. 공을 놓는 순간까지 타자의 호흡을 읽는 투수였죠. 흔히 '공을 갖고 논다'고 표현하잖아요. 호연이는 투수로서 그런 자질이 아주 뛰어났어요. 손에서 공을 놓는 순간에도 변화를 줘요. 예를 들어 직구 사인이 나면 직구처럼 던지면

장호연의 개막전 노히트노런을 함께 만든 포수 김경문

서도 조금씩 손을 움직여 볼이 살짝살짝 움직이게끔 만드는 재능을 갖고 있었죠. 폼도 만만하고 공도 만만해 보였지만 타자들이 공을 치려고 하면 조금씩 변했어요. 또 타자가 변화구를 생각하고 있을 때 직구를 과감하게 던지죠. 대단한 직구가 아니지만 타자가 변화구를 노리다 타이밍이 늦고……. 우습게 보고 달려들다 당하는 타자가 많았어요. 또 워낙 컨트롤이 좋아 던지고 싶은 코스에 정확히 던졌어요."

장호연은 위에 구술한 것처럼 그날 컨디션이 좋지 않은 상태에서 노히트노런을 달성했다. 김 감독은 그날 장호연의 구위를 어떻게 느꼈을까.

"본인이 그날 컨디션이 안 좋았다고 해요? 글쎄요. 공 자체가 안 좋은데 9회까지 던졌겠습니까. 본인이 컨디션 안 좋았다고 하니 그럴지도 모르지만, 사실 투수들은 컨디션 안 좋을 때 더 집중하죠. 아무래도 김진욱이 개막전 투수로 내정됐다가 대신에 자기가 나가다 보니 오기가 생겨서 더 잘 던지지 않았나 그런 생각도 들어요. 아무튼 저도 호연이 볼을 받으면서 포수로서 그런 일(노히트노런)을 거들었다는 게 지나고 나니 뿌듯한 마음이 드는 것도 사실입니다. 하하."

다음은 장호연의 노히트노런 상황을 그린 〈조선일보〉 1988년 4월 3일자 기사다.

OB 두뇌피처 장호연은 2일 부산 사직구장서 열린 롯데와의 경기서 국내 프로야구 사상 세 번째 노히트노런의 대기록을 작성하며 팀에 4-0 완봉승을 안겼다. 이로써 OB는 지난 82년 이래 개막전서만 6승 1무 무패의 값진 전적을 쌓았고, 장 역시 개막전서만 4승째를 낚아 올 시즌 선풍을 예고했다. (중략) 부산 사직구장에는 3만 7천여 명의 관중이 스탠드를 꽉 메운 채 홈팀 롯데의 선전을 기대했으나 치욕의 노히트노런으로 완봉패를 당하자 허탈해하기도. 일부 극성스러운 홈팬들은 경기가 끝난 뒤 그라운드에 종이 등을 던지며 '그럴 수 있느냐'며 흥분하는 모습.

그 시절 팬들은 야구 경기가 진행되는 도중에도 술병이나 오물을 그라운드에 집어 던지기 일쑤였다. 상대팀에게 화풀이도 하지만 자신이 응원하는 팀 선수들이 마음에 들지 않는 플레이를 하거나 패할 때도 마찬가지였다. 안방에서 노히트노런을 당했으니 사직구장을 찾은 롯데 팬들이 흥분한 것도 당연했다.

한편, 장호연이 역대 3호 노히트노런이라는 대기록을 작성한 이날 다른 구장에서는 초창기부터 이어져온 대기록 하나가 끝나 대조를 보였다. MBC 청룡의 원조 악바리이자 '베트콩'이라는 별명으로 불렸던 김인식 플레잉코치가 코치에 더 전념하기 위해 잠실구장에서 열린 빙그레와 개막전에 결장했다. 이로써 원년인 1982년 개막전부터 1987년까지 한 경기도 빠지지 않고 출장하면서 기록한 606경기 연속 출장이 중단됐다. 훗날 '미스터 OB' 김형석이 622경기 연속 출장으로 새로운 기록을 만들었고, 다시 '철인' 최태원이 1009경기로 늘려 최고 기록을 보유하고 있다.

# BEARS
# 31

## 스탠 뮤지얼이 한국에?
## OB 베어스와 세인트루이스의 자매결연

1987년 세인트루이스 카디널스로 코치 연수를 간 이광환 전 감독과
스탠 뮤지얼 세인트루이스 부사장 (사진 제공 : 이광환 전 감독)

프로야구단 OB의 김형석과 임형석 강병규가 미국 프로야구 메이저 리그 시범경기에 출전하게 됐다. OB의 경창호 사장은 최근 미 프로구 단 세인트루이스 카디널스를 방문, 주전 선수들의 경험 축적과 자신감 배양을 위해 조 토레* 감독에게 제의한 결과 한국 선수로선 처음으로 이들 세 명이 오는 8일부터 메이저리그 시범경기에 참가하게 됐으며, 카디널스 팀의 마이너리그 선수들과 합숙훈련을 하게 됐다고 밝혔다.

_1995년 3월 1일자 〈동아일보〉

1980년대 후반까지 이야기를 이어오다가 갑자기 1990년 중반 이야기를 불쑥 꺼냈으니 의아할지도 모르겠다. 갑자기 시간 이동을 하려는 것은 아니다. 1980년대 후반에 일어난, OB 베어스와 한국야 구의 역사에서 의미 있는 사건을 소개하기 위해 1995년 관련 기사 를 끌어온 것이다.

1987년 1월, OB 베어스는 KBO 최초로 메이저리그 세인트루이

---

* Joe Torre. 양키스 감독 등을 거쳐 현재 메이저리그 사무국 부사장으로 있다.

스 카디널스와 자매결연을 통해 새로운 야구 문물을 흡수할 기틀을 마련했다. 이는 훗날 베어스뿐만 아니라 한국야구 발전의 자양분이 된 중요한 이정표이기도 하다. 프로야구 초창기에 최초의 역사를 숱하게 써 내려간 OB 베어스는 세인트루이스 카디널스와 자매결연을 함으로써 또 한 번 최초의 역사를 썼다.

## 🎾 OB 베어스, 세인트루이스 카디널스와 자매결연

OB 베어스는 미국 프로야구 세인트루이스 카디널스 팀과 자매결연을 하고 양 팀 간의 기술 교류에 합의했다. 박용민 단장이 지난 22일 세인트루이스에 프레드 콜먼 카디널스 구단 대표와 맺은 자매결연 계약에 따르면 양 팀은 야구발전을 위해 기술 교류에 협력하기로 돼 있는데, 이에 따라 카디널스 측의 봄·가을 캠프와 교육리그 등에 베어스가 2~3명의 코치·선수를 파견, 기술지도를 받을 예정이다.

_1987년 1월 31일자 〈경향신문〉

역사의 배를 타고 1987년으로 노를 저어 올라가보자. 그해 1월 22일, OB 베어스는 메이저리그 구단 세인트루이스 카디널스와 역사적인 자매결연을 하게 된다.

메이저리그 구단 자매결연은 KBO리그 최초의 일이었다. 삼성 라이온즈가 1985년 LA 다저스와 우호 협력 관계를 맺고 스프링캠프를 미국 플로리다 비로비치에서 진행한 적은 있지만, 공식적으로 자

1987년 OB베어스와 세인트루이스가 자매결연을 하고 기술 교류에 합의했다.

매결연까지 이어진 것은 아니었다. 삼성이 해외 구단과 정식으로 자매결연을 한 것은 1994년 대만 프로야구 쥔궈 베어스가 처음이었다 (삼성 라이온즈 홈페이지-삼성 라이온즈 21 8장 '야구의 국제교류' 참조).

그렇다면 그 시절 OB 베어스는 어떻게 메이저리그 명문 구단 세인트루이스와 연결됐을까.

당시 이 일을 직접 진행한 박용민 전 단장의 이야기를 들어봤다. 1935년생으로 88세의 고령이지만 아직도 그 시절의 기억은 선명하다.

"세인트루이스 카디널스 구단 오너가 맥주 공장 사장이었어요. 세계적인 맥주 버드와이저를 소유하고 있었지요. 두산그룹도 당시

OB맥주가 주력 상품 아니었습니까. 그런 비즈니스적인 인연으로 기업 간의 협력 관계가 형성됐고, 그 관계가 발전돼 프로야구단끼리 자매결연을 하는 것으로 이어졌습니다. 메이저리그 구단과 국내 구단의 자매결연은 당시 우리나라에서 큰 화제였죠. 구단 간 교류를 통해 메이저리그 선진 야구와 문화를 배울 수 있었습니다. 우리 지도자들이 미국으로 연수를 가기도 했고, 미국의 지도자와 슈퍼스타들이 국내로 와서 우리 선수들을 지도하기도 했어요. 나중에는 우리 선수들이 메이저리그 시범경기까지 참가해 많은 것을 배우고 경험하고 왔지요.”

세인트루이스는 미국 미주리주 최대 도시다. 이 도시에서 가장 유명한 것 중 하나가 카디널스이며, 또 다른 하나가 세계적 맥주 브랜드 버드와이저다.

버드와이저 설립자는 아돌푸스 부시Adolphus Busch . 버드와이저가 지금은 벨기에 회사에 인수된 상태지만, 세인트루이스 카디널스 홈구장 이름만큼은 여전히 부시스타디움(2005년까지 부시 메모리얼 스타디움)을 사용하고 있다.

1981년 OB 베어스의 창단 작업부터 실무를 담당한 박용민 초대 단장은 세인트루이스 이야기를 이어가더니 갑자기 원년 에이스 박철순을 입단시키기 위해 밀워키 브루어스 구단을 방문했던 얘기를 꺼내며 웃는다(자세한 이야기는 1권 3장 “‘써니를 잡아라!” 불멸의 에이스 박철순 영입 비화’ 참조).

"일전에 말씀드렸지만 박철순을 데리고 있던 구단이 밀워키 브루어스 아니었습니까. 밀워키도 맥주로 유명하잖아요. 밀러 맥주라고. 훗날 메이저리그 커미셔너가 된 버드 셀리그 밀워키 구단주를 만나 박철순 이적 협상을 벌였던 때가 생각납니다. 밀워키나 세인트루이스나 맥주와 관련이 있는데, OB 베어스는 초창기에 맥주와 인연이 참 많았습니다."


## ⚾ 스탠 뮤지얼, 빈스 콜먼, 오지 스미스······ MLB 레전드들의 방한

자매결연의 효과는 곧바로 나타났다. 1년 후인 1988년 1월, 이름만 들어도 입이 딱 벌어질 만한 메이저리그 슈퍼스타들이 한국으로 왔다. OB 베어스 코칭스태프와 선수들은 달나라만큼이나 멀어 보였던 레전드들을 눈앞에서 볼 수 있었다. 그것도 우리 선수들이 미국에 가서 만난 것이 아니라, 메이저리그 레전드들이 직접 한국을 방문해 만남이 이뤄졌기에 더욱 놀라웠다.

지난 22일 내한한 OB 베어스의 미국 프로야구 자매팀인 세인트루이스 카디널스 소속 스탠 뮤지얼 부사장, 화이티 허조그 감독, 유격수 오지 스미스, 도루왕 빈스 콜먼 등이 24일 OB 베어스의 제주 전지훈련장을 찾았다. 이들은 OB 선수단과 간담회에서 프로선수로 대성할 수 있는 비결의 일부를 털어놓았고, 간단한 기술지도의 시간을 갖기도 했다.

_1988년 1월 25일자 〈경향신문〉

1958년 한국을 방문한 스탠 뮤지얼(가운데)과 세인트루이스 팀을 초청한
장기영(오른쪽) 한국일보 사장 (사진 제공 : 하일 한국스포츠사진연구소장)

스탠 뮤지얼Stan Musial이 누군가. 세인트루이스 카디널스 역사상
가장 위대한 선수로 평가받을 뿐만 아니라 메이저리그 역사에서도
손꼽히는 전설 중의 전설. 1941년 메이저리그에 데뷔해 1963년까
지 22시즌 동안(1945년은 징병으로 군 복무) 통산 3630안타, 타율 0.331,
475홈런, 1951타점을 기록했다. 7차례 타격왕과 3차례 내셔널리
그 MVP에 올랐고, 은퇴 후 명예의 전당에 헌액됐다. 뮤지얼은 기량
뿐만 아니라 신사다운 풍모로 '더 맨The man'이라는 별명으로 불리며
야구장 안팎에서 사랑을 받은 모범적인 슈퍼스타였다.

빈스 콜먼Vince Coleman은 메이저리그 통산 752도루를 기록한 '대
도'다. 지금도 이 부문 역대 6위에 이름을 올려놓고 있다. 특히
1985년 110도루, 1986년 107도루, 1987년 109도루 등 방한 직전
에 3년 연속 세 자릿수 도루를 기록한 당시 현역 최고의 도루왕이

메이저리그 역사상 최고의 수비형 유격수로 평가받는 오지 스미스와 이광환 전 감독

었다.

오지 스미스Ozzie Smith는 두말할 필요가 없는 메이저리그 역사상 최고의 수비형 유격수. 1978년 빅리그에 데뷔해 1996년까지 19년간 활약하면서 수비 하나로 명예의 전당에 들어갔다고 해도 과언이 아니다.

이들을 통솔한 화이티 허조그Whitey Herzog 감독은 메이저리그에서도 명장으로 손꼽히는 인물이다. 1973년부터 1990년까지 감독으로 활동하며 통산 1281승을 올렸다. 1980년부터 1990년까지 세인트루이스 감독을 지냈는데, 만년 중위권이던 세인트루이스를 1982년 월드시리즈 우승과 3차례 내셔널리그 우승으로 이끌면서 '화이티 볼'로 주가를 높였다.

이들이 한국에 온다? 1987년 1월, 메이저리그 슈퍼스타들의 방한 소식은 국내에서도 큰 화제가 됐다.

이들이 방한했을 시점에는 일찌감치 스프링캠프에 돌입한 KBO 리그 팀들이 훈련에 매진하던 시기. OB 구단은 새해 벽두부터 제주도로 내려가 전지훈련을 하고 있었다.

말로만 듣던 메이저리그 슈퍼스타들이 서울에서 다시 비행기를 타고 제주도로 내려갔다. 당시 구단 매니저로 선수단과 함께했던 구경백 일구회 사무총장이 그 시절의 기억 한 자락을 펼쳤다.

"사실 당시엔 제주도에서 훈련을 할 수 있는 운동장이 여의치 않았어요. 서귀포중학교 운동장을 빌려 전지훈련을 했거든요. 메이저리그 유명 스타들이 온다니까 선수단도 잔뜩 들떠 있었죠. 그러나 여건은 정말 열악했어요. 운동장도 크지 않았고, 한쪽 구석에 망 하나 갖다놓고 거기서 토스배팅을 했거든요. 배팅케이지라도 갖다 놓고 제대로 타격을 해야 폼이 어떤지 봐줄 수 있잖아요. 토스배팅하는 모습만 몇 번 보고 선수의 장단점을 얼마나 잘 파악할 수 있겠습니까. 하하."

구 사무총장은 웃음을 터뜨렸다. 그러고는 다시 30년도 훨씬 넘은 추억의 조각을 하나씩 끄집어냈다.

"길지 않은 시간이었지만 그래도 그들 나름대로 열정적으로 우리 선수들을 지도해줬던 것 같아요. 스탠 뮤지얼은 대타자답게 타격을 봐줬죠. 우리 선수들이 토스하는 볼을 치니까 교과서적인 타격 폼이 나왔던 모양입니다. 그러니까 뮤지얼이 나쁜 점은 얘기하지 않고 '다들 좋다'고 칭찬만 많이 해주더라고요. 빈스 콜먼은 도루와 베이스러닝 노하우 등을 전수해줬어요. 베이스에서 리드하는 요령, 스톱하는 방법, 스타트를 끊을 때 왼발과 오른발 위치 등 국내에서는 잘 신경쓰지 못했던 세밀한 부분까지 조언을 해줬던 기억이 납니다. 한편으로는 우리가 명색이 프로라고 해도 훈련 여건이 열악하니까 좀 창피하기도 했죠, 제대로 훈련 환경이 갖춰졌더라면 최고의 스타들한테그때 더 많은 것을 배울 수 있었는데 그 부분이 아쉽더라고요."

## 🎾 세인트루이스에서 배운 것들

이날 OB 선수들은 기술을 몇 가지 전수받았다는 것보다는 카디널스팀의 프로선수로서의 정신자세, 생활태도에서 깊은 감명을 받았다고 말했다. 허조그 감독은 "감독의 능력이란 훌륭한 선수를 끌어모으는 것이며, 그들이 잘해야 감독이 훌륭해지는 것"이라며 "좋은 야구팀은 구단, 감독, 코치, 선수들의 일치단결된 노력으로만 탄생할 수 있다"고 말했다. 또 지난날의 슈퍼스타인 스탠 뮤지얼 부사장은 은퇴 후의 생활이 선수로서의 생활보다 훨씬 길다는 것을 염두에 두고 재산 증식에 힘을 쏟으라는 현실적인 충고를 해주었다. 메이저리그 최고 연봉 선수인 오지스미스는 '추진력Drive, 결단력Determination, 욕망Desire 등 '3D'를 갖춰야 스타의 대열에 설 수 있다'고 말했다.

_1988년 1월 25일자 〈경향신문〉

화이티 허조그 감독이 쓴 책 『챔피언 만들기』의 한국어 번역본

메이저리그에서도 최고의 스타들이 하는 조언은 허투루 들리지 않았을 터. 그런 점에서 본다면 비록 짧은 첫 만남이었지만 자매결연 효과는 컸다.

OB는 자매결연 관계를 십분 활용하면서 그 이후 세인트루이스와 적극적인 교류를 이어갔다. 다음은 그 흔적이 남아 있는 기사들이다.

프로야구 OB 베어스는 내년 1월 16일부터 2월말까지 약 45일간 일본 다이요 훼일스* 팀의 오키나와 스프링캠프에 투수 2명과 포수 1명을 파견, 연수를 시킬 계획이다. (중략) 한편 OB는 내년 9월에 실시되는

---

* 현 요코하마 베이스타스.

메이저리그 세인트루이스 카디널스의 교육에 코치 1명과 선수 4~5명을 파견, 연수시키기로 했다.

_1987년 12월 8일자 〈경향신문〉

박용민 OB 베어스 사장은 미국 프로야구 자매구단인 세인트루이스 카디널스 팀의 프레드 쿨만*사장의 초청으로 21일 출국했다. 박 사장은 1주일 동안 카디널스 팀의 스프링캠프를 참관하며, 기술 교류 등을 협의한다.

_1989년 3월 22일자 〈조선일보〉

프로야구 OB 베어스는 8일 최동창과 서일권, 송명철, 황태환 등 4명을 15일부터 40일간 미국의 세인트피터즈버그에서 열리는 미 프로야구 교육리그에 파견키로 했다. 이 같은 연수는 지난 3월 OB와 자매구단인 미국 세인트루이스 팀과의 합의에 의해 이뤄진 것.

_1989년 9월 8일자 〈경향신문〉

프로야구단 OB는 17일 창단 이래 구원투수로 활약했던 황태환(37) 씨와 계약금 2000만 원, 연봉 1700만 원에 코치 계약을 했다. 황 코치는 지난 5월부터 4개월간 미국 프로팀 세인트루이스에서 코치 수업을 받았다.

_1989년 11월 18일자 〈동아일보〉

---

* Fred Kuhlmann. 1980년대 세인트루이스 카디널스의 전성기를 이끈 인물.

지난 20일부터 시작된 세인트피터즈버그 교육리그에는 지난해 OB 의 1차 지명 선수였던 대졸 신인 추성건과 고졸 포수 황용승 이도형 등 이 자매구단인 미국 세인트루이스 카디널스의 신인선수팀에 초청돼 8개 팀이 35게임씩 벌이는 교육리그에 참가하고 있다. OB는 지난해 교 육리그에 박현영 이명수 장원진을 보내 이명수를 주전급 2루수, 박현영 을 김태형과 함께 포수석을 맡길 수 있는 선수로 키우는 등 만족할 만한 성과를 거둬 이번에도 적지 않은 기대를 걸고 있다.

_1993년 9월 27일자 〈한겨레〉


프로야구단 OB의 김형석과 임형석 강병규가 미국 프로야구 메이저 리그 시범경기에 출전하게 됐다. OB의 경창호 사장은 최근 미 프로구 단 세인트루이스 카디널스를 방문, 주전 선수들의 경험 축적과 자신감 배양을 위해 조 토레 감독에게 제의한 결과 한국 선수로선 처음으로 이 들 세 명이 오는 8일부터 메이저리그 시범경기에 참가하게 됐으며, 카 디널스 팀의 마이너리그 선수들과 합숙훈련을 하게 됐다고 밝혔다.

_1995년 3월 1일자 〈동아일보〉


프로야구 OB가 4일 미 플로리다주 세인트피터즈버그 알랭스타디움 에서 열린 세인트루이스 카디널스와 연습경기에서 안타수 7-5의 공격 력 우세를 바탕으로 3-1로 역전승했다.

_1996년 3월 5일 〈경향신문〉


이처럼 OB 베어스는 자매결연을 통해 세인트루이스와 지속적인 교류를 이어왔다. 특히 1994년 OB는 선수단 이탈로 난파선이 됐는데, 김인식 감독의 영입과 메이저리그 스프링캠프 참가 등을 통해 분위기 쇄신에 성공하면서 1995년 기적 같은 두 번째 우승을 이루게 된다(이 내용은 추후 자세히 다루고자 한다).

세인트루이스와 맺은 자매결연의 효과는 꼭 야구 기술에만 국한된 것은 아니었다. 구단 운영과 마케팅 기법에서도 많은 도움을 받았다.

두산그룹 기획실에서 일하다 1983년부터 OB 베어스 구단에서 주로 홍보와 기획 업무를 맡은 이태현 전 홍보실장은 이에 대해 설명했다.

"OB 베어스는 초창기에 최초로 팬북을 만들고, 어린이 회원을 모집하고, 경품을 추첨해 팬들에게 선물을 하는 등 최초의 기록을 많이 썼어요. 최초를 많이 좋아했죠(웃음). 그런데 세인트루이스 카디널스 구단과 자매결연을 하면서 선수와 코치들이 세인트루이스로 많이 연수를 가게 됐어요. 그리고 구단 직원들도 직접 미국으로 가서 메이저리그 구단 운영과 마케팅 시스템을 보고 배울 수 있었죠. 그것을 국내로 들여와 접목을 많이 했어요. 1988년에 제1회 OB 베어스기 서울시 리틀야구 선수권대회도 열었고, 중앙 응원석에 전자오르간을 설치해 응원하는 기법도 도입했죠."

전자오르간. 이 대목에서 올드팬들은 아마도 그 시절의 추억이 떠오를 듯하다. 햇살 따뜻한 봄날의 낮경기. 잠실구장 전체에 울려 퍼지는 웅장하면서도 섬세한 전자오르간의 선율. 그리고 관중석에 앉아 맥주를 마시며 즐긴 1980~1990년대 프로야구의 아날로그적 낭만. 그 추억이 아지랑이처럼 함께 피어오른다.


## 🎾 OB 베어스 이전에도…… 세인트루이스와 한국의 오랜 인연

요즘에는 세인트루이스 카디널스를 이야기하자면 가장 먼저 떠오르는 선수가 'KK' 김광현일 것이다. 2020년부터 2021년까지 2년간 활약하면서 국내 팬들에게 더욱 친숙해졌다.

그러나 세인트루이스는 아주 오래전부터 한국과 깊은 인연을 맺어온 구단이다. '돌부처' 오승환이 메이저리그 무대로 진출해 처음 뛰었던 구단이 세인트루이스였고, 비록 빅리그 승격에는 실패했지만 최향남이 메이저리그에 도전하기 위해 포스팅시스템으로 나섰을 때 이적료 101달러로 손을 내민 구단도 세인트루이스였다.

이에 앞서 1987년 이광환 전 감독이 한국인 최초로 메이저리그 구단 연수를 받은 구단도 세인트루이스였다.

OB 베어스 수석코치였던 이광환은 1986년 일본 프로야구 세이부 라이온스 연수를 끝내고 1987년 자매결연 구단인 메이저리그 세인트루이스 카디널스로 1호 연수를 갔다. 당시 허조그 감독은 동양에서 온 작은 신사를 남달리 아꼈다. 단순한 한 명의 연수생이 아니라 가족처럼 대해줬다. 정식 코치는 아니었지만 메이저리그 사무국에 양해를 구해 한 시즌 동안 메이저리그 선수단과 동행하도록 배려하면서 회의에도 참가시키고, 벤치에도 들어가 모든 경기를 함께 할 수 있도록 허락했다. 사실상 세인트루이스 코치 대접을 해준 것이었다.

현재 제주도에서 살고 있는 이광환 전 감독은 그 시절의 기억을 떠올렸다.

"세인트루이스는 자매결연을 계기로 한국과 큰 인연을 이어갔어요. 당시 버드와이저가 세인트루이스 구단을 운영하고 있었는데, 한국 시장에 진출해 맥주 공장도 한국에 지을 정도였죠. 비즈니스 관계로 시작했지만, 세인트루이스는 OB 베어스와 돈독한 관계를 유지했어요. 그 덕분에 제가 혜택을 많이 받았죠. OB 구단 추천으로 한국인 최초로 세인트루이스에 연수를 갈 수 있었고, 허조그 감독은 저를 '러키 보이'라 불렀어요. 저한테 라인업 작성을 한번 맡겼는데 이기니까 그 이후 라인업 작성을 자주 맡겼어요. 아무튼 스프링캠프부터 연수를 시작했는데 때마침 그해에 세인트루이스가 월드시리즈까지 진출하면서 저로서도 큰 경험을 할 수 있었죠."

이광환은 귀국 후 1988년 OB 베어스 2군 감독에 이어 1989년 3대 감독에 오르게 된다. 비록 베어스 감독으로서는 빛을 보지 못했지만, 메이저리그식 자율야구와 투수 분업화 등 그가 국내에 전파한 선진 시스템은 훗날 한국야구의 물줄기를 바꾸는 방향타가 됐다.

프로 시대 이전까지 따지자면, 세인트루이스와 한국야구의 인연은 1958년으로 거슬러 올라간다. 해방 이후 한국을 찾은 최초의 메

이광환 전 감독과 허조그 감독

이저리그 팀이 바로 세인트루이스였다. 이 방한 팀에도 스탠 뮤지얼이 포함돼 있었다.

세인트루이스는 당시 한국 대표팀 격인 '전全 서울군'과 친선경기를 펼쳤는데, 서울운동장(동대문운동장)에는 역사적인 경기를 보기 위해 2만 명의 관중이 들어와 야구장을 가득 메웠다.

이날 이승만 대통령이 한국 역대 대통령 중 최초로 야구장에서 시구를 했다. 눈길을 끄는 것은 마운드가 아닌 관중석에서 시구를 한 것이었다. 그물을 가로·세로 1m 크기로 뚫어 구멍 사이로 포수 김영조에게 공을 던져줬다.

이 경기에서 전 서울군은 0-3으로 패했는데, 당시 유명한 일화가 있다. 한국의 선발투수 배용섭이 등판하자마자 3연속 안타를 맞고

1실점했는데, 곧바로 투입된 에이스 김양중이 7회까지 무실점으로 막는 역투를 펼쳤다. 그사이 6회에 일(?)이 있었다. 김양중이 볼카운트 1B-2S에서 스트라이크존에 꽉 찬 공을 던졌지만, 미국인 에드워드 스톤 주심의 손이 올라가지 않았다. 김양중의 다음 공은 바깥쪽으로 벗어났다. 그런데 뮤지얼이 일부러 헛스윙을 한 뒤 곧바로 더그아웃으로 향했다. 앞선 공이 스트라이크여서 이미 자신은 그 전에 아웃을 당했다는 의미였다. 저녁에 김양중을 호텔에서 만난 뮤지얼은 "당신이 던진 그 공이 내겐 가장 승부하기 힘든 공이었다"고 말했다. 뮤지얼은 그만큼 남을 배려할 줄 아는 신사였다.

그 전설적 스타 뮤지얼이 30년 후인 1988년 다시 방한할 줄 누가 알았겠는가. 뮤지얼은 뮤지얼대로, 한구야구는 한국야구대로 감회가 남다를 수밖에 없었다. 1958년 맞대결을 펼쳤던 뮤지얼과 김양중은 공교롭게도 2013년 나란히 세상을 떠났다.

현재의 시각으로 보면 메이저리그 구단과 자매결연을 하는 게 소소한 일처럼 비칠지도 모르겠다. 그러나 프로화의 걸음마 단계에 있던 그 시절, 메이저리그 구단과 자매결연을 하는 일은 신문물을 흡수하는 신항로 개척과 마찬가지였다. 물론 KBO 각 구단은 나름대로 프로야구 출범 후 해외 선진 야구를 배우기 위해 다각도로 노력했다. 그러나 대부분 가까운 일본 프로구단과 교류하는 데 국한돼 있었다. 자매결연도 마찬가지였다. 그런데 OB 베어스는 메이저리그 구단과 KBO 최초 자매결연을 통해 더 적극적인 행보를 시작한 것이다.

세인트루이스는 월드시리즈에서만 11번 우승한 전통의 명문 구단이다. 메이저리그 30개 구단 중에서도 뉴욕 양키스(21회) 다음으로 월드시리즈 우승을 많이 차지했다.

OB 베어스가 자매결연 구단 세인트루이스로부터 배운 노하우는 훗날 알게 모르게 베어스 구단뿐만 아니라 한국야구 발전의 밀알이 됐다. 예나 지금이나 베어스 출신 지도자들이 현장에서 활발하게 후진을 양성하고 있는데, 거슬러 올라가면 이 같은 전통을 쌓은 것은 이런 역사적 배경과 무관치 않아 보인다.

# BEARS
# 32

## 1987년 PO 통한의 패배…
## 김성근 감독과 '이별의 전주곡'

김성근 감독

"오늘 실패하면 5차전도 가망 없다. 절대 져서는 안 된다."

1987년 10월 11일 전주구장*. 플레이오프 4차전에 앞서 OB 베어스의 김성근 감독은 선수들을 모아놓고 강한 주문을 했다.

3차전까지 OB가 2승 1패로 앞서 있던 상황. 5전3선승제 플레이오프이기에 1승만 추가하면 한국시리즈에 오르는 절대적으로 유리한 고지를 점령했다. 그러나 김 감독은 오히려 1승 2패로 뒤져 벼랑끝에 몰린 장수처럼 선수단에 정신무장을 다시 한번 강조했다.

1년 전의 악몽을 잊을 수 없었기 때문이다. 1986년 플레이오프에서도 흐름은 비슷했다. 4차전까지 삼성 라이온즈에 2승 1패로 앞서나갔다. 그런데 2경기 중 1승만 챙겨도 된다는 생각에 선수단 분위기가 어딘가 모르게 느슨하게 느껴졌고, 결국 4차전을 내주게 됐다. 흐름을 넘겨주면서 5차전마저 패해 OB는 원년 우승 후 4년 만에 찾아온 한국시리즈행 티켓을 눈앞에서 놓치고 말았다(자세한 이야기는 26장 '1986년 '사상 최초 플레이오프 무대'로의 초대' 참조).

---

\* 당시 광주 무등야구장에서 전국체육대회가 열리는 바람에 해태는 전주구장을 홈으로 썼다.

그러나 김성근 감독은 1987년 4차전에 앞서 선수단 미팅을 통해 강한 어조로 독려한 것을 두고 "아직도 후회되는 말"이라고 되뇌곤 한다. 큰 경기를 앞두고 쓸데없는 말을 하는 바람에 선수들의 몸을 굳게 만들어 역전패를 당했다고 여기기 때문이다.

김성근 감독은 결국 이듬해인 1988시즌 후 OB 베어스 5년 감독 생활을 끝내고 유니폼을 벗게 된다.

32장에서는 OB 베어스와 김성근 감독이 이별을 준비하는 전조가 된 장면들을 살펴보고자 한다. 특히 1987년 한국시리즈를 눈앞에 두고 플레이오프에서 패퇴한 장면은 OB 사령탑을 지낸 김성근 감독은 물론 1980년대 후반 베어스 역사에서, 그리고 그 시절을 기억하는 베어스 올드팬들에게 가장 아쉬운 순간이기도 하다. 1988년에는 곳곳에서 균열이 감지됐다.


## ⚾ 아! 유지원…… 1987년 PO 4차전 9회말 2사 '통한의 장면'

OB는 잠실 안방에서 해태와 1승 1패를 나눠 가졌다. 1차전에서 OB는 '해태 킬러' 최일언을 내세우고도 실책을 무려 6개(역대 포스트시즌 팀 최다 실책 기록)나 범하면서 3-11로 크게 패했다. 2차전에서는 돌아온 '불사조' 박철순의 5와 1/3이닝 2실점 호투와 타선의 폭발로 10-3으로 승리하며 전날의 패배를 설욕했다. 그리고 3차전에서는 계형철과 최일언의 호투 속에 4-1로 승리하며 2승 1패로 앞서게 됐다. 더군다나 1-1 동점이던 8회초 1사 1루에서 구원 등판한 해태 에이스 선동열을 무너뜨리고, 상대 실책마저 터져 나온 상황을 등에 업고 역전승을 거둔 터라 OB 선수단의 사기는 하늘을 찔렀다.

1987년 10월 11일 전주구장. 플레이오프 4차전은 일요일 낮경기로 치러졌다.

'이제 1승만 하면 된다.'

흐름이 OB로 넘어왔다. 누구나 안도의 한숨을 내쉴 만한 상황이었다. 그러나 앞서 설명한 대로 김성근 감독은 4차전에 앞서 선수단에게 강한 주문을 걸었다.

"4차전을 결승전이라고 생각하고 게임에 나서라. 오늘 남은 투수를 모두 투입하겠다."

1년 전의 아픔을 기억하는 OB 선수들도 긴장한 눈빛으로 정신무장을 새롭게 하기 시작했다.

해태 선발투수는 1차전 패배를 안겨준 프로 2년생 투수 김대현(작고). 플레이오프를 앞두고 어깨에 이상이 있어 등판을 미뤄온 해태 선동열은 3차전에 구원 등판했지만 다시 어깨에 부담을 느껴 4차전 출격이 어려운 상황이었다.

OB는 2회초 유지훤의 2루타, 3회초 김광수의 2루타로 1점씩을 뽑아 6회초까지 2-0으로 리드했다. 그러나 6회말 해태 김종모에게 솔로 홈런, 8회말 김봉연에게 우월 적시 2루타를 맞고 2-2 동점을 허용했다.

OB는 9회초 1사 만루에서 구천서의 천금 같은 우전 적시타로 3-2로 달아났다. 추가점을 뽑지 못한 것이 아쉬웠지만 9회말만 막으면 한국시리즈에 오를 수 있었다.

운명의 9회말 2사 3루. OB 세 번째 투수 최일언을 상대한 김성한의 타구는 유격수 쪽 땅볼. OB 더그아웃의 선수들이 승리를 예감하며 모두 뛰어나가려는 순간, 예상하지 못한 일이 벌어졌다.

평소 견실한 수비를 자랑하던 유격수 유지훤이 바운드 타구에 대시를 하지 않고 주춤거리며 뒤로 물러나면서 잡더니 1루로 던졌다. 마지막 아웃카운트를 눈앞에 둔 김성한은 이것이 1987년의 마지막 장면이 될 수도 있었기에 이를 악물고 1루까지 전력질주했다.

그야말로 간발의 차이. 그러나 김성한의 발이 베이스를 밟는 시점이, 1루수가 포구하는 시점보다 조금 빨랐다. 1루심의 양손이 힘차게 옆으로 열렸다. 세이프. 3-3 동점이 돼버렸다.

KBO 공식기록원은 내야안타로 판정했다. 대시하지 않고 바운드를 맞추기 위해 뒤로 물러나면서 잡았다고 해서 실책을 줄 수는 없는 타구였다.

혹자는 "타구가 내야에서 바운드되며 드라이브가 걸렸기 때문에 대시할 타이밍을 잡기가 힘들었다"고 말하기도 하지만, 이는 OB로서나 유지훤으로서나 영원히 잊지 못할 통한의 장면이 됐다. OB 올드팬들은 지금도 이 장면을 기억 속에서 지우지 못한다. 특히 유지훤은 4차전까지 13타수 8안타로 불방망이를 휘두르며 타자로서 맹활약하고 있었기에 이 수비 하나가 더더욱 아쉬웠다.

이어진 연장 10회말. 1사 1, 3루 절체절명의 위기를 만났다. 내야 땅볼이든 외야플라이든 1점을 내주면 패하는 상황. OB는 만루 작전을 썼다.

그러나 여기서 또 예상하지 못한 상황이 펼쳐졌다. 에이스 최일언이 통한의 폭투를 범하며 허무하게 끝내기 결승점을 헌납하고 만 것. 김성근 감독은 4차전에 앞서 선수단에 예고한 대로 김진욱, 윤석환, 최일언을 투입하며 한국시리즈 진출을 확정하기 위해 총력전을 펼쳤지만 홀로 완투한 해태 김대현에게 밀려 3-4 역전패를 당하고 말았다.

최일언은 1986년 19승, 1987년 14승을 올린 에이스였다. 1차전에 등판해 동료 야수들의 무더기 실책으로 패전투수가 된 그는 3차전에서는 6회부터 구원 등판해 승리를 마무리했다. 4차전에서도 6회부터 구원 등판해 혼신의 힘을 다해 공을 던지고 있었다. 그러나 폭투로 경기를 끝내게 될 줄은 꿈에도 몰랐다.

포스트시즌을 통틀어 끝내기 폭투는 역대 2차례 발생했는데, 최일언은 포스트시즌 역사상 최초의 끝내기 폭투를 기록한 비운의 주인공이 됐다(역대 2호는 2000년 두산 진필중이 잠실구장에서 열린 LG와의 플레이오프 1차전에서 기록한 9회말 끝내기 폭투).

OB는 4차전에서 가용할 수 있는 모든 필승 카드를 쏟아부으며 승부수를 던졌지만 역전패를 당해 2승 2패가 되고 말았다.

흐름을 넘겨준 OB는 결국 5차전에서도 0-4로 완패했다. 해태 루키 백인호에게 3회 적시타를 맞고 5회에도 2점 홈런을 허용하면서 무기력하게 물러나고 말았다. 1986년 플레이오프(삼성에 2승 1패 후 2승 3패로 탈락)와 똑같이 1승만 보태면 되는 상황에서 4, 5차전을 내리 내주면서 한국시리즈 진출에 실패했다.

반면 1승 2패로 벼랑 끝에 몰렸던 해태 김응용 감독은 한국시리즈에 진출해 또 삼성을 꺾고 2년 연속이자 1983년 첫 우승을 포함

2루 도루를 하는 해태 이순철과 수비하는 OB 2루수 김광수

해 3번째 한국시리즈 우승을 차지했다.

역사에 가정은 없다지만, 만약 플레이오프 4차전 9회말 2사 후에 김성한의 타구를 유지훤이 대시해 처리했더라면 한국야구사는 어떻게 바뀌었을까. 1980년대 후반 해태 왕조도 만들어지기 어려웠을 것이다. 해태의 탈락 후 한국시리즈에서 삼성과 OB가 격돌했다면 삼성의 첫 우승이 일찌감치 실현됐을 수도 있고, 아니면 김성근 감독의 첫 우승이 더 일찍 찾아왔을지 모른다. 그렇게 됐다면 OB 베어스의 김성근 감독 시대는 더 오래 지속됐을지도 모른다. 공 하나에 너무나 많은 역사가 바뀌었다.

"4차전을 앞두고 선수들에게 왜 그런 말을 했는지 몰라. 지금도 후회돼. 내가 말하지 않아도 선수들이라고 왜 모르겠어. 감독이랍시고 쓸데없이 나서다 일을 그르쳤어. 그때는 젊어서 그랬겠지. 아무튼 큰 교훈을 얻었어."

이 말은 김성근 감독이 2007년 SK 감독으로 처음 우승했을 때, 필자가 〈스포츠서울〉 SK 담당으로서 '잡초 승부사 김성근을 말한다'를 30편으로 연재할 때 썼던 이야기다. 비싼 수업료를 치른 김 감독은 그 이후 지도자 생활을 하면서 큰 경기를 앞두고는 선수단에 정신 무장을 강조하지 않았다.

## ⚾ 연수 마친 이광환 2군 감독 임명…… 갈등의 씨앗

1987년 12월로 접어들었다. OB 구단은 1986년 일본 프로야구 세이부 라이온스, 1987년 메이저리그 세인트루이스 카디널스에서 1년씩 선진야구를 배우고 온 이광환을 2군 감독에 임명했다. 구단 차원에서 직접 일본과 미국 구단을 주선해 지도자 연수를 보낸 것도 국내에서는 처음 시도한 일이었다. 2년간 연수를 끝내고 돌아온 이광환을 2군 감독에 임명한 것은 OB 구단으로서는 어쩌면 당연한 일이었고 예정된 수순이었는지도 모른다.

그러나 이는 김성근 감독과 결별의 씨앗이 잉태된 순간이었다. 그 이전부터 매사에 깐깐한 김 감독과 구단 사이에는 감정의 골이 파여가고 있었다. 게다가 김성근 감독은 구단이 자신과 한마디 상의도 하지 않은 채 이광환을 2군 감독으로 계약하자 서운함과 소외감을 크게 느꼈다.

이광환 감독

김성근 감독과 이광환 2군 감독은 1982년 OB 창단 당시 투수코
치와 타격코치로 함께했고, 원년 우승을 일군 멤버였다. 그러나 그
시절부터 야구관 자체가 자석의 양극과 음극처럼 극도로 달랐다.

1984년을 앞두고 김영덕 감독이 삼성 사령탑이 되자 연장자인 김성근 코치가 먼저 감독에 오르고 이광환이 코치로서 보좌를 했지만 둘의 동거는 오래가기 힘들었다. 둘 사이가 나빴다기보다는 야구관 자체가 달랐기에 물과 기름 같은 사이가 될 수밖에 없었다.

결국 이광환이 1985년 시즌을 끝으로 일본과 미국으로 연수를 떠난 것도 김성근 감독과 야구관이 맞지 않았던 탓이 컸다. 훈련 방식부터 선수단 통솔 방식까지 너무나도 극명하게 대립되는 캐릭터였다.

1988년에는 국가적으로 외화 사정이 좋지 않았다. 그래서 KBO 각 구단의 해외 전지훈련도 금지된 상태였다. OB 1군은 제주도에 스프링캠프를 차렸고, 2군은 창원에서 전지훈련을 진행했다.

1988년 스프링캠프가 한창 진행되던 어느 날. 김성근 감독은 2군 캠프에 정삼용 등 3명을 제주로 보내달라고 요청했다. 그러나 이 감독은 "창원에서 대학팀들과 연습경기 스케줄을 미리 잡아놓았는데 이들 3명이 빠지면 선수 부족으로 게임을 치를 수 없다"고 하며 파견을 거부했다. 이때부터 김 감독과 이 감독의 노골적인 대립이 시작됐다.

구단이 나서지 않을 수 없었다. 김성근 감독을 찾아갔다. "당장 2군도 연습경기가 중요하지 않느냐"고 설득했지만, 오히려 화를 더 키웠다. 김 감독은 "구단이 이 감독 편만 드느냐. 1군에서 필요한 선수를 내 마음대로 쓰지도 못하는데 내가 무슨 감독이냐. 나를 자르든지 마음대로 하라"며 훈련장에 나가지도 않고 호텔에만 머무는 일까지 벌어졌다. 무언의 시위였다.

이는 고 이종남 기자가 쓴 『이중노출』에 나오는 내용이다. 프로

야구 초창기에 야구기자로 왕성한 활동을 한 이종남 기자는 프로야구의 특종과 낙종, 그리고 기사 뒤의 진실을 말한 저서『이중노출』에서 OB 베어스와 김성근 감독의 결별 과정과 비하인드 스토리를 자세히 풀어냈다.

예전부터 '훈련 지상주의자'였던 김 감독은 제주에서 선수단을 연일 혹독한 훈련으로 담금질하고 있었다. 2군 선수도 필요하면, 언제든지 눈앞에 불러 직접 지도를 하고 체크를 해야만 하는 스타일이었다.

세인트루이스에서 메이저리그식 훈련법을 배워 온 이 감독은 반대였다. 창원에서 '훈련을 위한 훈련'보다는 '경기를 통한 훈련'에 주안점을 두고 새로운 육성법으로 캠프 훈련을 진행하고 있었다. 국내에서는 전례가 없었던 파격적인 방식이었다.

OB는 KBO리그에서 2군 선수단을 가장 먼저 운영할 정도로 앞서나간 구단이었지만, 1980년대라면 요즘과 달리 2군 선수 숫자 자체가 적을 수밖에 없었다. 경기를 하기에도 빠듯했다. 사정이 이렇다 보니 단순히 몇 명을 보내주느냐 아니냐의 문제가 아니었다. 3명을 보내주면 경기를 통한 선수 육성의 기조마저 완전히 바꿔야 하는 상황이었다.

둘 중 하나는 부러지거나 양보를 해야만 했다. 어쨌든 더 중요한 것은 1군. 구단은 성난 1군 감독부터 달래야만 했다. 김 감독은 그러자 OB 구단의 박용민 단장을 향해 3가지 요구사항을 전달했다. 첫째, 2군 감독은 1군 감독의 지시를 절대로 따를 것. 둘째, 2군 선수 이동에 관한 모든 연락은 2군 감독과 신용균 수석코치가 협의할 것.

셋째, 1군이 이천구장을 사용할 때는 2군은 언제라도 장소를 비워줄 것.

구단이 "모두 들어주겠다"고 약속한 다음에야 김성근 감독은 훈련장으로 발걸음을 옮겨 전지훈련을 이어갔다.


## ⚾ 1988년 개막전 노히트노런의 기쁨도 잠시

서울올림픽의 해인 1988년. 프로야구도 다사다난多事多難했고, OB 베어스도 다사다난했다. 하루하루 불운과 행운이 평풍처럼 교차했다.

1988시즌을 앞두고 가장 가슴이 부풀어 오르는 소식은 '불사조' 박철순의 부활 가능성이었다. 오랜 부상을 딛고 돌아와 1987년 말부터 구위가 살아났고, 스프링캠프에서 1988시즌을 기대하게 할 만큼 좋은 컨디션을 자랑했다.

인간승리의 드라마에 매스컴은 스포트라이트를 비추기 시작했고, 팬들은 불사조의 부활에 환호했다.

광고 모델 섭외가 밀려왔다. 그러나 1988시즌을 개막을 보름여 앞둔 3월 15일 새벽, 박철순은 속옷 CF 촬영을 하던 도중에 공중으로 점프하는 장면을 찍다 왼쪽 발목의 아킬레스건이 끊어지는 비운을 맛봤다. 치명적인 허리 부상을 딛고 일어섰지만, 아킬레스건 파열은 또 다른 문제였다. 투구 시 온몸의 힘을 받아주며 버텨줘야 할 왼발 아킬레스건이 끊어졌다는 사실은 그 자체로 절망적이었다. 구단이나 김성근 감독 역시 전력 구상에 차질이 빚어져 낭패감이 밀려왔다.

개막전을 앞두고도 어수선했다. 시범경기까지 구위가 절정이었던 김진욱을 당초 롯데와의 시즌 개막전 선발투수로 내정했지만, 하루 전날 김진욱이 경남상고에서 훈련을 하다 김광림의 프리배팅 타구에 급소를 맞아 실려 나가는 황당한(?) 일이 벌어졌다(29장 참조).

그런데 반전이 일어났다. 김진욱 대신 개막전 선발투수로 나선 장호연이 노히트노런을 달성하면서 분위기를 바꾼 것이었다.

호사다마好事多魔, 전화위복轉禍爲福은 이후에도 반복됐다. 개막전 다음 날 선발로 내정된 계형철이 갑자기 왼쪽 발목을 삐었다는 허무한 소식이 들려왔다. 그럼에도 OB는 9회 대역전극을 펼치며 승리했다. 개막 2연승의 산뜻한 출발. 여기에 개막 두 번째 경기에서 7회에 구원 등판해 승리투수가 된 윤석환의 부활이 반가웠다. 1984년 신인왕 출신의 윤석환은 이후 부상과 부진에 시달리다 1988년 두 자릿수 승리와 세이브(13승 3패 14세이브, 평균자책점 2.08)로 OB 마운드의 버팀목이 됐다.

그런데 개막전 노히트노런의 주인공 장호연이 이후 지독한 치통에 시달렸다. 마운드의 뼈대가 좀처럼 잡히지 않았다.


## 🎾 김우열의 OB 복귀, 숙소 문제, 세탁기 사건…… 갈등의 연속

경기 외적으로 김성근 감독과 구단 사이에 불편한 기류가 개막 이후에도 계속 감돌았다. 1987년부터 불거지기 시작한 마찰은 시간이 지날수록 심해졌다. 평소라면 사소한 문제로 넘어갈 일도 오해로 증폭됐다.

4월 어느 날, 우천으로 청주 빙그레전이 취소되자 김성근 감독은 "선수단이 서울로 올라갔다가 이튿날 다시 내려와 경기를 치르자"고 주장했다. 그러나 구단은 "대전 유성에 방을 예약해뒀으니 거기서 자고 청주로 와야 한다"고 했다. 김 감독은 "그럴 바에야 차라리 청주 여관방에서 자겠다"고 했다.

훈련장을 두고도 마찬가지였다. 구단은 이천구장에서 훈련을 하라고 했지만 김성근 감독은 "버스를 타고 서울과 이천을 오가면 시간도 많이 걸리고 선수들 허리에도 무리가 가니 시내에 훈련장을 마련해달라"고 요구하는 등 크고 작은 충돌이 잦았다.

1988년 5월 24일 김우열이 타격코치로 돌아왔다. 김우열이라면 OB 원년 멤버로 초창기 팬들의 향수를 자극하는 이름. 멋진 구레나룻을 휘날리며 시원한 홈런을 터뜨려 팬들의 사랑을 받았던 스타플레이어였다.

1986년 신생팀 빙그레 이글스가 1군 리그에 뛰어들자 충북 영동 출신의 김우열은 "고향팀에서 선수 생활을 마감하고 싶다"며 트레이드를 자청해 떠났다. 그러나 선수 생활 말년에 시력 문제와 무릎 부상으로 1987년에는 한 게임도 뛰지 못한 채 은퇴한 터였다.

OB 구단은 기존의 윤동균 플레잉코치에게 좌타자 지도를, 김우열 타격코치에게 우타자 지도를 맡기는 '복수 타격코치 제도'를 구상하고 김우열의 친정 복귀를 추진했다.

선수 시절의 김우열

그러나 이때도 김성근 감독의 심기는 불편했다. 이천구장에서 김
우열 타격코치를 만난 김성근 감독은 "코치로 오기로 했으면 나한
테 전화로라도 알렸어야 할 것 아니냐"며 쏘아붙였다.

김 감독이 화가 난 것은 어쩌면 김우열보다는 자신에게 상의도
없이 타격코치를 영입한 구단을 향한 서운함 때문이었는지도 모른
다. 여러 가지 흘러가는 정황이 여간 신경이 쓰이는 게 아니었다.

2군에는 언제든 자신을 밀어내고 들어올 수 있는 이광환이 감독으로 자리 잡고 있었다. 구단이 김우열을 영입한 것은 'OB맨'으로 팀을 재편해 '포스트 김성근' 시대를 대비하려는 차원으로 느낄 수 있었다.

여기에 그 유명한 '세탁기 사건'도 빼놓을 수 없다. 구단은 이광환 2군 감독의 요청에 따라 이천구장에 먼저 세탁기를 들여놨다. 당시로서는 파격이었다. 선수들이 유니폼을 직접 집으로 가지고 가서 빨래하던 시절이었으니 그렇게 비칠 만도 했다. 메이저리그를 경험하고 온 이광환 감독은 세탁기만 들여놓으면 숙소 관리인에게 빨래를 맡길 수 있어 선수가 직접 빨래를 하는 수고를 덜 수 있다면서 구단에 세탁기 설치를 요청한 것이었다. 1군에도 없는 세탁기였다. 선수들은 구단이 이광환 감독에게 힘을 실어준다는 것을 느끼기 시작했다.

그 소식을 들은 김성근 감독이 가만히 있을 리 없었다. 구단에 1군에도 세탁기를 들여놔달라고 요구했다. 그러나 구단은 서울에서 출퇴근하는 선수들과 이천 2군 선수들의 사정은 다르다고 봤다. 그 과정에서 갈등이 일었다.

1984년부터 지휘봉을 잡아 1988시즌을 끝으로 5년 계약 기간이 만료되는 김성근 감독. 재계약을 위해서는 성적으로 보여주는 길밖에 없었다.

5월까지 OB는 23승 18패를 기록했다. 나름대로 선전했다. 그러나 기뻐할 수만은 없었다. 개막 이후 부진하던 해태 타이거즈가 5월 중순까지 12연승을 내달리며 전기리그 1위로 치고 나갔다. 빙그레

이글스는 1군 진입 3년 만에 환골탈태한 모습으로 5월에 승승장구하며 2위에 포진했다.

OB는 전기리그에서 31승 23패로 꽤 괜찮은 성적을 냈지만, 결국 호랑이와 독수리 싸움에 등이 터지며 3위로 내려앉아 포스트시즌 진출 티켓을 확보하지 못했다.

# BEARS
# 33

## 결별… 김성근 감독 시대가 남긴 '명과 암'

1999년 홈커밍데이에 모인 베어스 역대 감독들
왼쪽부터 김영덕 감독, 김성근 감독, 이광환 감독, 윤동균 감독

"당신 떠나기로 했다며? 신문 보고 알았어."

"신문을 보지 않더라도 벌써 다 알고 계셨잖습니까. 경(창호) 이사한테 보고받았을 텐데요."

"……음, 떠나기로 했으면 누구누구 데려갈 텐가?"

"제가 데려가면 안 되는 사람은 누굽니까?"

"아무도 없어. 괜찮아. 데려가고 싶은 사람 있으면 아무나 다 데려가. 아무나 다 데려가도 돼. 그 대신 오늘 선수들 앞에서 당신이 떠난다는 얘기를 하겠나?"

1988년 8월 27일. 서울올림픽 개막을 앞두고 그리스에서 채화한 성화가 제주에 도착하던 날이었다. 그날 아침 OB 김성근 감독은 부산 플라자호텔 커피숍에서 박용민 단장과 마주 앉았다. 두 사람의 표정에는 침통함과 분노가 교차하고 있었다.

_ 『이중노출』 중에서


프로야구 초창기에 야구기자로 왕성한 활동을 한 고 이종남 기자는 프로야구의 특종과 낙종, 그리고 기사 뒤의 진실을 말한 저서에서 OB 베어스와 김성근 감독의 결별 과정과 비하인드 스토리를 자세히 풀어냈다. 위의 대화는 당시 분위기를 잘 설명해주고 있다.

33장은 1980년대 5년간 OB 베어스를 이끈 김성근 감독과의 이별, 그리고 김성근 감독 시대가 남긴 명과 암에 관한 이야기다.

## 🎾 OB 베어스와 김성근 감독의 결별 과정

> 김성근 감독이 OB를 떠난다. 프로야구 원년(82년)부터 투수코치로 2년, 감독으로 5년간 OB에 몸담고 있는 김성근 감독은 26일 "시즌을 마치는 날까지 최선을 다해 유종의 미를 거두고 나서 새로운 진로를 찾아보겠다"고 밝혔다. (중략) 박용민 단장은 "당분간 한국에서는 나오기 힘든 '한 팀 10년 감독'을 우리는 만들려고 했으나 구단 방침과 김성근 감독이 부합되지 않아 결별하게 된 것이 서운하다"고 말했다.
>
> _1988년 8월 27일자 〈스포츠서울〉

앞에서 인용한 『이중노출』에 나오는 김성근 감독과 박용민 단장의 대화에 언급된 '신문 기사'는 바로 이 기사였다.

1988년 후기리그가 막판으로 치닫고 있었다. 8월말의 태양만큼이나 순위 싸움도 뜨거워지고 있던 시기였다. 이 시기에 〈스포츠서울〉은 OB 베어스와 김성근 감독의 결별 사실을 단독 보도했다. 남아 있는 후기리그 경기는 11경기. 김성근 감독은 최선을 다해 잔여 시즌을 지휘하기로 했으나, 기사를 통해 이미 이 같은 사실을 알게 된 선수단 분위기는 뒤숭숭했다.

아무튼 그날 아침, 부산에는 비가 추적추적 내리고 있었다. 신문 기사 하나를 두고 OB 박용민 단장과 김성근 감독은 플라자호텔에서 무겁게 얘기를 주고받았다. 5년 전 손을 함께 붙잡고 제너럴 매니저(General Manager·단장)와 필드 매니저(Field Manager·감독)로서 천하를 도모하고자 했던 둘 사이는 이미 소나무 껍질처럼 곳곳에 균열이 가 있었던 상황이었다.

1986년 플레이오프에서 2승 1패로 앞서다 2승 3패로 탈락한 뒤부터 구단과 김 감독 사이에 거리감이 생기기 시작했다. 1987년 플레이오프에서도 2승 1패로 리드하다 2연패를 당하면서 한국시리즈 티켓을 놓치자 구단도 '김성근식 야구'에 물음표를 달았다. 내부적으로 '포스트 김성근'으로 점찍은 이광환을 1988년 2군 감독 자리에 앉히면서 후일을 준비했다.

OB는 1988년 전기리그 3위에 그쳐 포스트시즌 진출 티켓이 주어지는 2위 안에 들지 못했다. 그리고 후기리그에서도 반타작 승부를 하며 힘겨운 싸움을 벌이고 있었다.

8월 26일 사직 롯데전에서 최동원을 두들기며 난타전으로 몰고 갔지만 6-7로 패하면서 후기리그 43경기에서 21승 2무 20패를 기록했다. 7개 구단 중 5위. 2위 해태와 3경기 차로 뒤져 있어 완전히 레이스를 포기할 단계는 아니었다. 그러나 팀 분위기는 급격히 가라앉고 있었다.

## 🏐 OB 이광환 감독 선임 다음 날 김성근은 태평양 감독으로

아침부터 내리던 빗줄기는 가늘어졌지만, 오후에 접어들어서도 부산 하늘에는 먹구름이 걷히지 않았다. 비도 그칠 기미를 보이지 않았다. 결국 사직 롯데전이 우천으로 취소됐다.

부산 플라자호텔 2층 연회실로 선수단을 소집했다. 이미 신문을 통해 김성근 감독이 OB를 떠난다는 소식을 접한 선수단의 표정은 굳어 있었다.

"그동안 열심히 해줘서 고맙다. 유종의 미를 거두자."

후기리그 종료까지 11경기가 남은 시점. 김성근 감독은 박 단장과 약속대로 선수들 앞에서 스스로 사임 의사를 밝혔다.

1984시즌을 앞두고 김영덕 감독이 삼성 사령탑으로 떠날 때, OB 구단은 제2대 감독으로 김성근 코치를 선임하면서 파격적인 5년 계약을 했다. OB 구단은 실제로 김 감독을 KBO 최초의 '한 팀 10년 감독'으로 만들고 싶은 생각이 있었다. 김성근 감독 역시 계약 만료해이긴 하지만 1988년 초반까지만 하더라도 '평생 OB맨이 되겠다'고 다짐을 하며 재계약을 꿈꾸기도 했다.

그러나 만남이 있으면 헤어짐이 있는 법. OB와 김 감독은 5년 만에 이별을 선택했다. 양측은 시즌 종료까지는 최선을 다해 팀을 이끌어가기로 얘기했으나 이미 구단 분위기는 와해된 상태였다.

9월 8일 시즌 최종전. 선발투수 김진욱의 완봉 역투에 힘입어 잠실 라이벌 MBC 청룡에 1-0으로 승리했다. 하지만 감독 사임 발표 후 11경기에서 2승 9패. 내리막길을 탄 OB 베어스는 진·후기리그로 나눠 치러진 마지막 해의 후기리그에서 23승 2무 29패를 기록하며 MBC와 공동 5위로 시즌을 마감했다. 서울 두 팀 아래에는 인천을 연고로 하는 7위 태평양 돌핀스(16승 38패) 한 팀만 덩그러니 남아 있었다.

OB 구단은 예정된 수순으로 시즌 종료 다음 날인 9월 9일 이광환 2군 감독의 1군 감독 승격을 공식 발표했다. 구단의 당초 계획은 이광환을 2군 감독으로 최소 3년간 기용해 감독 수업을 받게 한 뒤 1군 감독으로 승격시키는 것이었다. 그러나 감독 교체 시기가 앞당겨졌다.

이로써 코치로 2년, 감독으로 5년 등 총 7년의 세월을 함께한 원년 멤버 '김성근의 OB 시대'는 마감됐다.

그리고 그다음 날인 9월 10일, 꼴찌 태평양 돌핀스는 김성근 감독의 영입을 공식 발표했다. 잘 짜인 시나리오처럼 일이 일사천리로 진행됐다.

실제로 김 감독의 태평양행은 이미 그 전에 합의가 돼 있었다. 박용민 단장과 8월 27일 부산 플라자호텔에서 독대하기 일주일 전쯤인 8월 20일께 김 감독은 태평양 감독직을 수락한 상태였다.

그런데 흥미로운 점은 이로부터 보름 전에 박 단장이 이미 김 감독의 태평양행을 알고 있었다는 사실이다. 태평양 신동곤 사장이 박 단장과 골프를 치면서 "김성근을 데려가도 되겠느냐"고 물었기 때문이다.

## 🎾 김성근 감독 시대의 발자취 그리고 명과 암

재계약이 불발되고 양측이 보기 좋은 모양새로 헤어진 것은 아니지만, 베어스와 김성근 감독은 다양한 역사를 만들었다.

김성근 감독은 1984년부터 1988년까지 5년간 OB 베어스 사령탑을 지냈다. 거의 모든 팀이 성적이 나지 않으면 1년이 멀다 하고 감독을 교체하며 조급증에 휩싸여 있던 시대에 나름대로 장수한 것이다. 잠실 '한 지붕 두 가족' MBC 청룡은 같은 기간 4명의 감독과 3차례 감독 대행이 들어설 정도로 어지러운 상황이었다는 점에서 대조적이었다.

1983년부터 지휘봉을 잡은 해태 김응용 감독이 오랫동안 감독 자리를 지켰던 것처럼, 베어스 구단은 장기간 감독과 동행하는 모델을 만들었다. 이후 김인식 감독(1995~2003년), 김경문 감독(2004~2011년), 김태형 감독(2015~2022년) 등으로 장수 감독 계보를 이어가고 있다.

김성근 감독 재임 기간 성적이 나빴던 것은 아니었다. 5년간 534경기에서 274승 10무 250패, 승률 0.552를 기록했다(1982년 감독 대행 7경기 제외).

시즌별 전체 성적을 뽑으면 1985년(51승 57패 2무·승률 0.472)에만 유일하게 5할 미만의 승률을 기록했다. 다시 말해 4시즌은 모두 5할 이상의 성적을 거뒀다는 의미다. 심지어 이별한 마지막 해에도 시즌 합계 승률은 0.509(54승 52패 2무)였다.

그러나 김성근 감독의 지도력과 지도 방식에 대해서는 예나 지금이나 논란이 뜨겁다. 프로야구 시대에 처음 감독 자리에 올라 OB 사령탑으로 재임한 5년 사이에도 마찬가지였다.

사실 OB는 원년 우승팀이었지만 박철순의 원맨쇼에 힘입은 바가 컸다. 전력이 아주 강한 편은 아니었다. 특히 공격력이 약했다. 팀 타율이나 팀 홈런, 팀 득점에서 늘 중하위권이었다. 그럼에도 1986년과 1987년 2차례 플레이오프 무대에 올랐고, 대부분 포스트시즌 진출을 위한 경쟁 대열에 들어갔다.

이런 점에서 김성근 감독의 리더십과 지도력을 높이 평가할 수 있다. 특히 에이스 박철순이 첫해 무리한 탓에 빠지면서 마운드의 중심이 무너졌지만, 그래도 재임 기간 마운드 전력을 늘 상위권에 포진시켰다. 팀 평균자책점에서 1984년 1위(2.53), 1986년 1위(2.61), 1987년 2위(3.26)에 올랐다.

그러나 이에 대한 반론도 만만찮다. 1984년부터 윤석환, 김진욱, 최일언 트리오를 축으로 팀 마운드를 재건했지만 이들은 모두 혹사 후유증으로 선수 생명을 길게 이어나가지 못했다. 매년 투수력 지표에서 2~3명의 투수가 상위권에 포진했지만 믿는 투수 2~3명을 축으로 잡고 돌려쓴 결과였다. 눈 밖에 나거나 믿지 못하는 투수는 잘 기용하지 않았다. 시즌 평균자책점은 좋았지만 결국 막판에 마운드의 힘이 떨어질 수밖에 없었고, 주축 투수들이 포스트시즌에서 힘을 발휘하지 못했다.

OB 감독 시절에도 투수는 물론 타자까지 자신이 모든 것을 지도하는 스타일이었다. 그만큼 젊은 시절부터 야구에 대한 열정이 뜨거웠다. 공부하고 연구하는 지도자였다. 각 분야 코치들에게 자율권을 주기보다는 감독이 하나부터 열까지 직접 챙겼다.

그 시절에도 강훈련 기조였고, 훈련지상주의였다. 따뜻한 해외로 마무리훈련이나 스프링트레이닝을 가기 힘들었던 1980년대에, 투수들이 한겨울에 잠실구장 인근 탄천 둑방에서 하루 수백 개씩 투구를 하기도 했다. 당시에도 투구 폼이 마음에 들지 않으면 뜯어고치는 훈련 방식을 유지했는데, 여기서 자신만의 투구법을 터득한 투수도 있었고 성공한 투수도 있었다. 반대급부로 탈이 나거나 오히려 구속이 감소한 투수도 있었다. 아마추어 시절 전도유망했던 투수로 평가받은 정선두나 박노준 등이 프로에서 투수로서 성공하지 못한 것이 대표적이다.

충암고 시절부터 스승과 제자로 인연을 맺은 장호연은 그런 가운데 OB 베어스에서 장수한 투수에 속한다.

장호연은 "김성근 감독님은 워낙 성격과 철학이 강하신 분이었다. 야구에 대한 열정도 대단했다. 한마디로 '나를 따르라'는 식이었다. 그런 훈련 방식을 따라가다 보면 나도 몰랐던 부분에서 힌트를 얻기도 한다. 그러나 코치나 선수가 속으로 '이게 아닌데' 싶어도 반론을 펼칠 수 없는 분위기였다"면서 "감독님이 시키면 나는 앞에서는 '예'라고 해놓고 돌아서서는 내 스타일대로 훈련했다. 고등학교 시절부터 김성근 감독님과 사제의 연을 맺어 오랜 시간 함께했지만, 말을 잘 안 듣는 선수였다. 그래서 남들보다 조금 더 투수 생활을 오래 했는지도 모른다"며 웃었다.

타협이 없었고, 강한 리더십을 추구하면서 선수단은 물론 프런트 직원들도 모두 지휘하려고 했다. 감독 초기에는 팀이 일사불란하게 움직이는 듯했다. 그러나 이면에서는 갈등과 마찰이 잦았다. 선수단 내에 '김성근 사단'이 생기고, '친親 김성근파'와 '반反 김성근파'로 파벌이 나뉘기도 했다.

김성근 감독 시절 OB 베어스는 우승 경쟁을 할 수 있는 팀이었지만 한 번도 우승하지 못했다. 특히 한국시리즈에 한 번도 오르지 못한 점은 아쉬움으로 남는다.

행운과 불운의 경계선에서 행운보다는 불운이 많이 작용했다. 제도의 희생양이 되기도 했다. 전기리그와 후기리그 우승팀이 한국시리즈에서 격돌하는 제도로 운영된 1984년에는 한 시즌 통틀어 놓고 보면 6개 구단 중 가장 높은 승률 0.586을 기록했지만, 전기와 후기 우승을 모두 놓치면서 한국시리즈 진출에 실패했다. 1986년과 1987년에는 5전3선승제 플레이오프에서 2승 1패로 앞서고도 4, 5차전에서 2연패를 당하며 한국시리즈 티켓을 따내지 못했다.

1984년 돌풍으로 시작된 김성근 감독 시대는 1988년 허무하게 막을 내렸다. 코치로 2년, 감독으로 5년. 등번호 38번의 김성근은 1980년대를 관통하는 OB 베어스의 역사였고 부인할 수 없는 키워드였다. 7년간 잊을 수 없는 희로애락과 추억을 남겼다.

그리고 김성근 감독은 훗날 태평양-삼성-쌍방울-LG-SK-한화 사령탑에 올라 적장으로서 베어스와 대척점에 서게 된다.

# BEARS
# 34

## 김성근 대신 이광환 & 김기범 거르고 이진… 격변의 1989년

1989년 OB 베어스의 1차 지명 선수들. 왼쪽부터 이진, 김동현, 김보선

프로야구단 OB가 이광환(41) 2군 감독에게 팀 지휘권을 넘겼다. OB 는 올해로 계약이 끝나는 김성근 감독의 후임으로 82년 출범 이래 '장래 의 OB 감독'으로 점찍혀온 이광환 씨를 팀의 제3대 감독으로 맞이했다. 신임 이 감독의 계약 기간은 4년이며 계약금과 연봉은 각 4000만 원.

OB의 창단 멤버(코치)로 첫해 우승에 기여했던 이 감독은 86년과 87년엔 일본 '세이부' 팀과 미국 메이저리그의 '세인트루이스' 팀에서 1년씩 야구 연수를 받고 귀국, 88년엔 OB의 2군 감독을 맡았었다.

중앙고, 고려대, 한일은행에서 선수 생활을 한 신임 이 감독은 "생 각보다 빨리 감독직을 맡게 되어 부담감은 있으나 최선을 다하겠다"며 "OB 특유의 끈질김에 타격력을 가미해 팬을 의식한 경기를 해보고 싶 다"고 포부를 밝혔다.

_1988년 9월 9일자 〈동아일보〉


1989년은 OB 베어스뿐만 아니라 프로야구 전체를 놓고 봐도 격 변의 시기였다. 지금까지와는 완전히 다른 새로운 제도와 야구가 시작됐다고 해도 지나치지 않다.

## ⚾ 1989년 KBO리그에 불어닥친 변화의 바람들

1989년에는 프로야구에 많은 변화가 찾아왔다. 그래서 KBO리그 전체의 그림부터 먼저 살펴볼 필요가 있다.

팀당 경기 수가 108경기(1986~1988년)에서 120경기로 늘어났고, KBO 출범부터 진행된 전·후기리그 제도가 폐지되고 단일시즌제가 채택됐다. 그러면서 포스트시즌 제도가 완전히 탈바꿈했다. 사다리를 타고 올라가는 현 포스트시즌 제도의 기본 틀이 바로 이때 마련되었다.

전·후기리그 제도의 가장 큰 맹점은 처음부터 끝까지 전력을 다하는 팀이 적다는 것이었다. 전기리그에서 우승한 팀은 한국시리즈에 대비해 후기리그를 느슨하게 운영하고, 전기리그 싸움이 여의치 않은 팀은 일찌감치 레이스를 포기하고 후기리그를 노리는 전략으로 나서기도 했다. 최선을 다하지 않는 팀이 많을수록 리그의 박진감은 떨어질 수밖에 없다.

이런 단점을 보완하고 시즌 끝까지 팬들의 관심을 붙잡기 위해 제도에 손질을 가했다. 1989년부터 페넌트레이스 4위까지 포스트시즌 진출권이 주어졌다. 4위와 3위가 3전2선승제 준플레이오프를 치르고, 여기서 승리한 팀이 2위와 5전3선승제 플레이오프를 치르게 된다. 그리고 플레이오프 승자가 정규시즌 1위팀과 7전4선승제 한국시리즈에서 격돌하는 방식이다.

7개 구단 중 4개 구단이 가을야구에 나간다는 점과 4위가 가을에 반짝 상승세를 타면 한국시리즈 우승까지 차지할 수 있다는 점에서 불합리성이 지적되기도 했으나, 팬들과 구단들은 대체로 "4위 안에만 들어도 우승을 바라볼 수 있다"며 새로운 포스트시즌 제도를 환영했다. 실제 1988년 KBO리그 총 관중 수는 193만 2145명이었으나 1989년 총 관중 수는 288만 3669명으로 늘어났다. 1년 만에 무려 수치가 49.2%나 껑충 뛰었다. 페넌트레이스나 포스트시즌 흥행의 토대가 만들어졌고, 한국 프로야구에서 처음 도입한 이러한 계단식 포스트시즌 방식은 훗날 메이저리그와 일본 프로야구에서도 차용하기에 이르렀다.

전력에도 큰 변화가 있었다. 특히 1989시즌을 앞두고 롯데와 삼성이 두 차례에 걸쳐 단행한 '블록버스터 트레이드'는 1980년대를 통틀어서도 최고의 빅뉴스였다. 최동원과 김시진, 김용철과 장효조가 유니폼을 맞바꿔 입는 초대형 거래가 이뤄졌다.

1988년 11월에 롯데 투수 최동원, 오명록과 포수 김성현이 삼성으로 가고, 삼성 투수 김시진, 전용권과 내야수 오대석이 롯데로 이적하는 4대3 트레이드가 터졌다. 그리고 한 달 뒤인 12월에 삼성 간판타자 장효조와 좌완투수 장태수, 롯데 중심타자 김용철과 좌완투수 이문한이 유니폼을 맞바꿔 입는 2대2 트레이드가 이어졌다.

트레이드 자체가 귀하던 시절. 특히 간판스타의 트레이드는 상상도 못 하던 시절이었기에 충격은 더욱 컸다. 이들이 새로운 팀에서 어떤 활약을 펼칠지, 삼성과 롯데의 전력이 어떻게 변할지, 이것이 프로야구 판도에 어떤 변화를 몰고 올지, 세간의 관심이 쏠릴 수밖에 없었다.

## 🎾 OB의 선택 1. 김성근 관리야구에서 이광환 자율야구로

1989년의 변화를 논할 때 각 팀 사령탑이 대거 교체됐다는 점도 빼놓을 수 없다. 7개 구단 중 절반이 넘는 무려 4개 구단의 사령탑이 바뀌는 격변의 물결이 일었다.

MBC 청룡은 '스파르타식 훈련'으로 유명한 배성서 전 빙그레 이글스 창단 감독을 영입해 새 시즌을 준비했다. 삼성은 박영길 감독과 결별하고 정동진 수석코치를 감독으로 승격시켜 지휘봉을 맡겼다. 김성근 감독은 OB를 떠나 만년 하위팀인 태평양 사령탑으로 옮겼다.

그리고 OB 베어스는 김성근 감독이 떠난 자리에 이광환 2군 감독을 선임했다. 김성근 감독과 이광환 감독은 캐릭터 자체가 대척점에 있을 뿐만 아니라 야구관 자체가 180도 달랐다는 점에서, OB는 종전과는 다른 새로운 야구를 예고했다.

김성근 감독은 "야구는 감독이 한다"며 하나부터 열까지 모든 것을 본인이 직접 챙기고 주도하는 '관리야구'의 대명사였다. 투수력과 수비력을 바탕으로 세밀하면서도 오밀조밀한 작전야구를 추구했다.

반면 이광환 감독은 "야구는 선수가 한다"며 선수와 코칭스태프에게 최대한 자율권을 부여하면서 미국 유학 시절 배운 '자율야구'를 들고 나왔다. 선발 로테이션을 확립하고 공격력을 가미한, 선 굵은 야구로 팬들이 좋아하는 야구를 지향했다.

이 감독은 취임 후 "실책률이 다소 높은 선수라도 방망이에 자신 있는 선수를 쓴다"고 하고, "미국과 같이 5회 이전에는 희생번트를 하지 않는다"고 선언했다. 종전 김영덕-김성근 감독 시대에 굳어진 '견실한 야구' 또는 '수비의 야구'라는 OB 이미지를 바꾸겠다는 의지였다.

훈련 시간도 실전 위주로 꾸렸다. 수비 훈련을 할 때도 종전의 끊임없는 펑고 훈련 대신 실전처럼 훈련했다. 긴 시간 '지옥훈련'을 하는 것보다 메이저리그처럼 짧은 시간에 집중력을 갖고 훈련하는 것이 낫다는 뜻이었다.

합숙훈련을 피하고 선수들이 경기 후에는 샤워를 하고 집에 가서 식사를 하는 방식으로 변경한 것도 새로운 시도였다.

OB 구단도 이광환 감독의 야구 방향에 동의했다. 한마디로 '김성근식 관리야구'에서 '이광환식 자율야구'로 팀 컬러 변화를 시도하며 분위기 쇄신을 노렸다.

감독이 바뀌면서 코칭스태프에도 변화의 기류가 흘렀다. 기조는 크게 2가지였다. 우선 'OB맨'으로 구단을 정비하겠다는 의지였다. 그리고 김성근 감독의 색채를 지우는 일이었다.

1989년부터 단일시즌제가 채택됨에 따라 선수단 규모를 키우고 코치도 더 많이 확보하는 게 필요했다. 전·후기리그 제도에서는 단기간에 힘을 쏟아붓는 승부를 하면 되지만, 장기 레이스에서는 호흡

선수단 훈련을 지켜보는 이광환 감독

이 긴 승부를 해야 하고 결국은 선수층이 승부의 열쇠가 될 수밖에 없었기 때문이다.

이에 따라 OB는 원년 선수 출신의 젊은 코칭스태프를 대거 기용했다. 그리고는 '코치 분담제'를 실시했다. 이광환 감독 취임 이후 코칭스태프의 역할 분담을 고민해오다 이선덕 코치를 2군 감독 대행으로 정식 임명하고, 1군 타격코치에 김우열, 투수코치에 박철순,

작전코치에 유지훤, 수비코치에 이삼열을 기용했다. 2군 타격코치는 사실상 선수 생활을 마감한 윤동균에게 맡겼고, 이홍범을 1, 2군 트레이닝코치에 임명했다. 박철순은 플레잉코치로서 여차하면 마운드에 올리려는 계획을 세워두고 있었다.

## 🎾 OB의 선택 2. 국가대표 김기범 대신 이진 1차 지명 화제

1989년 또 하나의 큰 변수는 특급 신인들이었다. 1988년에 서울올림픽이 열리면서 아마추어 국가대표 특급 선수들의 프로야구 진출이 유보된 상태였다. 정상적이었다면 1987년과 1988년에 프로에 뛰어들었어야 할 대어들이 국가적 대사를 위해 실업야구팀에 입단해 아마추어에 묶여 있었다. 이들이 1989년 KBO리그에 한꺼번에 유입되면서 야구계 전체에 신인 풍년가가 울려 퍼졌다. 1987년 삼성 1차 지명 강기웅(한국화장품)과 MBC 1차 지명 노찬엽(농협), 1988년 빙그레 1차 지명 송진우(무적)와 해태 1차 지명 조계현(농협) 등이 실업팀을 거쳐 프로 유니폼을 입게 된 대표적인 선수들이다.

서울올림픽으로 인해 1~2년간 프로 진출이 유보된 선수뿐만 아니라 대학 졸업 선수와 실업팀에서 프로로 전향한 선수 중에서도 유달리 특급 유망주가 많았다. 해태에 1차 지명된 이강철(동국대)은 1989년 15승을 수확했고, 삼성 유명선(계명대-세일통상)도 14승을 거뒀다.

서울을 연고로 하는 OB와 MBC는 1986년부터 1차 지명 선수를 놓고 동전 던지기 등으로 우선권을 가려왔는데, 1989년 서울팀 1차 지명 후보로는 일찌감치 국가대표 출신의 좌완 특급 김기범(건국대-한국화장품)이 거론돼왔다.

김기범은 이미 충암고 시절부터 청소년대표로 두각을 나타냈다. 건국대 2학년 때인 1985년 쿠바에서 열린 대륙간컵 세계야구선수권대회에서는 혼자 4승을 올리며 한국을 준우승까지 이끌었고, MVP로 뽑혀 국제무대에서도 이름을 떨쳤다. 이선희부터 시작해 구대성, 김광현으로 이어져온 '좌완 일본 킬러' 계보에 넣을 수 있는 선수였다. 그는 1988년 서울올림픽 대표팀 투수로 선발되기도 했다.

1989년 구단별로 선택할 수 있는 연고지 1차 지명 선수는 3명. OB와 MBC는 1988년 11월 3일 KBO에서 서울 지역 신인 선수 1차 지명 드래프트를 실시했다.

OB는 모처럼 동전 던지기에서 이겨 우선권을 잡았다. 박노준을 선택한 1986년에 이어 두 번째였다.

그런데 여기서 예상과 다른 지명 결과가 나왔다. OB가 1차 지명으로 김기범을 거르고 이진을 선택한 것이었다. 김기범이라는 이름값 있는 선수를 두고 이진을 찍었다는 사실만으로 큰 화제가 됐다. 팬들뿐만 아니라 야구계 모두가 깜짝 놀란 선택이었다. 그도 그럴 것이 이진은 김기범에 비하면 아마추어 시절 무명에 가까웠다.

물론 OB가 1차 지명을 할 만한 근거는 있었다. 이진은 성균관대 3학년 때부터 두각을 나타내더니 대학 4학년 때 5승 1패를 거두며 스카우트들의 시선을 사로잡았다.

1989년 OB 신인 투수 이진

김기범은 어릴 때부터 팀 내 에이스로 각종 대회에서 많은 공을 던졌다. 기량 면에서는 이미 검증돼 누구나 인정을 하지만, 프로에서 선수 생명이 길게 못 갈 위험성이 있다고 판단했다. 실제로 대학 시절 3학년 때부터 부상이 잦아 명성에 비해 활약도는 떨어졌다.

반면 배명고-성균관대 출신의 이진은 OB가 원하는 왼손 파이어볼러였다. 사실상 윤석환을 제외하면 쓸 만한 왼손투수가 없었던 OB로서는 오랫동안 마운드를 이끌어나갈 좌완이 필요했다. 이진은 평균적으로 시속 145km 안팎의 공을 가볍게 던졌고, 최고 구속 148km를 찍었다. 요즘의 기준으로 봐도 이 정도면 왼손투수로서 매력적인 구속인데, 그 시절이라면 말할 것도 없다. 특히 뒤늦게 투수로 두각을 나타냈기 때문에 어깨가 싱싱하다는 장점이 있었다. 명성에서는 김기범이 앞서지만, 성장 가능성과 장래성을 놓고 보면 이진을 점찍은 것도 무리는 아니었다.

OB는 3명까지 선택할 수 있는 1차 지명에서 결국 이진과 함께 잠수함 투수 김동현(배재고-동국대), 우완정통파 김보선(충암고-한양대)을 찍었다. 셋 모두 키 180cm 이상의 좋은 신체조건을 지닌 투수들이었다.

MBC는 당연히 1차 지명으로 김기범을 선택했다. MBC 역시 김기범이 아마추어 시절 혹사를 당하고 대학 후반부에 잦은 부상으로 등판이 들쑥날쑥했던 점이 고민스럽기는 했지만, 어쨌든 몸만 괜찮다면 즉시전력감을 넘어 에이스의 자질을 갖춘 투수라고 평가할 수밖에 없었다. MBC는 김기범과 함께 서울올림픽 대표팀 외야수 최훈재(중앙고-단국대), 내야수 나웅(선린상고-한양대)을 지명했다.

# BEARS
# 35

## 개막전 최초 패배…
## 흔들리는 '이광환식 자율야구'

1989년 개막전에 앞서 진행된 농악놀이

잠실 라이벌 OB와 MBC는 1989년 개막전부터 격돌했다. OB 이광환 감독의 자율야구와 MBC 배성서 감독의 스파르타식 야구, 1차 지명 이진과 김기범의 스토리까지 엮이면서 흥미진진한 개막전 매치업이 성사됐다.

단일시즌제의 첫 출발. MBC 배성서 감독은 1989년 개막전 선발 투수로 신인 김기범을 내세웠다. 김기범은 1차 지명 우선권을 쥐고도 자신을 거른 OB를 상대로 데뷔전을 치르기 위해 마운드에 올랐다. OB 이광환 감독은 1년 전 개막전 역사상 최초의 노히트노런을 달성하고, 개막전이라면 한 번도 패하지 않은 '개막전의 사나이' 장호연을 선발 카드로 내밀었다.

이번 35장에서는 1980년대의 마지막 개막전과 이광환 감독 시대 자율야구에 대해 이야기하고자 한다. 베어스 역사에서 여러 가지로 시사하는 점이 많기 때문이다. 구단 창단 이래 개막전 전승 행진이 끝나는 패배였고, 동시에 암흑기의 한가운데로 접어드는 전조였다. 야심 차게 출발했지만 이광환 감독의 자율야구는 OB 베어스에서 빛을 보지 못했고, 세대교체 과도기에서 신인 스카우트는 블랙홀에 빠져들었다.

## ⚾ 1989년 개막전······ 김기범-장호연 '충암고 선후배' 선발 맞대결

1989년 개막전에서 애국가를 부르는 어린이들

　1989년 4월 8일 잠실구장. 토요일 오후 2시 경기였다. 서울 하늘은 맑았고, 기온은 19도를 가리키고 있었다. 봄기운이 완연한 가운데 MBC 청룡-OB 베어스의 개막전 플레이볼이 선언됐다.
　새롭게 MBC 지휘봉을 잡은 배성서 감독은 개막전 선발투수로 과감하게 신인 김기범을 낙점했다. 김기범은 OB 베어스가 1989년

1차 지명 우선권을 쥐고도 이진을 지명하기 위해 거른 국가대표 출신 좌완투수였다. 김기범이 독기를 품고 던질 것으로 기대했다.

OB 새 사령탑 이광환 감독은 산전수전 다 겪은 장호연을 선택했다. 장호연은 신인 시절이던 1983년부터 1988년까지 5차례 개막전 선발(1984년에만 김진욱)로 나서 4승 무패를 기록한 '개막전의 사나이'. 특히 1년 전인 1988년에는 개막전 역사상 유일한 노히트노런을 달성하기도 했다. 1988년까지 개막전 4승 중 3승이 MBC에게 거둔 것이었는데 징검다리처럼 1983년, 1985년, 1987년 MBC를 상대로 승리했다. 1989년 개막전에 대한 기대도 클 수밖에 없었다.

추억의 이름들을 되새겨보기 위해 1980년대의 마지막 개막전 선발 라인업을 소개한다. 양 팀 1번 타자로 베테랑 김재박(1954년생)과 김광수(1959년생)가 포진한 것이 눈에 띈다.

**MBC 청룡 라인업**

| 타순 | 포지션 | 이름 |
|---|---|---|
| 1 | 유격수 | 김재박 |
| 2 | 중견수 | 박흥식 |
| 3 | 1루수 | 김상훈 |
| 4 | 좌익수 | 이광은 |
| 5 | 포수 | 김진우 |
| 6 | 지명타자 | 노찬엽 |
| 7 | 우익수 | 윤덕규 |
| 8 | 3루수 | 김상호 |
| 9 | 2루수 | 김경표 |
| P | 선발투수 | 김기범 |

**OB 베어스 라인업**

| 타순 | 포지션 | 이름 |
|---|---|---|
| 1 | 2루수 | 김광수 |
| 2 | 중견수 | 박종훈 |
| 3 | 지명타자 | 송재박 |
| 4 | 우익수 | 김형석 |
| 5 | 3루수 | 양세종 |
| 6 | 1루수 | 신경식 |
| 7 | 좌익수 | 김광림 |
| 8 | 유격수 | 이승희 |
| 9 | 포수 | 김경문 |
| P | 선발투수 | 장호연 |

장호연(1960년생)과 김기범(1965년생)은 다섯 살 터울의 충암고 선후배 사이. 양 팀 선발투수들의 호투 속에 5회까지 0의 행진이 펼쳐

졌다.

장호연은 그렇다 쳐도, 김기범은 신인답지 않게 침착한 투구를 이어나가 모두를 놀라게 했다. 3회까지 삼자범퇴, 4회 2사 후 송재박에게 첫 안타를 내줬을 뿐 5회까지 1안타 무실점 역투를 펼쳤다.

어릴 때부터 두각을 나타내면서 많은 공을 던지는 바람에 국가대표로 활약하던 시절의 빠른 공은 잃어버렸지만 경기 운영 능력이 명불허전이었다. 낙차 큰 커브와 슬라이더, 홈플레이트 좌우 보더라인을 찌르는 절묘한 제구로 OB 타선을 요리했다.


"김기범은 충암고 후배인데 그해 개막전 맞대결을 하게 됐어요. 좌투수는 보통 투수판에서 1루 쪽 끝을 밟고 던지는데 김기범은 3루쪽 플레이트를 밟고 던졌던 투수로 기억합니다. 우타자 바깥쪽이나 좌타자 몸쪽 투구는 대각선으로 들어가고, 좌타자 바깥쪽과 우타자 몸쪽 투구는 살짝 흘러 들어가는 형태였지요. 아마추어 시절에 비해 프로에서는 공은 빠르지 않았지만 손 감각이 좋고 어릴 때부터 큰 경기를 많이 던져본 투수니까 영리한 투구를 하더라고요."


1989년 개막전 선발로 맞대결을 펼쳤던 장호연의 설명이다.

김기범의 호투가 이어질수록 1차 지명 우선권을 손에 쥐고도 김기범을 외면했던 OB 프런트의 표정에는 난감함이 묻어날 수밖에 없었다.

## ⚾ 김기범에게 꺾인 '베어스 개막전 무패 행진' 역사

장호연이 먼저 흔들렸다. 6회초 2사 후 상대 중심타자 김상훈과 이광은을 연속 볼넷으로 내보낸 게 화근이었다. 여기서 태평양에서 방출된 뒤 그해 MBC에 입단한 김진우(작고)에게 2타점짜리 좌중월 2루타를 맞고 말았다. 이어 루키 노찬엽에게 좌전 적시타, 윤덕규에게 우월 3루타를 허용했다. 단숨에 4실점을 하고 말았다.

8번 타자 김상호(1989년 시즌 후 OB 최일언과 맞트레이드된다) 타석 때 MBC는 국가대표 출신 신인 좌타자 최훈재를 대타로 내세웠다. 그러자 OB는 베테랑 좌완 황태환을 투입했다. 여기서 다시 우전 적시타가 나왔다.

6회말까지 김기범에게 눌리던 OB는 7회말 상대 실책과 최동창의 1타점 좌월 2루타로 1점을 만회했다.

그러나 승부는 이것으로 끝이었다. OB 베어스의 1-5 패배. 베어스는 1983년부터 1988년까지 개막전에서 한 번도 지지 않고 6전 5승 1무를 기록 중이었다. 개막전만 되면 파죽지세였던 OB 베어스 역사에 처음으로 생채기가 난 패배였다(베어스의 개막전 전적이 1983년부터 집계되는 것은 11장에서 설명한 바 있다. 간단히 설명하자면 1982년 원년 개막전은 삼성 라이온즈-MBC 청룡전으로만 펼쳐졌기 때문이다).

결국 OB는 이 패배로 인해 개막전 무패 행진의 역사가 중단되며 개막전 최초 패전을 기록하게 됐다. '개막전의 사나이' 장호연도 처음으로 개막전 패배의 아픔을 맛봤다.

OB로서는 무엇보다 동전 던지기에서 이겨 신인 지명 우선권을 잡고도 거른 김기범에게 당한 것이어서 뼈아팠다. 김기범은 비자책점으로 1실점했을 뿐 9회까지 108개의 공을 던지며 4안타 3볼넷만 내준 채 4탈삼진 완투승을 올렸다. 아울러 KBO 역사상 신인 좌완투수로는 최초로 개막전 완투승을 기록하게 됐다. 참고로, 최초 개막전 완투승을 거둔 우완 신인 투수는 1983년 완봉승을 기록한 장호연이었다.

반면 MBC는 1982년 원년 개막전에서 이종도의 끝내기 만루홈런으로 승리한 뒤 개막전에서만 6연패를 당하다 청룡 이름을 달고 뛴 마지막 개막전에서 마침내 승리하게 됐다. 이 모든 것이 김기범의 호투로 인해 발생한 것이었다.

MBC는 투수 김기범 외에 루키로 입단한 노찬엽 최훈재가 개막전부터 펄펄 날았다. 이는 신인 지명에서 번번이 LG에 패하면서 세대교체에 실패한, 그래서 암흑기에 빠져들었던 OB의 미래를 역으로 비춰주는 상징적 장면 같았다.

**1980년대 OB 베어스 개막전 전적**

| 연도 | 날짜 | 구장 | 상대팀 | 결과 | 스코어 | 승리/세이브 투수 | 패전 투수 |
|------|------|------|--------|------|--------|------------------|-----------|
| 1983 | 4.2. | 잠실 | MBC | 승 | 7-0 | 장호연(완봉) | 하기룡 |
| 1984 | 4.7. | 잠실 | MBC | 승 | 4-1 | 김진욱(승) 윤석환(세) | 하기룡(완투) |
| 1985 | 3.30. | 동대문 | MBC | 승 | 4-8 | 장호연 | 정삼흠 |
| 1986 | 3.29. | 광주 | 해태 | 무 | 3-3 | 연장 12회 무승부 | |
| 1987 | 4.4. | 잠실 | MBC | 승 | 11-2 | 장호연 | 김건우 |

| 1988 | 4.2. | 사직 | 롯데 | 승 | 4-0 | 장호연<br>(노히트노런) | 윤학길 |
|---|---|---|---|---|---|---|---|
| 1989 | 4.8. | 잠실 | MBC | 패 | 1-5 | 김기범(완투) | 장호연 |

## ⚾ 1989년 개막 후 1승 9패 출발⋯⋯ 이광환 감독 자율야구의 시련

개막전 패배 다음 날인 4월 9일, OB는 2차 지명으로 영입한 좌완 구동우(천안북일고-동아대)를 비밀병기처럼 선발로 내세웠다. 구동우는 5회까지 무안타 무실점으로 호투하며 전날 김기범 부럽지 않은 피칭을 펼쳤다. OB가 5회말 선취점도 뽑아내면서 1-0으로 앞서나갔다.

그러나 6회에 실책이 겹쳐 한꺼번에 3점을 내줬다. 구동우를 내리고 천안북일고-동아대 직속 선배 김진욱을 6회에 구원 등판시켰지만 결국 1-3 패배로 끝나고 말았다. 개막 2연패 또한 OB 베어스 역사상 최초의 일이었다.

OB는 대구로 내려갔다. 그러나 11일 삼성 신인 유명선에게 완투승을 헌납하며 1-2로 패했고, 12일 삼성전에는 신인 1차 지명 3명 중 김동현과 이진을 연달아 등판시킨 뒤 2차 지명 신인 김진규까지 내보냈지만 3-8로 패했다. 4연패였다.

13일 부산에서 장호연의 1실점 완투 속에 롯데를 6-1로 꺾고 시즌 첫 승리를 거뒀다. 혹독한 신고식을 치른 이광환 감독의 프로 사령탑 데뷔 통산 첫 승이기도 했다.

그러나 시련은 이것으로 끝이 아니었다. OB는 다음 날 롯데전 패배를 시작으로 21일 빙그레전까지 5연패에 빠졌다. 4연패 후 1승 그리고 다시 5연패. 개막 후 10경기에서 1승 9패로 주저앉았다.

미국 연수를 마치고 돌아온 이광환 감독은 '자율야구(스스로 칭한 것이 아니라 언론에서 만든 용어)'라는 기치 아래 훈련부터 방식을 바꿨다. 선수들이 감독과 코치의 일방적 지시가 아닌 스스로 깨닫고 느끼고 훈련하는 분위기를 만들었다.

일본 야구 레전드 장훈과 이광환 감독

당시로서는 국내에 생소한 선발 로테이션과 선발 예고제도 확립하고자 했다. 구단 창단 후 김영덕 감독과 김성근 감독이 만들어온 투수 중심의 야구, 작전과 수비를 바탕으로 한 야구에서 탈피해 호

방한 공격 야구를 지향했다. 5회 이전에는 희생번트를 대지 않겠다는 선언도 했다. '천동설'을 믿고 있던 시기에 '지동설'을 들고 나온 것만큼이나 국내에서는 생소한 이야기였다. '이광환식 야구'는 당시 한국야구 풍토에서 이단아처럼 비쳤다.

그러나 팀 성적이 초반부터 극도의 부진에 빠진 것이 문제였다. 여기저기(언론, 야구인, 팬 등)에서 '자율야구' 자체에 대해 비아냥거렸고, 상대팀은 새로운 야구를 시도하는 OB를 만나면 '본때를 보여주겠다'는 듯 기를 쓰고 투수력을 집중시켰다.

구단 내부에서도 '뭔가 잘못 돌아가고 있는 게 아니냐'며 자율야구에 대해 고개를 갸웃거리기 시작했다. 선수들이 동요하는 것도 당연했다.

팀이 무너지는 상황에서 이광환 감독도 원칙만을 고집할 수 없었다. 선발은 선발, 구원은 구원으로 보직과 역할 분담의 경계선을 분명하게 그어놨지만, 결국 4월 22일 MBC전에 구원 전문 투수 윤석환을 선발로 투입하기에 이르렀다. 윤석환은 6이닝 2실점으로 역투했고, 침체에 빠져 있던 타선도 모처럼 활기를 찾으며 8-3 승리를 낚았다. 일단은 연패를 끊어냈다는 것이 중요했다.

그러나 부진한 성적은 상대에게 공격의 빌미를 제공했다. 사방에서 자율야구를 흔들어댔다. 이광환식 야구는 나무 꼭대기에 홀로 매달린 마지막 잎새처럼 위태로웠다. 특히나 1988년을 끝으로 OB를 떠난 김성근 감독이 지휘봉을 잡은 태평양은 시즌 초반부터 돌풍을 일으켰다. 개막 10경기에서 6승 1무 3패를 기록하며 선두권 싸움을 벌였다. 호사가들의 입이 가만있지 않았다.

개막 첫 달 5승 13패. 스타트 총성이 울리자마자 엎어진 꼴이었다. 7개 구단 중 7위로 처진 OB는 5월 6일에야 탈꼴찌에 성공했다. 롯데와 꼴찌 자리를 주고받다 5월말 5연승의 상승세를 타며 꼴찌 싸움에서 벗어났다.

시즌 초반 최일언, 윤석환, 계형철 등 베테랑 투수들의 부진 속에 계산이 어긋났던 선발 로테이션도 이때부터 조금씩 자리를 잡아나갔고, 부상과 부진으로 신음했던 타선도 갖춰지기 시작했다. 6월 15일 6위 탈출에 성공했고, 7월과 8월 한여름 복더위에 상승세를 탔다.

8월 17일 윤동균의 은퇴식 경기에서 롯데를 8-3으로 꺾고 마침내 승률 5할에 오르며 태평양과 공동 4위에 자리 잡았다(윤동균의 KBO 사상 최초 은퇴식 이야기는 다음 장에서 자세히 다룰 예정이다).

1989년부터 단일시즌제가 시행되면서 4위까지 가을야구 티켓을 획득할 수 있는데, 포스트시즌 진출은 이광환의 자율야구가 인정을 받기 위한 필수적 요소처럼 보였다.

그러나 더 이상 치고 나가지 못했다. 다시 3연패를 당했고, 연승과 연패를 반복했다. 8월말부터 9월초까지 6연패, 9월말부터 10월초까지 7연패에 빠지면서 끝내 5할 승률과 4위를 사수하지 못했다.

1989년 시즌 최종 성적은 54승 3무 63패(승률 0.463)로 5위였다. 4위 삼성에 4경기 차로 뒤졌다. 시즌 초반의 부진한 출발이 끝내 1989년의 멍에로 작용한 셈이었다.

# BEARS

# 36

## '백곰' 윤동균이 떠나던 날…
## KBO 최초 은퇴경기의 추억

1989년 8월 17일, KBO 최초로 거행된 은퇴식에서 소회를 밝히는 윤동균

정답던 얘기 가슴에 가득하고/ 푸르른 저 별빛도 외로워라/ 사랑했기에 멀리 떠난 님은/ 언제나 모습 꿈속에 있네/ 먹구름 울고 찬 서리 친다 해도/ 바람 따라 제비 돌아오는 날/ 고운 눈망울 깊이 간직한 채/ 당신의 사랑 품으렵니다/ 아 아 그리워라 잊지 못할 내 님이여/나 지금 어디 방황하고 있나/ 어둠 뚫고 흘러내린 눈물도/ 기다림 속에 님을 그리네/ 바람 따라 제비 돌아오는 날/ 당신의 사랑 품으렵니다.

잠실구장에는 조영남의 노래 〈제비〉가 울려 퍼졌다. 당당히 2루타로 나간 노장은 자신의 이름을 연호하는 관중을 향해 모자를 벗고 손을 흔들었다. 그라운드에 도열한 선수단과 하이파이브를 하며 1루 더그아웃으로 돌아온 그의 눈에는 후련함과 아쉬움이 교차하는 눈물이 맺혔다.

이번 36장에서는 1989년 한여름 밤에 펼쳐진 한 노장의 화려했던 은퇴식 이야기를 전하고자 한다. OB 베어스 간판스타이자

1982년 프로야구 출범 당시 6개 구단 선수를 대표해 선서를 했던 윤동균. 1980년대가 저물고 프로야구 1세대의 상징적 인물로 통하던 그의 퇴장은 여러 의미를 함축하고 있다. 무엇보다 OB 베어스뿐만 아니라 KBO리그 최초의 은퇴식이자 은퇴경기로 역사적 의미를 지니고 있다.

## ⚾ 1989년 OB, 초반 부진 딛고 한여름 반격

　1989년은 이광환 감독이 처음 OB 베어스 지휘봉을 잡은 시즌이다. 35장에서 설명했듯이 이광환식 자율야구는 개막 10경기에서 1승 9패의 부진에 빠지면서 출발부터 어려움을 겪었다.

　OB는 5월에 접어들면서 김진욱의 연이은 완봉승으로 반전의 기틀을 마련했다. 5월 4일 잠실 해태전에서 선동열과 선발 맞대결을 벌여 1안타 완봉승을 올린 뒤 10일 잠실 롯데전에서도 2안타 완봉승을 거뒀다. 김진욱은 6월 16일에 해태 선동열과 리턴매치를 했는데 또 4안타 완봉으로 1-0 승리를 이끌면서 '선동열 킬러'로서 면모를 재확인했다. 김진욱은 1989년 11승을 거뒀는데 그중 8차례 완투와 4차례 완봉승을 올리면서 에이스로 활약했다.

　꼴찌 다툼을 하던 OB는 7, 8월 한여름에 접어들면서 연승 바람을 타며 반격의 분위기를 마련했다. 8월 16일 잠실 롯데전에서 루키 선발투수 이진의 호투와 윤석환의 마무리로 4-1로 승리했다. 이로써 OB는 41승 2무 42패로 시즌 첫 5할 승률에 1승 차이로 다가섰다.

8월 17일 잠실 롯데전을 앞두고 이광환 감독은 고민에 빠질 수밖에 없었다. 바로 아끼는 후배 윤동균의 은퇴경기가 예정돼 있었기 때문이다. KBO 역사에서 은퇴식도 최초였지만 은퇴경기를 치르는 것도 최초였다. 라인업을 짜면서 몇 번 타순에 넣을지 장고를 거듭했다.

5할 승률과 4위가 눈앞이었다. 팀의 포스트시즌 진출을 위해 중요한 일전. 상승세의 고삐를 당겨야 했다.

그런데 상대팀 롯데 선발투수는 김시진이었다. 삼성 간판투수로 활약하던 김시진은 1988시즌 후 롯데 간판 최동원과 트레이드됐다. 그 충격의 여파로 그해 부진에 빠졌다. 그렇다고 해도 만만한 상대는 아니었다. 최동원과 KBO 최초 100승 선착 싸움에서 앞섰고, 이 경기 전까지 114승을 기록해 KBO 개인 통산 최다승 부분 1위를 달리는 대투수였다.


## ⚾ 이광환 감독 "윤동균 은퇴, 이왕이면 4번 타자로"

윤동균의 은퇴경기는 OB 베어스 창단부터 단장을 맡았던 박용민 사장의 아이디어에서 비롯됐다. 그 이전까지 KBO 어떤 구단도 선수 은퇴식을 한 적이 없었기에 참고할 만한 자료조차 빈약했던 시절이지만, 일본과 미국 야구를 경험한 이광환 감독을 비롯해 구단 직원들의 아이디어까지 총동원해 은퇴식 시나리오를 짰다.

은퇴경기 대기 타석에서 스윙을 하는 윤동균

"윤동균은 원년 우승에 큰 기여를 했어요. 초창기 OB 팬들에게 인기가 있었던 구단 간판스타였기 때문에 은퇴식을 기획하게 된 거죠. 그런데 은퇴식만 하는 것보다 타석에서 팬들에게 마지막 인사를 하는 것이 좋겠다 싶더라고요. 그래서 은퇴경기를 치르기로 했죠."

박용민 당시 사장의 회고다.

박용민 사장은 박용곤 구단주의 전적인 신뢰 아래 창단 초기부터

은퇴경기에서 팬들에게 공을 던져주는 윤동균

메이저리그와 일본 프로야구 구단을 제집 드나들 듯했다. 거기서 선진 구단 시스템과 마케팅 기법을 직접 배워 와 구단 운영에 접목했다. 그러면서 원년부터 갖가지 KBO 1호 목록을 만들어나갔다.

앞에서도 몇 차례 언급했지만 1982년 1월 15일 KBO 역사상 최초로 구단 창단식을 열었고, 어린이 회원 모집도 OB가 처음 도입했다. 최초 우승팀은 물론 최초 MVP(박철순)와 최초 신인왕(박종훈)을 배출했고, 이천에 전용 연습장을 마련하고 2군을 만든 것도 OB가 처음이었다. 메이저리그 팀(세인트루이스 카디널스)과 자매결연을 한 것도 최초였다. 여기에 은퇴식 및 은퇴경기 역시 KBO 출범 후 처음 있는 일이니 이 또한 베어스의 '최초' 목록에 추가될 만하다.

이광환 감독도 의미가 큰 만큼 화려한 은퇴식을 해주고 싶었다.

"당시 은퇴경기를 열어주는 게 쉽지 않은 일이었죠. 그런데 OB 구단이 나서서 열어주기로 했어요. 그래서 제가 이왕 열어주는 거 제대로 하자고 했어요. 그냥 한 타석 정도 내보내는 것 말고 선발로 내보내자고. (은퇴경기) 열어주기 싫은데 억지로 여는 것도 아니고, OB 간판스타 아니었습니까. 당시엔 은퇴식조차 하는 구단이 없었어요. 구단들이 스타들을 써먹을 땐 잘 써먹고 나중엔 그냥 버리지 않았습니까. 선례를 잘 남기고 싶었어요."

1989년 8월 17일 목요일 야간경기로 펼쳐진 잠실 롯데전. 이광환 감독은 선발 라인업을 다음과 같이 적었다.

**OB 베어스 라인업**

| 타순 | 포지션 | 이름 |
|------|--------|------|
| 1 | 좌익수 | 김광림 |
| 2 | 중견수 | 안대환 |
| 3 | 우익수 | 김형석 |
| 4 | 지명타자 | 윤동균 |
| 5 | 1루수 | 신경식 |
| 6 | 유격수 | 이명수 |
| 7 | 3루수 | 양세종 |
| 8 | 포수 | 조범현 |
| 9 | 2루수 | 구천서 |
| P | 선발투수 | 최일언 |

참고로 상대팀인 롯데 라인업은 다음과 같았다.

### 롯데 자이언츠 라인업

| 타순 | 포지션 | 이름 |
|------|--------|------|
| 1 | 중견수 | 최계영 |
| 2 | 우익수 | 장효조 |
| 3 | 3루수 | 한영준 |
| 4 | 1루수 | 김민호 |
| 5 | 2루수 | 정구선 |
| 6 | 지명타자 | 박상국 |
| 7 | 좌익수 | 조성옥 |
| 8 | 포수 | 김용운 |
| 9 | 유격수 | 이재성 |
| P | 선발투수 | 김시진 |

경기 초반은 OB가 흐름을 잡았다. 1회말 2사 후 3번 타자 김형석이 좌월 솔로 홈런을 터뜨려 선취점을 뽑았다. 이어 2회말 사사구 2개와 야수선택, 2번 타자 안대환의 2타점 2루타 등으로 3점을 추가해 4-0으로 앞서나갔다.

롯데의 반격이 시작됐다. 3회초 2사 1, 2루에서 정구선의 중전 적시타, 6회초 1사 만루서 이재성의 유격수 땅볼로 1점씩을 뽑았다.

## 굿바이 윤동균! 김시진 상대 고별 2루타

OB는 4-2, 2점 차로 바짝 추격을 당한 처지라 추가점이 필요했던 상황. 6회말 선두타자 김형석이 상대 유격수 실책으로 출루하며 찬스를 열었다.

무사 1루. OB 4번 타자 윤동균이 타석에 들어섰다. 그는 1회말 3루수 땅볼, 3회말 3구 삼진으로 물러나 2타수 무안타를 기록 중이었다. 중요한 경기에서 4번 타자로 나섰지만 은퇴경기 이벤트로만 끝난다면 팀에 민폐를 끼칠 수도 있었다.

윤동균은 양발로 타석의 흙을 판 뒤 커다란 엉덩이를 좌우로 씰룩씰룩 흔들며 특유의 타격 준비 자세를 취했다.

초구는 볼, 2구는 스트라이크, 3구는 볼…… 2B-1S로 유리한 볼카운트로 몰고 갔다.

여기서 김시진의 4구째 바깥쪽 공이 날아들자 윤동균의 방망이는 호쾌하게 돌았다. 타구는 축포처럼 잠실 밤하늘에 하얀 무지개를 그리며 좌중간으로 날아갔다. 펜스를 원바운드로 때렸다. 그사이 1루 주자 김형석은 2루와 3루를 돌아 홈까지 파고들었다. 스코어를 5-2로 만드는 1타점 2루타!

"윤동균! 윤동균!"

윤동균이 2루에 안착한 뒤 주먹을 불끈 쥐자 은퇴경기를 보기 위해 잠실구장을 찾은 팬들은 기립박수를 치며 그의 이름을 연호했다. 윤동균은 왼손으로 헬멧을 벗고는 환호하는 관중을 향해 손을 흔들었다.

경기는 중단됐다. OB는 윤동균의 안타가 나오는 순간 은퇴식을 진행하기 위해 원정팀 롯데에 미리 양해를 구해놓은 터였다.

OB 선수들은 더그아웃부터 2루까지 그라운드에 일렬로 늘어섰다. 잠실구장 전광판에는 그의 별명에 빗대 '장하다 백곰'이라는 문구가 새겨졌고, 장내에는 윤동균의 애창곡인 조영남의 〈제비〉가 애

은퇴경기에서 2루타를 날린 윤동균

잔하게 울려 퍼졌다.

윤동균은 OB 선수 한 명, 한 명과 하이파이브를 하며 더그아웃으로 발걸음을 옮겼다. OB 선수단은 물론 롯데 선수단도 그라운드에 도열해 꽃다발을 전하며 프로야구 맏형의 퇴장을 축복했다.

KBO리그 최초의 은퇴식을 위해 경기는 10여 분간 중단됐다. 윤동균은 은퇴사를 밝히며 눈시울을 붉혔다. 팬들에 대한 감사 인사로 자동차 프라이드를 경품으로 내놓았다. 자동차가 귀하던 시절, 통큰 선물이었다.

KBO리그 최초의 은퇴식이 된 이 장면은 아직도 올드팬들의 기억 속에 생생하게 남아 있다. 현재 일흔의 나이를 넘긴 윤동균 전 일구회 회장도 그 순간의 감동을 잊지 못한다.

동료들과 하이파이브를 하는 윤동균

"박용민 사장님이 신경을 정말 많이 써주셨어요. 이광환 감독님도 연습도 제대로 못 한 저를 4번 타자로 기용하면서 배려를 해주셨죠. 김시진이라면 당대 최고 투수 아닙니까. 은퇴식이지만 중요한 경기였기 때문에 4번 타자로서 혹시나 팀에 민폐만 끼칠까 봐 걱정했어요. 앞선 두 타석에서도 안타를 치지 못했거든요. 거기서 2루타를 쳐서 다행이었습니다."

이에 대해 이광환 전 감독은 "4번 타자로 선발 출장시켰는데 만약 그 타석에서 안타 못 쳤으면 마지막 타석까지 내보내려고 했다"며 웃었다. 1948년생 이광환과 1949년생 윤동균은 원년부터 코치와 선수 관계를 맺었지만, 실상은 한 살 차이밖에 나지 않는 형과 아우 사이였다.

그러나 은퇴식으로 인해 10여 분 동안 경기가 중단되면서 사실상 대팀 투수 김시진은 컨디션 조절이 힘든 상황이었다.

경기가 재개됐고, OB는 윤동균 대주자로 김용희(롯데 간판스타 김용희와는 동명이인)를 투입했다. 5번 타자 신경식이 중견수 플라이로 물러났지만 6번 타자 이명수 대신 타석에 나선 이복근이 좌익선상으로 1타점 2루타를 날렸다. 스코어는 6-2.

결국 김시진은 마운드를 내려갔고, 전년도 말에 이루어진 트레이드 때 삼성에서 롯데로 이적한 좌완 장태수가 등판했다. 여기서 양세종의 중전안타, 조범현의 좌전안타, 구천서의 중월 2루타가 연이어 터지면서 OB는 7-2로 달아났다.

7-3으로 승리한 이날, 선발투수 최일언은 5와 2/3이닝 2실점으로 승리투수가 됐고 구동우는 나머지 3과 1/3이닝을 1실점으로 막아 세이브를 올렸다.

42승 2무 42패. OB는 마침내 시즌 처음 5할 승률을 달성하면서 김성근 감독이 이끄는 태평양 돌핀스(40승 4무 40패)와 공동 4위로 뛰어올랐다.

윤동균에게 마지막 안타를 허용한 김시진 현 KBO 경기운영위원은 당시를 어떻게 기억하고 있을까. "혹시 선배 은퇴경기라 좋은 공 하나 준 것 아니냐"는 농담에 그는 웃음을 지었다.

"윤동균 선배님은 저를 참 많이 예뻐하셨어요. 1977년 니카라과 슈퍼월드컵에서 우리나라가 사상 최초로 세계대회 우승을 했는데 당시 윤동균 선배님과 처음 만났어요. 선배님은 대표팀에서도 고참

급이었고 저는 한양대 1학년이었거든요. 그때부터 저를 많이 챙겨 주셨어요. 그렇지만 아무리 친하다고 해도 프로에서 상대팀 타자한 테 어떻게 좋은 공을 줍니까. 그런 일은 있을 수 없죠. 초창기에 OB 를 상대할 때는 윤동균, 김우열 선배님 만나면 신경을 써야 했어요. 장타력 없는 선수는 맞아봤자 안타니까 크게 부담이 없는데 윤동균 선배는 일발 장타력이 있었거든요. 스윙도 부드럽고 정말 잘 쳤어 요. 은퇴경기 때도 선배님이 잘 치신 겁니다."

## ⚾ 베아제 광고 모델, 곰 군단 대표하는 인기 스타

윤동균은 강원도 삼척에서 태어났지만 부친이 직업 군인이어서 이사를 많이 다녔다. 초등학교 1학년을 마치고 대전으로 내려가 문 창초등학교로 전학했다. 육상과 씨름 선수를 하다 야구부가 창단되 면서 야구선수의 길로 접어들었다. 충남중을 거쳐 고등학교는 서울 동대문상고(현 청원고)로 진학했다.

동대문상고 시절 좌완투수로서 발군의 실력을 발휘하며 3학년 때인 1968년 배명고전에서 노히트노런을 달성하기도 했다. 고교 3학년 때 야수로 전향해 1968년 기업은행에 입단했고, 각종 대회에 서 화려한 수상 경력을 자랑했다. 국제대회에서도 두 차례나 타격왕 에 올랐다. 체격에 비해 빠른 발을 보유한 호타준족형 선수였다.

1978년 포항제철에 입단한 윤동균은 프로야구가 출범하기 전인 1980년 플레잉코치를 맡아 은퇴를 준비하고 있었다. 당시에는 서른

살이면 이미 은퇴를 하던 시절. 그런데 프로야구가 출범한다는 소식을 듣고 1982년 33세의 나이에 현역 연장에 도전했다.

1982년 3월 27일 동대문구장에서 삼성-MBC의 원년 개막전이 열렸을 때 6개 구단 선수단 전원이 개막 행사에 참가했다. 당시 선수단 대표로 선서를 한 인물이 바로 윤동균이다. 김우열은 학창 시절 1년 선배. 그러나 호적상으로 윤동균은 1949년 7월 2일생이었고, 김우열은 1949년 9월 9일생이어서 최연장자로서 선서를 하게 된 것이었다.

윤동균은 OB 원년 우승의 주역으로 기억된다. 첫해 주로 1번 타자와 3번 타자를 오가면서 0.342의 고타율을 기록했다. 원년 MBC 백인천(0.412)에 이어 타격 2위였다. 백인천은 일본 프로야구에서도 타격왕에 올랐던 해외파 출신. 가정법이지만, 만약 백인천이 한국 프로야구에 오지 않고 일본에서 은퇴했다면 윤동균이 KBO 초대 타격왕이 됐을 것이다.

원년 한국시리즈 MVP는 최종전 만루홈런을 친 김유동에게 돌아갔지만, 윤동균은 6경기에 모두 출장해 타율 0.407(27타수 11안타), 2루타 3개, 9득점을 기록하며 OB 베어스가 초대 챔피언 자리에 오르는 데 큰 공을 세웠다.

윤동균은 야구선수로서 기량뿐만 아니라 남자다운 풍모와 허스키한 목소리, 이웃집 아저씨 같은 푸근한 이미지로 초창기 팬들에게 큰 인기를 끌었다. 광고 모델로도 주가를 높였다. 자사 OB맥주 모델로 시작해 음료수, 드링크류 등 각종 CF 모델로 나서기도 했다. 영화 〈내일은 야구왕: 홈런이다 홈런〉과 어린이드라마 〈우리 아빠 홈런〉 등에도 출연한 바 있다.

하지만 그를 떠올릴 때 가장 먼저 생각나는 CF는 따로 있다. "소화엔 베어, 곰, 베아제"라고 외치던 대웅제약 소화제 '베아제'였다. 같은 제약회사의 간 영양제 모델로는 배우 백일섭이 나서 윤동균과 함께 곰 이미지를 강조했다. 그만큼 '윤동균' 하면 '곰'을 상징하는 인물이었고, '곰' 하면 '윤동균'이 가장 먼저 떠올랐다. 그는 1980년대 OB 베어스를 대표하는 스타였다.

윤동균은 결국 1980년대의 마지막 해에 30년간의 현역 선수 생활을 마무리했다. 당시 나이 만 40세였다. 후배들에게 40대에도 선수 생활을 할 수 있다는 메시지를 전했다. 1982년부터 1989년까지 통산 594경기에 출장해 타율 0.285(1963타수 560안타), 38홈런, 277타점의 성적을 남겼다.

1980년대까지만 해도 KBO리그에서는 간판스타의 은퇴식에 대해 생각조차 하지 않았다. 해태 김봉연이나 롯데 김용희 등 각 구단을 상징하던 스타들도 은퇴식 없이 유니폼을 벗었다.

그러나 윤동균의 은퇴식을 계기로 KBO리그에서도 은퇴 문화가 자리 잡기 시작했다. 1980년대까지는 윤동균이 유일하지만, 1990년대 들어서는 구단마다 스타의 은퇴식을 기획하게 된다. LG는 1990년 9월 29일 백인천 감독의 은퇴식을 뒤늦게 열어줬고, 해태는 1995년 9월 24일 김성한의 은퇴경기를 겸한 은퇴식을 성대하게 치렀다. 윤동균의 은퇴경기에 이어 6년이 지난 시점에 KBO 2호 은퇴경기가 열린 것이었다.

OB는 1997년 박철순의 은퇴식 때 다시 한번 '명품 은퇴식'을 선

보였다. 지금까지 회자되는 멋진 은퇴식이었다. 베어스는 2022년 10월 오재원까지 총 8명이 은퇴식을 치렀다.

**OB-두산 베어스 역대 은퇴식 및 은퇴경기**

| 구분 | 일자 | 선수명 | 소속팀 | 상대팀 | 행사 |
|---|---|---|---|---|---|
| 1 | 1989.8.17. | 윤동균 | OB | 롯데 | 은퇴경기+은퇴식 |
| 2 | 1997.4.29. | 박철순 | OB | LG | 은퇴식 |
| 3 | 2004.4.4. | 김민호 | 두산 | KIA | 은퇴식 |
| 4 | 2009.9.20. | 장원진 | 두산 | 롯데 | 은퇴식 |
| 5 | 2017.4.30. | 홍성흔 | 두산 | 롯데 | 은퇴식 |
| 6 | 2018.6.30. | 정재훈 | 두산 | KIA | 은퇴식 |
| 7 | 2022.4.3. | 유희관 | 두산 | 한화 | 은퇴식 |
| 8 | 2022.10.8. | 오재원 | 두산 | 키움 | 은퇴식 |

# BEARS
# 37

## 최일언 주고 터미네이터 김상호를 얻다…
## 잠실 최초 트레이드

1995년 홈런왕과 MVP로 OB 중심타선을 이끈 김상호

'아니, 이 시간에 무슨 전화야?'

김상호는 잠결에 수화기를 들었다.

"상호야, 너 트레이드됐던데……."

수화기 너머로 평소 잘 알고 지내던 야구기자의 목소리가 들려왔다.

"무슨 트레이드요?"

"트레이드 얘기 못 들었어? 최일언하고 맞트레이드로 OB로 가게 됐는데……. 이미 신문에도 기사가 났잖아."

김상호는 잠이 확 깼다. 구단에서는 아직 트레이드에 대해 어떤 언질도 주지 않았던 상황이었다.

"믿기지 않았죠. 전화를 끊고 집밖으로 나갔어요. 신문 가판대를 보니 각종 스포츠신문 1면에 대문짝만하게 제 사진과 OB 최일언 선배 사진이 걸려 있더라고요. 트레이드 사실을 먼저 알려주지 않은 구단에 서운했어요. 그래도 평생 내 팀이라 생각하고 애정이 컸는데……. 당시엔 트레이드가 흔치 않던 시절이잖아요. 요즘과 달리

트레이드되면 구단에서 버림받았다는 생각이 강했으니까 충격을 많이 받았죠."

> 김상호(24)가 프로야구단 OB로, 최일언(29)이 럭키금성으로 가게 됐다. 오른쪽 장거리타자 보강을 꾀하는 OB와 투수력 강화로 중상위권 진입을 노리는 럭키금성은 22일 두 선수를 맞트레이드하기로 했다. 두 선수의 트레이드는 지난해 말부터 추진됐으나 MBC 구단의 매각 문제와 김 선수의 미국 이민설 등으로 미뤄졌었다. 김상호는 프로야구 선수 생활 2년 동안의 타율은 0.262에 불과하지만 홈런 20개, 타점 99점을 기록한 중장거리 타자다.
>
> _1990년 1월 23일자 〈동아일보〉

두산과 LG, 거슬러 올라가 OB와 MBC 시절까지 포함해도 두 팀은 웬만해서는 트레이드를 하지 않았다. 1980년대에는 단 한 차례도 선수를 주고받지 않았을 정도로 양 팀의 라이벌 의식은 강했다.

37장은 바로 서울 라이벌 두 팀 간에 이루어진 최초의 트레이드 이야기다. 1980년대 중·후반 OB 에이스로 활약한 최일언을 내주고, 미래에 홈런왕과 MVP가 되는 김상호를 영입한 사건. 이는 1980년대를 지나 1990년대로 진입하면서 시작되는 첫 이야기다. 김상호는 OB 팬들에게 1995년 우승의 향수를 불러일으키는 이름이다.

등번호 44번 김상호의 타격 자세

## ⚾ 1989년 5위 가을잔치 탈락…… 장타력 보강이 열심

트레이드 이야기에 앞서 OB 베어스의 1989시즌을 복기해볼 필요가 있다.

이광환 감독을 영입한 뒤 첫 시즌을 시작한 OB는 1989년 한여름 대반격에 나섰다. 8월 17일 윤동균의 은퇴경기에서 승리하며 시즌 처음으로 5할 승률(42승 2무 42패)을 달성하고, 태평양과 공동 4위로 뛰어올랐다. 3위 삼성(39승 5무 36패)에도 1.5경기 차로 따라붙었다. 단일시즌과 준플레이오프 제도를 처음 도입한 그해, 7개 구단 중 4위 안에 들면 가을잔치에 나설 수 있었다.

8월 22일 삼성이 4연패에 빠지며 OB는 태평양과 공동 3위가 되기도 했다. 3위에 오른 것은 시즌 처음이었다. 그러나 곧바로 22일과 23일 해태에 2연패를 당해 5위로 내려앉았고, 9월초 6연패로 4강 싸움에서 뒤처졌다.

시즌 54승 3무 63패(승률 0.463)로 5위. 4위 삼성(57승 5무 58패)에 4경기 차로 뒤져 가을잔치에 나가는 데 실패했다.

OB는 1989년 팀 평균자책점 3.69로 중위권(7개 구단 중 4위)이었지만, 팀 타율은 0.247로 바닥이었다. 팀 홈런은 42개로 그해 팀 순위 최하위에 그친 롯데(38홈런) 다음으로 적었다. '투고타저投高打低' 시절이긴 했지만 팀 내에 3할 타자가 한 명도 없었고(최고 타율 박노준 0.297), 김형석(10홈런)이 유일하게 두 자릿수 홈런을 때렸다. 여기에 김광림, 박노준, 김형석, 박종훈, 신경식 등 주축 타자들이 왼손잡이였다. 그것도 대부분 소총형이었다.

OB로서는 공격력 보강이 시급했고, 특히 일발장타가 있는 거포가 필요했다. 더군다나 전임 김성근 감독은 투수력과 수비력 중심의 야구를 지향했지만, 이광환 감독은 호쾌한 공격야구를 선호했다. 방법은 두 가지. 신인 드래프트에서 장타력을 갖춘 유망주 타자를 뽑거나 트레이드를 하는 것이었다.

## 🎾 1990년 신인 1차 지명······ MBC는 김동수 이병훈, OB는 임형석 김경원

1990년 KBO 신인 드래프트 제도는 제8구단 쌍방울 레이더스가 창단되면서 손질이 가해졌다. 연고지 1차 지명을 종전 3명에서 2명으로 줄였다.

서울 연고권을 나눠 가지는 OB와 MBC는 지방 구단에 앞서 별도의 1차 지명을 해야 했다. 1989년 11월 3일, KBO에서 '1990년 서울 지역 신인 드래프트'가 열렸다. 여기서 OB는 우선권(1번 지명권)을 MBC에 내주고 말았다. 그러면서 MBC가 1번과 4번을 가져가고, OB가 2번과 3번을 선택할 수 있게 됐다.

서울 지역에는 그해 모두가 군침을 흘릴 만한 대학 무대 최고 타자가 있었다. 포수 김동수(서울고-한양대). 1번 선택권을 가진 MBC가 예상대로 먼저 '오리' 김동수를 호명했다. 그러자 OB는 김동수와 서울고-한양대 동기로 장타력을 갖춘 내야수 '헐렝이' 임형석을 2번으로 선택한 뒤 3번으로 동대문상고의 초고교급 투수 김경원(중앙대 진학 후 1993년 입단)을 찍었다. MBC는 거포 이병훈(선린상고-고려대)을 1차 지명 4순위로 선택했다.

OB는 공격력을 보강하기 위해 다시 트레이드를 구상했다. 그해 11승을 올린 김진욱 카드를 내놓고 1988년 12홈런, 1989년 18홈런을 기록하며 슬러거로서 꽃을 피우기 시작한 빙그레 장종훈을 영입하기 위해 떠보기도 했으나 빙그레가 펄쩍 뛰었다.

1990년 신인 드래프트에서 OB가 지명한 투수 김경원

## ⚾ 거포가 필요했던 OB, 경험 있는 에이스를 원했던 MBC

OB의 안테나는 결국 잠실 라이벌 MBC로 향한다. 아직까지는 유
망주지만 가능성이 무궁무진한 김상호였다.

선린상고-계명대 출신의 3루수 김상호는 1988년 좌완투수 이국
성(성남고-경희대), 잠수함 투수 이용철(경기상고-단국대)과 함께 MBC의

1차 지명을 받았다. 김상호는 곧바로 1988년 주전 3루수 자리를 꿰
찬 뒤 타율 0.269에 7홈런을 때리면서 가능성을 보였다.

신인왕은 김상호와 이용철(7승 11패, 평균자책점 2.81)의 집안싸움.
김상호는 기자단 투표에서 이용철에게 뒤졌지만 향후 MBC의 거포
갈증을 해결해줄 후보로 급부상했다.

김상호의 풀 스윙

다만 '모 아니면 도' 식으로 스윙이 거칠었다. 힘 하나는 장사. 방망이에 걸리기만 하면 초대형 홈런이 터졌다. 1989년 13홈런으로 '서울 홈런왕'이라는 별명으로 불렸다. 규모가 큰 잠실구장을 사용하는 OB와 MBC 선수 중에 가장 많은 홈런을 친 것. 그래서 아널드 슈워제네거Arnold Schwarzenegger가 주연한 영화에서 따온 '터미네이터'라는 별명이 붙었다.

그 대신 시종일관 큰 스윙을 유지했다. 삼진을 많이 당했다. 헛스윙을 할 때면 방망이가 허공을 가르는 소리가 날 정도였고, 헬멧이 벗겨지고 혼자 다리가 꼬여 넘어지는 바람에 팬들을 자주 웃겼다.

1989년 시즌이 끝난 뒤 MBC 사령탑으로 부임한 백인천 감독은 일본에서 오랜 기간 프로선수 생활을 했기에 이런 스타일의 타자를 선호하지 않았다. 한마디로 김상호는 일본야구 스타일과는 거리가 먼 선수였다.

최일언은 재일교포로 1984년 OB에 입단하자마자 9승을 올렸고, 1985년 10승, 1986년 19승, 1987년 14승을 기록하며 에이스로 활약했다. 그러나 1988년 팔꿈치와 어깨 부상으로 6승에 그쳤고, 1989년 7승에 머물렀다. OB에서 6년간 65승을 기록하고 있었다.

MBC는 마운드 보강이 필요했다. 특급 소방수 김용수가 있었지만, 나머지 투수들이 고만고만했다. 1986년 입단하자마자 18승을 올리며 센세이션을 일으킨 신인왕 출신 김건우는 이듬해 발생한 교통사고 후유증으로 투수로서는 재기가 여의치 않았다. 원년 멤버 유종겸과 이길환(작고), 1983년 입단한 오영일은 내리막길을 타고 있었다. 1985년과 1986년 입단한 기대주 정삼흠과 김태원은 잠재력이 컸지만 알을 깨기 전이었다. 1989년 입단한 신인 김기범이 7승을 거둬 성장을 기대케 했지만 아직은 신인이었다.

MBC 백인천 감독은 에이스 경험이 있는 최일언이 필요하다고 느꼈다.

## 🎾 한 달 이상 묵혀둔 김상호-최일언 트레이드

이번 장 앞머리에서 인용한 〈동아일보〉 기사에도 나와 있듯, 김상호와 최일언의 트레이드는 1989년 말에 추진됐으나 최종 합의를 하지 못했다. 실무진에서 트레이드를 추진하는 사이, MBC와 럭키금성그룹이 물밑에서 구단 인수와 매각 절차를 진행했기 때문이다.

극비리에 작업을 진행해온 MBC와 럭키금성은 12월 15일 구단 매각에 합의하기에 이르렀다. 프로야구 출범 당시 야구단을 창단하지 못한 럭키금성은 MBC 청룡을 인수하는 방식으로 프로야구에 뛰어들게 됐다.

그런데 문제가 생겼다. 당시 문공부(문화공보부)에서 매각과 인수에 따른 제반 세금 문제를 이유로 이를 승인하지 않았다. MBC는 MBC대로 구단 매각을 놓고 이사회 등에서 반발해 내부갈등이 일어나는 바람에 계약이 진전되지 못했다. 이와 궤를 같이해 성사 직전까지 갔던 김상호와 최일언의 트레이드 논의도 뒷전으로 밀렸다.

결국 해를 넘겨 문제가 되는 부분을 정리하고 정부 승인을 받았다. 1990년 1월 18일 마침내 MBC와 럭키금성은 매각대금 100억 원과 협찬광고비 30억 원 등 총액 130억 원에 구단 매매계약을 하게 됐다. 럭키금성이 MBC 선수단과 잔류를 원하는 구단 직원까지 모두 인수하기로 했다. 그러면서 구단 실무진끼리 최일언과 김상호 맞트레이드 이야기도 재개했다.

여기에 김상호가 미국 이민 계획(트레이드 당시 OB에서 자신을 원했다는 생각보다는 MBC에서 버림받은 생각이 강했기 때문이었다고 말함)을 취소하면서 OB와 럭키금성의 트레이드 작업은 급물살을 타게 됐다.

1990년 1월 23일, OB와 럭키금성은 최일언과 김상호의 맞트레이드에 최종 합의한 뒤 이를 공식 발표하기에 이르렀다.

## ⚾ 잠실 라이벌 '최초' 선수 간 트레이드⋯⋯ 당사자들의 기억

"자네가 우리 팀에 있으면 여전히 10승 투수가 될 수 있다고 생각하네. 그렇지만 이광환 감독 얘기로는 김상호란 선수가 OB에 오면 OB 야구가 바뀐다고 하더라고. 발 빠르고 장타력이 있으니까 우리 팀 야구가 달라질 수 있다고 말이야. 그동안 구단을 위해 애써줘서 고맙네."

김상호가 기자의 전화로 트레이드 사실을 알았다면, 최일언은 OB 구단 사무실에서 박용민 사장을 통해 트레이드 사실을 통보받았다. 박용민 사장은 최일언을 불러 이같이 말하면서 작별 인사를 했다.

최일언은 "당시 박용민 사장님이 하셨던 말을 지금도 또렷하게 기억하고 있다"고 말했다.

"그래도 제가 일본에 있을 때 박용민 사장님이 영입해주시고, 한국에 올 때부터 신경을 많이 써주셨어요. OB에 대한 애정이 컸는데 마무리를 잘못한 게 아쉬웠죠. 1988년 3월에 추운 날 연습게임을 하는데 100개 넘게 던지다 팔꿈치를 다쳤어요. 요즘 같은 스포츠의학이라면 간단히 수술하고 재활하고 문제없이 공을 던졌을 텐데 그땐 그런 게 없었죠. 병원에서 깁스하라고 했는데 한 달 쉬고 주사 맞고 공을 던졌어요. 1989년 이광환 감독님이 부임하고 나서 제대로 던지지 못했죠. 구단에 서운하기는 했지만 트레이드됐는데 어쩔 수 없잖아요. 박용민 사장님이 그렇게 말씀해주셔서 고마웠어요."

현재 제주도에 내려가 살고 있는 이광환 감독은 이 트레이드에 대해 "김상호가 거칠긴 했지만 멀리 내다보면 OB엔 김상호 같은 그런 타자가 필요하다고 판단했다"고 회상하면서 "최일언은 당시 고장이 나 있었고. 너무 많이 써서 (재기가) 힘들었다. 그런데 MBC에서 최일언을 원하니 우리로서는 마다할 이유가 없었다"고 말했다.

현재 경기도 평택에 거주하는 백인천 전 LG 감독에게 연락해 이 트레이드를 어떻게 기억하고 있는지 물었다.

"김상호는 아주 좋은 타자였어요. 발도 빠르고 파워도 있었고. 그런데 제 입맛에는 맞지 않았어요. 그래서 구단에서 최일언하고 트레이드를 추진했고. 최일언은 투수로서 재능이 있고 경험도 많아 우리 젊은 투수들이 보고 배울 수 있는 선수라고 봤죠."

백 감독은 파워히터를 선호하기는 했지만, 필요할 때는 상황에 맞는 타격, 히트앤드런을 비롯해 정교함과 작전 수행 능력을 발휘하는 선수를 중용하는 스타일이었다. 김상호의 장타력은 매력 있었지만, 처음부터 끝까지 큰 스윙으로만 일관하며 삼진을 많이 당하는 타자이기에 백 감독이 보기에는 썩 내키지 않았다.

## 🎾 1990년 개막전, LG 선발투수 최일언과 OB 4번 타자 김상호의 맞대결

1990년은 서울 라이벌 두 팀에 매우 중요한 시기였다. MBC 청룡이 럭키금성그룹에 매각된 뒤 'LG 트윈스'로 간판을 바꿔 달고 치르는 첫 시즌이었다(프로야구단 LG의 성공으로 나중에 럭키금성그룹도 LG그룹으로 이름을 바꾸게 된다). 이광환 감독 체제 두 번째 시즌에 접어든 OB는 자율야구의 정착과 함께 분위기 전환이 필요했다.

그런 가운데 4월 8일 잠실야구장에서 OB-LG의 1990시즌 출발을 알리는 개막전이 열렸다. LG는 선발투수로 최일언을 내세웠고, OB는 김상호를 4번 타자에 포진시켰다. 올드팬들의 기억에 남아 있을 만한 게임. 그날의 라인업을 소환한다.

## 1990년 개막전 선발 라인업

### LG 트윈스

| 타순 | 포지션 | 이름 |
|---|---|---|
| 1 | 유격수 | 김재박 |
| 2 | 중견수 | 최훈재 |
| 3 | 지명타자 | 김영직 |
| 4 | 1루수 | 김상훈 |
| 5 | 우익수 | 노찬엽 |
| 6 | 좌익수 | 윤덕규 |
| 7 | 2루수 | 김동재 |
| 8 | 포수 | 심재원 |
| 9 | 3루수 | 민경삼 |
| P | 선발투수 | 최일언 |

### OB 베어스

| 타순 | 포지션 | 이름 |
|---|---|---|
| 1 | 3루수 | 양세종 |
| 2 | 중견수 | 김광림 |
| 3 | 우익수 | 최동창 |
| 4 | 좌익수 | 김상호 |
| 5 | 지명타자 | 신경식 |
| 6 | 1루수 | 김형석 |
| 7 | 유격수 | 이명수 |
| 8 | 2루수 | 김광수 |
| 9 | 포수 | 조범현 |
| P | 선발투수 | 장호연 |

여기서 김상호의 수비 위치가 중요하다. MBC 시절 자리였던 3루수가 아닌 좌익수였다. MBC에서 3루수로 뛰며 1988년 88경기에서 14실책, 1989년 109경기에서 23실책을 기록해 2년간 37개의 실책을 범한 김상호였다. 이광환 감독은 수비에 대한 부담을 줄여주면서 공격력 극대화를 위해 외야수로 변신시켰다.

"원래 저는 선린상고 2학년 때까지 포수를 봤어요. 그런데 갑자기 무릎 관절이 튀어나오고 시력이 떨어져 안경을 쓰게 되면서 포수를 보기 힘들었죠. 결국 3루수로 변신했어요. 그런데 프로에 들어와 송구 실책이 좀 많았죠. 요즘 말로 입스(실패에 대한 두려움으로 발생하는 각종 불안 증세)가 온 거죠. 순발력은 괜찮아서 공은 잘 잡는데 원바운드 송구를 많이 했어요. 몇 번 송구 실책을 하다 보니 심리적으로 불안했던 모양입니다. 그런데 OB에 갔더니 발이 빠르고 어깨가 강하다고 외야수로 전향하라고 하더라고요. 나중에 결과적으로는 잘됐지만, 처음엔 외야 수비도 쉽지 않더라고요. 쉬운 수비 포지션은 없어요. 하하."

김상호는 오랜만에 옛 기억을 떠올리며 웃음을 터뜨렸다.

다시 1990년 개막전으로 돌아가보자.

OB 선발투수는 또 '개막전의 사나이' 장호연. 1983년 데뷔 후 개막전에서는 한 번도 패하지 않았던 장호연은 1년 전 MBC 김기범의 완투에 밀려 처음 개막전 패전의 쓴맛을 본 터였다.

장호연의 출발은 좋지 않았다. 1회초 시작하자마자 선두타자 김재박을 볼넷으로 내보낸 뒤 도루까지 허용했다. 1사 후 김영직에게 좌전 적시타, 2사 후 노찬엽에게 좌중간 2루타를 맞고 2점을 먼저 내줬다.

반면 LG 선발투수 최일언은 1회말 삼자범퇴로 산뜻하게 시작했다. 2회말 선두타자는 맞트레이드 상대 김상호. 여기서 김상호는 볼넷을 얻어 나갔다. 이어 무사 1, 3루에서 김형석의 유격수 병살타 때 OB의 첫 득점이 나왔다.

최일언은 4회까지 1실점으로 던졌고, OB는 1-2로 끌려갔다.

5회말 OB 공격. 최일언은 갑자기 제구 난조를 보였다. 선두타자 이명수를 볼넷으로 내보낸 뒤 1루 견제구로 잡아냈지만 김광수에게 다시 볼넷을 허용했다. 2사 후 양세종에게도 볼넷. 여기서 김광림의 좌중간 적시타가 터지면서 2-2 균형을 맞췄다.

최일언은 5이닝 동안 84구로 2실점하고 마운드를 내려가면서 승패를 기록하지 못했다. OB는 LG 유종겸과 예병준을 상대로 6회말 4점, 7회말 1점을 추가해 결국 7-2로 승리했다. 장호연은 134개의 공을 던지며 9이닝 4안타 6볼넷 2실점으로 완투승을 올렸다. 전년도 MBC에게 당한 개막전 패배를 완벽히 설욕했다.

김상호는 4회 삼진, 5회 3루수 땅볼에 이어 7회 좌전안타를 때렸다. 곧바로 2루 도루에 성공해 1사 3루에서 김형석의 우익수 희생플라이 때 홈을 밟았다. 이날 OB 득점의 처음과 끝을 장식했다. 4타석 3타수 1안타 1볼넷 2득점. OB 팬들에게 기분 좋은 신고식을 했다.

최일언은 1990년 개막전 선발로 낙점될 만큼 백인천 감독이 신뢰했지만, 결국 팔꿈치 부상에서 이어진 어깨 통증으로 기대를 충족시키지 못했다. 그해 15경기에 등판해 48과 2/3이닝만 소화했다. 3승 2패, 평균자책점 4.62로 프로 데뷔 후 가장 저조한 성적을 찍고 말았다.

결국 1990시즌 후 LG에서 방출된 최일언은 1991년 김성근 감독이 부임한 삼성으로 이적해 2시즌만 활약한 뒤 은퇴했다. 만 31세 되던 해였으니 젊은 나이였다. 부상만 아니었다면 OB 베어스에서 더 오랫동안 팬들에게 즐거움을 안겨줬을지 모른다. 최일언은 OB를 떠났지만 팬들에게는 1980년대 중·후반 에이스로 많은 추억을 안겨준 이름이다.

## ⚾ 1995년 서울팀 최초 홈런왕 김상호⋯⋯
## OB 역사를 바꿔놓은 트레이드

김상호는 OB에서 야구 인생의 꽃을 피웠다. 120경기로 진행된 1990년, 완전히 주전 좌익수로 자리 잡고 처음으로 세 자릿수 안타(110)를 때렸다. 타율 0.275, 14홈런, 52타점으로 프로 데뷔 후 가장 좋은 성적을 올렸다.

그러나 1994년까지는 확실한 4번 타자로서는 어딘가 아쉬웠다. 그랬던 그가 1995년 마침내 잠재력을 폭발시켰다. 전 경기(126경기)에 출장해 타율은 0.272로 정교하지는 못했지만 25홈런과 101타점으로 홈런왕과 타점왕에 올랐다.

1995년 서울팀 선수 최초로 100타점을 넘기며 MVP를 수상한 김상호

구장이 큰 잠실야구장을 홈구장으로 사용하는 서울팀 선수로는 최초의 홈런왕. 한마디로 눈부신 시즌이었다. 여기에 서울팀 선수 최초로 100타점을 넘겼다. 그러면서 시즌 MVP까지 차지했다. 원년 박철순 이후 OB 선수로는 두 번째 시즌 MVP였다.

**두산(OB) 베어스-LG 트윈스(MBC 청룡) 트레이드사**

| 구분 | 날짜 | 두산(OB) 영입 선수 | LG(MBC) 영입 선수 | 트레이드 방식 |
|------|------|------------------|-----------------|--------------|
| 1 | 1985.1.16. | 이종도 | - | 현금 트레이드 |
| 2 | 1990.1.22. | 김상호 | 최일언 | 1대1 트레이드 |
| 3 | 1999.1.22. | - | 김상호, 류택현 | 현금 트레이드 |
| 4 | 2008.6.3. | 이성열, 최승환 | 이재영, 김용의 | 2대2 트레이드 |
| 5 | 2021.3.25. | 양석환, 남호 | 함덕주, 채지선 | 2대2 트레이드 |

# BEARS
# 38

## 시대를 앞서간 자율야구···
## 중도하차 '이광환 야구'가 남긴 것들

1990년 눈 덮인 산에서 훈련하는 OB 선수들

1990시즌을 앞두고 OB는 한겨울에 오대산에서 체력훈련을 했다. 1년 전 김성근 감독을 영입한 만년 하위팀 태평양이 혹한기에 오대산 얼음물에 들어가 극기훈련을 하면서 준플레이오프에 직행하는 기적을 썼는데, OB 역시 오대산에서 선수단의 정신력을 다잡는 훈련을 한 것이었다. 이광환 감독의 입지도 조금씩 좁아지고 있다는 것을 의미했다. 누가 봐도 이광환 감독의 훈련 방식과는 거리가 멀었다.

시대를 너무 앞서가는 바람에 실패한 이광환 감독의 자율야구와 그가 한국야구에 남긴 발자취를 따라가보자.

## 🎾 1990년 초반부터 연패의 늪…… KBO 최초 선수단 전원 삭발

1990년 개막전 상대는 LG 트윈스였다. MBC 청룡을 인수해 간판이 바뀐 잠실 라이벌. 4월 8일 개막전에서는 장호연이 완투승을 거

1990년 OB 베어스와 LG 트윈스의 개막전 현수막

둔 가운데 7-2로 승리했고, 2차전에서는 구동우를 선발로 내세워 5-4로 이겼다. 1년 전 개막 2연패의 아픔을 고스란히 갚아줬다.

그러나 기쁨도 잠시. 이후 4연패에 빠지며 하위권으로 처졌다. 4월 24일과 25일 롯데에 연패를 당하며 꼴찌로 내려앉았다. 5월 10일 태평양전부터 19일 빙그레전까지 7연패를 당했다. 5월말부터 잠실구장 앞에서는 감독 교체와 청문회를 요구하는 극성팬들의 시위가 이어졌다.

5월 30일 대구 삼성전에서 3-20으로 대패를 한 뒤 다시 연패의 늪으로 빠져들었다. OB 선수단은 경기가 없는 6월 3일 집단 삭발을 했다. 고참 신경식과 김형석이 주장 김광수에게 건의해 이뤄진 것이었다. 선수단 전원이 삭발한 것은 프로야구 출범 후 처음 있는 일이었다.

그러나 분위기 반전은 일어나지 않았다. 6월 5일 잠실구장에서 열린 삼성과 더블헤더 제2경기에서는 엎친 데 덮친 격으로 벤치 클리어링으로 양 팀 선수 6명이 퇴장당하는 불상사까지 발생했다.

OB 투수 김진규의 초구가 타자 강기웅 얼굴 쪽으로 날아든 뒤 2구째 투구가 옆구리를 강타하자 강기웅이 마운드로 달려갔다. 양 팀 선수단이 우르르 몰려나와 집단 난투극을 벌였다. 몇몇은 방망이까지 들었다. 그사이 삼성 박용준은 얼굴이 찢어졌고, 김동앙 주심은 싸움을 말리다 갈비뼈가 부러졌다. 삼성은 강기웅, 박정환, 김종갑, OB는 김진규, 조범현. 김태형 등 무려 6명이 퇴장당하는 초유의 사태가 터졌다. 주심이 병원에 실려 가면서 결국 3심제로 남은 경기를 소화할 수밖에 없었다. 이날 경기에서도 7-11로 졌다.

연패가 길어졌다. OB는 6월 18일 광주에서 열린 해태와 더블헤더 제1경기에서 패하면서 연패 숫자가 11까지 이어졌다(현 두산 베어스를 포함해 여전히 팀 최다 연패 기록으로 남아 있다).

더블헤더 제2경기. 플레잉코치 박철순이 팔을 걷어붙이고 선발투수로 마운드에 올랐다. 팀 마운드가 무너지자 2군에서 몸을 만들며 5월말에 1군에 올라왔지만, 박철순이 선발로만 예고되면 비가 오는 통에 일정이 꼬였다. 2주일 이상이 지나고서야 결국 마운드에 오를 수 있었다.

## ⚾ 창단 후 처음으로 감독 중도 퇴진······ 이광환 대신 이재우 감독 대행

박철순은 5회까지 안타 8개를 맞으면서도 버텨냈다. 6회초 연타를 맞고 강판했지만 5이닝 10안타 5탈삼진 2실점으로 역투했다. '불사조'의 투혼에 타선도 이날만큼은 1회초 김형석의 선제 3점 홈런 등으로 일찌감치 터지면서 6-3으로 승리해 11연패 탈출에 성공했다. 박철순은 1989년 6월 21일 빙그레전 이후 약 1년 만에 승리를 기록했다.

그러나 마냥 축하하고 기뻐할 수 없었다. 팀 분위기가 말이 아니었다. 결국 OB는 이 경기를 끝으로 이광환 감독을 퇴진시켰다. OB로서는 창단 후 처음으로 감독을 임기 도중 교체했다. 대신 이재우 2군 코치를 감독 대행으로 앉히면서 잔여 경기를 치르기로 했다.

이재우 감독 대행은 1960년대에 국가대표를 지낸 내야수 출신. 은퇴 후 미국으로 건너가 마이너리그에서 야구 연수를 하고 코치 생활을 한 뒤 1988년 11월부터 OB 1, 2군 총괄 인스트럭터를 맡았다. OB는 그러나 이재우 감독 대행 체제에서도 7월에 다시 한번 11연패를 하고 말았다.

## ⚾ 시대를 앞서나간 자율야구······ OB와 한국야구에 남긴 시스템

OB는 1990년 35승 5무 80패(승률 0.313)로 팀 창단 후 처음 꼴찌를 경험했다. 미국에서 배운 자율야구를 KBO리그에 이식하려고 한 이광환 감독의 시도는 뿌리를 내리는 데 실패했다. OB 베어스는 자율야구와 선진 야구 시스템을 가장 먼저 열어젖힐 기회를 잡았지만 열매를 따지 못했다.

그러나 KBO리그 역사상 최초의 실험 무대였다는 점에서는 의미가 있었다. 돌아보면 이광환 감독의 야구 철학과 방향이 잘못된 것은 아니었다. 몇 년 후 자율야구가 결국 LG에서 꽃을 피웠고, 그가 주창했던 것들을 훗날 다른 구단에서 모두 따라 했기 때문이다. 어쩌면 그는 너무 시대를 앞서나간 선구자였다.

당시 한국야구는 선발 로테이션이나 마운드 분업화 개념 자체가 없었던 시절이다. 선발 예고제도 당연히 없었다. 이광환 감독이 혼자서라도 선발 예고를 시행하려 하자 구단이나 선수단 내부에서도 "상대팀은 선발투수를 감추는데 왜 우리만 전력을 미리 노출하려고 하느냐"며 불만이 터져 나오기도 했다.

당시 OB 프런트에서 근무했던 구경백 일구회 사무총장은 이광환 감독의 자율야구에 대해 이렇게 얘기했다.

"한국야구는 물론 OB 선수들, 코치들, 프런트 모두 자율야구를 받아들일 준비가 전혀 돼 있지 않았던 시기였어요. 스프링캠프 때 녹초가 될 때까지 훈련을 하던 선수들이니만큼 짧은 시간으로 훈련을 끝내니까 적응을 못 했죠. 대부분의 선수들이 '이렇게 훈련을 안 해도 되나'라고 생각할 정도였으니까요. 솔직히 OB 선수단 구성이나 전력 면에서 매우 약했던 것도 이광환 감독의 자율야구가 뿌리

내리지 못한 이유 중 하나였어요. 나중에 자율야구가 LG에서 성공한 것도 선수층과 전력이 좋았기 때문이라고 봐요. OB는 당시 타선도 약했지만 마운드도 선발, 중간, 마무리로 나눌 자원 자체가 빈약했어요."

이광환 감독은 OB 베어스에서 통산 69승 4무 93패를 기록한 뒤 유니폼을 벗었다. 그러나 좋은 성적을 남기지는 못했지만 선진 야구 시스템을 만들어준 부분에서는 평가를 할 만하다.

야구장에 최초로 라커룸과 샤워실, 실내훈련장을 만든 팀이 OB였다. 경기 후 유니폼과 훈련복 등을 선수가 집으로 가져가 빨래를 하던 시절, 처음으로 세탁실을 만들고 구단에서 대신 빨래를 해주도록 한 것도 OB였다. 모두 이 감독이 세인트루이스 카디널스 연수 시절 보고 배워 온 것들이었다. OB 구단은 이런 부분에서 전적으로 이 감독의 요구를 들어줬다.

훈련 매뉴얼은 물론 경기 전 식사 매뉴얼도 당시로서는 생소했지만 메이저리그에서는 이미 일반화된 것들이었다. 이 감독은 선수들에게 경기 전에는 식사 대신 수프와 바나나 등으로 가볍게 허기를 달래고 경기를 한 뒤 식사를 하도록 유도했다.

구 사무총장은 이에 대해 이렇게 설명하면서 웃음을 터뜨렸다.

"운동선수라면 배불리 먹어야 힘을 쓴다고 믿던 시절 아닙니까. 그런데 바나나 정도로 요기를 하고 경기를 하라고 하니 따르는 선수가 얼마나 되겠어요. 양푼에다 고추장 넣고 비빔밥을 한가득 비벼

먹고 나서야 경기에 들어갔던 선수들인데 그 말이 귀에 들어왔겠습니까. 감독 앞에서는 과일만 먹는 척하다가 따로 야구장 밖으로 나가는 선수들이 있었죠. 중국집에 짬뽕 곱빼기를 배달시켜 몰래 쭈그리고 앉아서 한 그릇씩 비우고 경기를 시작하는 선수가 많았어요."

## 🎾 실패한 모험 이진 1차 지명……
## 1990년대 더딘 세대교체의 상징

34장에서 1989년 1차 지명 투수 이진 얘기를 꺼낸 것은 그가 1980년대 후반과 1990년대 초반을 기억하는 베어스 올드팬들에게 애증이 교차하는 상징적 선수이기 때문이다.

이진은 1989년 첫해에는 39경기에 나서 97이닝을 던지며 7승 4패 2세이브, 평균자책점 4.27을 기록했다. 7승 중 4구원승이 포함돼 있기는 하지만 신인치고는 나름대로 준수한 성적을 올렸다.

그러나 그것이 최고 성적이었다. 1990년부터 존재감을 전혀 키우지 못했다. 21경기(38과 1/3이닝)에서 단 1승(4패)에 그치면서 평균자책점 5.40을 기록했다. 1992년 12경기(30과 1/3이닝)에 등판해 2승 무패 평균자책점 4.45의 성적을 올렸다. 그리고 1993년에는 1승도 올리지 못한 채 10경기(18과 2/3이닝)에서 0승 2패 평균자책점 10.13을 기록한 뒤 유니폼을 벗었다.

이진은 통산 10승 10패, 평균자책점 5.13의 성적을 남겼다. 중간에 방위 복무를 하면서 홈경기 때 가끔씩 마운드에 오르기는 했지만 기대에 미치지 못했다. 무엇보다 타고난 재능을 살리지 못하면서 너무나 짧게 선수 생활을 마무리한 점이 아쉬웠다. 부상이 있었던 것도 아니었다.

1989년 훈련 보조원으로 입단해 훗날 베어스 에이스로 성장한 '배트맨' 김상진(현 퓨처스 투수코치)은 이진에 대해 이렇게 기억하고 있다.

"진이 형은 같은 투수로서 봐도 너무나 매력적인 투수였어요. 시속 140km만 나와도 강속구라고 했던 시절인데 140km 중반대를 쉽게 던지고, 빠른 공은 147~148km까지 나왔어요. 그 시절 흔히 볼 수 없는 좌완 파이어볼러였죠. 다만 프로에 와서 기대만큼 성공하지 못한 점이 아쉬워요. 실패한 스카우트라는 말도 있지만, 좌완으로 그 정도 구속의 공을 던지는 투수를 누가 스카우트하지 않겠습니까. 스카우트 실패는 아니라고 봐요. 육성에 실패한 것이라고 봐야겠죠."

1989년 입단 이후 이진을 지켜본 장호연 역시 비슷한 이야기를 했다.

"정말 좋은 재능을 가진 왼손투수였어요. 샤프하게 던졌죠. 힘으로 던지는 스타일도 아니고, 쉽게 쉽게 던지는데 140km 중후반 구속이 나왔거든요. 제구 문제가 있었는데 요즘처럼 체계적으로 유망주를 가르치는 시스템이었다면 완전히 다른 투수가 됐을 수도 있어

이진의 투구 모습

요. 야구에 집중하고 재미를 붙이게 해줬더라면 LG 이상훈보다 먼저 KBO리그에서 150km를 던지는 특급 좌완투수가 됐을지도 모릅니다."

이진은 야구를 제대로 해보지도 못한 채 5시즌 만에 글러브를 내려놓았다. 이런 점에서 보면 1989년 1차 지명에서 OB가 이진을 선택한 것은 결과적으로 실패한 모험으로 끝났다고 평가할 수 있다. OB가 포기한 김기범은 1999년까지 LG 마운드의 선발과 구원의 한

축을 차지하며 11년간 활약했다는 점에서 더욱 그렇다.

OB는 이진과 같은 해 김동현과 구동우를 1차 지명했다. 이들은 암흑기에 10승 언저리의 성적을 올려주며 나름대로 기대주로서 OB 팬들에게 좋은 추억을 선사하기도 했지만, 각각 1993년과 1994년 은퇴를 하면서 역시 단명했다.

OB 베어스 마운드의 세대교체는 더디게 흘러갔다. 원년 우승을 이끌었던 멤버들이 하나둘씩 은퇴하는 시점이었고, 에이스급으로 도약할 새로운 투수의 출현이 필요한 시기였다. 그러나 뜻대로 되지 않았다. 그러면서 1990년대 초반까지 이어진 암흑기를 속절없이 맞이해야만 했다.

그 시기를 돌이켜볼 때, 여전히 가장 먼저 떠오르는 안타까운 이름은 이진이다. 팬들의 기대가 너무나 컸던 만큼 여전히 아픈 손가락으로 기억되고 있는 인물이다. 이진부터 시작된 OB 베어스의 '좌완투수'에 대한 갈증은 훗날 이혜천 시대에 가서야 어느 정도 해소된다.

# 배팅볼 투수에서 '배트맨'으로…
# 만화처럼 등장한 김상진

배팅볼 투수 출신으로 통산 122승을 올린 김상진

고졸 2년생 투수 김상진이 자신의 프로 데뷔 첫 승을 완봉승으로 장식하며 팀을 꼴찌에서 구해냈다. OB는 23일 잠실서 벌어진 프로야구 쌍방울과의 경기서 김상진의 호투와 김광림의 2타점 적시타에 힘입어 3-0으로 승리했다. 지난해 프로야구에 입문한 김상진은 낙차 큰 커브와 슈트\*를 섞어 뿌리며 단 3안타 1포볼로 역투, 승리를 거뒀고 OB는 6회 말 2사 후 터진 김광림의 결승타로 탈꼴찌에 성공했다.

_1991년 5월 24일자 〈조선일보〉

암흑기의 우울한 나날이 이어지던 1991년, OB 베어스 팬들의 답답한 가슴을 시원하게 뚫어준 투수 한 명이 혜성처럼 등장했다.

1989년 마산 청강고(현 마산제일고) 졸업 후 불러주는 팀이 없어 배팅볼 투수로 OB 베어스에 입단했다가 1년 후 신인 드래프트 2차 지명을 받고 정식 선수가 된 김상진이었다.

OB 베어스의 암흑기에 나타나 팬들의 심장을 다시 뛰게 만든 전

---

\* 역회전볼.

설의 투수 '배트맨' 김상진. 그는 1990년대를 기억하는 베어스 올드 팬들에게는 자존심의 이름이자, 박철순 이후 명맥이 끊겼던 우완 정통파 에이스 계보를 이어준 고마운 존재였다. 만화 주인공처럼 우리 곁에 나타난 김상진의 기막힌 사연을 소개한다.

## ⚾ 1990년 OB 2차 3라운드 지명····· 낯선 이름 김상진

김상진의 투구 모습

"OB 베어스 지명하겠습니다. 마산 청강고 투수 김상진!"

모두들 웅성웅성했다. OB 베어스가 1990년 신인 드래프트 2차 지명 3라운드에서 '김상진'이라는 투수를 호명하자 장내는 술렁였다.

"김상진이 누구야?"

아마추어 무대에서 제대로 던지는 모습도 본 적 없는 김상진이라는 이름도 낯설었지만, 웬만한 야구인들에게도 익숙하지 않은 이름의 학교인 마산 청강고 출신. OB가 무명의 투수를 3라운드에 지명하자 모두들 고개를 갸웃거릴 수밖에 없었다.

김상진은 1990년 신인 드래프트에서 지명됐지만, 사실은 한 해 앞서 1989년 2월에 마산 청강고를 졸업했다. 그러나 어떤 구단도 그를 거들떠보지 않았다. 아니, 관심을 가질 수조차 없었다.

그도 그럴 게 마산 청강고는 1985년 개교한 학교로 1986년 교기로 야구부를 창단했다. 창단 후 3개월 만인 8월에 제16회 봉황대기 전국고교야구대회에 참가해 이틀에 걸쳐 보성고와 연장 13회 혈투를 벌이면서 기적 같은 1승을 올리기도 했지만, 그것이 끝이었다. 야구부가 해체될 때까지 청강고가 전국 무대에서 거둔 승리는 이 1승이 전부였다.

그나마 부산고를 다니다 2학년 때 전학 온 서정용이 1988년 롯데에 고졸 연습생으로 입단해 1989년까지 8승을 올리며 신데렐라로 떠오른 덕분에 학교 이름이 어렴풋이 알려지기는 했지만, 야구로만 보면 변방 중의 변방이었다. 게다가 김상진이 1989년 졸업한 뒤 청강고 야구부는 짧은 역사를 뒤로하고 해체됐다.

김상진 또한 고교 시절 이렇다 할 활약을 하지 못했다. 보여준 게 전혀 없었다. 그런데 졸업 1년 뒤에 2차 지명을 받았으니 스카우트들의 눈과 귀에 그의 이름 석 자는 낯설 수밖에 없었다.

## 키 160㎝도 안 되는 꼬마······ 중2에 뒤늦게 야구 입문

김상진은 훗날 KBO리그 개인 통산 122승을 올린 대투수가 됐지만, 야구에 입문하기까지 과정이나 정식 프로야구 선수가 된 과정은 그야말로 우여곡절로 점철됐다. 만화 같은 야구 인생이었다.

마산 월포초등학교에 다니던 꼬마는 어릴 때부터 마산 바닷가에서 동네야구를 하고 돌팔매질을 하면서 '야구선수가 되고 싶다'는 꿈을 키웠다. 그러나 야구부에 들어갈 수 없었다. 키가 작았기 때문이다. 중학교 때도 키가 160cm가 안 됐다. 초등학교 입학 때부터 중학교 시절까지 늘 교실 맨 앞자리를 차지했다.

꼬마는 마산동중에 입학한 뒤에도 틈만 나면 야구부 주변을 맴돌았다. 그럴 때마다 야구부 감독이나 선배들은 "저리 가라", "공부나 해라"라며 얼씬도 못 하게 했다.

그럼에도 김상진은 중학교 2학년에 올라가서도 꿈을 포기하지 않았다. 남들은 초등학교 저학년부터 야구를 시작했다. 중학교 2학년이면 이미 고등학교 야구부의 스카우트 얘기가 오갈 시점. 야구를 하기에는 너무나 늦었다. 그러나 김상진은 "제발 야구 시켜달라"며 부모님을 계속 졸랐다.

자식 이기는 부모는 없다고 한다. 아버지는 아들이 자신의 작은 키를 유전적으로 물려받아 야구선수로 성공하기 힘들다고 판단해 계속 반대를 했지만, 결국 아들의 고집을 꺾을 수 없었다.

김상진은 중학교 2학년 11월에 마침내 야구선수가 되는 꿈을 이뤘다. 그러나 어깨 하나는 강했지만 체격이 작고 야구선수로서 기본기가 전혀 없으니 3학년이 되고서도 경기에 출전하지 못했다. 당시에는 투수가 아닌 내야수였다.


## ⚾ 마산상고 입학식 날 퇴짜, 창단팀 청강고로 전학

중학교 3학년 11월, 진학이 예정된 마산상고(현 용마고)에 가서 훈련을 시작했다. 체격이나 실력만 놓고 보면 야구부가 있는 고등학교 진학은 어려웠다. 아버지가 다니던 회사의 상무가 마산상고 후원회에서 한자리를 차지하고 있어 다리를 놓아준 덕분에 가까스로 마산상고로 진학할 수 있었다. 그러나 키 작은 김상진은 거기서도 눈에 띌 리 없었다.

1986년 3월, 마산상고 입학식 날 첫 훈련을 진행했다. 그런데 훈련이 끝나자마자 야구부장이 김상진을 조용히 불렀다.

"교실로 들어가라."

한마디로 입학 첫날에 야구선수로서 퇴짜를 맞은 것이었다.

"야구부에서 잘렸다고 집에 얘기할 수도 없었죠. 일주일 동안 학교 가는 것처럼 거짓말을 하고 집을 나섰어요. 그러고는 훈련을 하고 땀이 난 것처럼 일부러 유니폼에 물을 뿌리고 흙을 묻혀서 저녁에 집에 들어가곤 했죠. 사실상 야구한 지 1년 만에 잘렸으니……."

현재 두산 퓨처스 코치로 있는 김상진은 그 시절을 돌아보며 웃음을 터뜨렸다.

"그즈음 마산 청강고가 야구부를 창단한다는 소식을 들었어요. 경남대에서 훈련한다는 소문이 있더라고요. 그래서 무작정 경남대로 찾아가서 청강고 감독님을 만났어요. 당돌하게도 이러저러해서 마산상고에서 잘렸는데 청강고 야구부에 들어가고 싶다고 했죠. 야구를 그만두게 됐는데 물불 가릴 수 없잖아요. 감독님이 '아버지 모시고 오라'고 하더라고요. 마산상고는 실업계 학교고, 청강고는 마산제일여고와 같은 재단으로 인문계 학교라 전학이 쉽지는 않았어요. 아버지 모시고 가서 어렵게 전학이 성사되면서 다시 야구를 할 수 있게 됐죠."

김상진은 주로 2루수를 보면서 3루수 훈련도 병행했다. 그러나 내야수로서 기본기가 부족하니 주전으로 도약하지 못했다. 그 와중에 앞서 설명한 대로 청강고는 봉황대기에서 1승을 올리는 파란을 일으켰다. 그렇지만 1학년 김상진은 출전할 수 없었다.

2학년에 올라갈 무렵, 그렇게 자라지 않던 키가 갑자기 크기 시작했다. 1년 사이에 무려 18cm나 컸다. 180cm를 넘었다. 동시에 성장

통으로 극심한 허리 통증이 찾아왔다. 거동도 하기 힘들었다.

"6개월간 집에서 먹고 자기만 했어요. 제대로 일어서지를 못했으니까 야구선수로 끝난 줄 알았죠. 허리에 좋다는 약이란 약은 다 먹었어요. 어느 순간 허리가 나아지기 시작하더라고요. 학교에 갔더니 저보다 컸던 친구들이 죄다 저보다 작았을 정도로 제 키가 저도 모르는 사이에 엄청나게 자랐어요."

문제는 그사이 전학 온 선수가 2루수 자리를 차지하고 있었다는 점이다. 그나마 비벼볼 포지션도 사라졌다. 어깨 하나 좋은 것 빼고는 내세울 게 없었던 김상진은 결국 2학년 말에 투수로 전향했다. 그런데 이것이 그의 인생 항로에서 중요한 터닝포인트가 됐다.

3학년이 됐지만 청강고도, 김상진도 앞날이 불투명했다. 당시 입시제도로는 팀이 전국대회 4강에 들어야만 대학에 진학할 수 있었다. 약체 청강고 전력으로는 불가능한 일이었다. 유일하게 모든 학교에 출전권이 주어지는 봉황대기에 참가했지만 역시나 1회전 탈락이었다. 눈에 띄지 않으니 연고 구단인 롯데 자이언츠 입단은 물론 대학 입학도 언감생심이었다.

## ⚾ 연습생도 아닌 '배팅볼 투수'로 OB에 들어가다

"이 친구 어깨 하나는 괜찮습니다. 배팅볼은 잘 던질 겁니다."

1989년 2월, 고등학교 졸업은 했지만 갈 곳이 없었다. 희망 없이 하루하루를 보내고 있었던 그 시간, 창원에 2군 훈련장을 지어놓은 OB 베어스 선수단이 이곳에 전지훈련을 왔다. 이광환 감독의 인솔 하에 꿈 같은 존재인 프로선수들이 훈련을 하고 있었다.

당시 청강고 이명섭 코치가 OB 베어스 강남규 스카우트 담당 부장을 찾아갔다. 그러고는 김상진을 배팅볼 투수로라도 써달라고 부탁했다.

테스트를 해보니 어깨가 싱싱했다. 공에 힘도 있었다.

연봉 300만 원의 조건. 김상진은 배팅볼 투수로 OB 구단에 취직했다. 여기서 중요한 대목이 있다. 김상진의 신분은 '연습생(현 육성선수)'이 아닌 '배팅볼 투수'라는 점이었다.

연습생은 2군에서 훈련을 하고 실전 경기에도 뛰게 된다. 현재의 기량은 미흡하지만, 잠재력이 있다는 판단 아래 미래 전력으로 보고 한번 키워보겠다는 의도로 구단이 영입하는 것이다. 1989년 순천상고를 졸업한 뒤 연습생으로 태평양에 입단한 조웅천(현 SSG 투수코치)이 그런 케이스였다. 조웅천은 1990년 정식으로 신인 2차 지명을 받고 태평양에 입단했다.

그러나 김상진은 달랐다. 1군을 따라다니고, 원정 시 호텔 생활을 한다는 점에서는 2군보다 나을지 몰라도 그에게 주어진 임무는 한정적이었다. 경기 전 1군 선수들에게 배팅볼을 던져주며 훈련을 도와주는 역할이었다. 한마디로 구단에서는 선수로 보지 않는다는 의미였다.

그러나 김상진은 여기서도 희망을 놓지 않았다. 홀로 서울로 올

라와 생활해야 하는 상황이라 의정부에 있는 삼촌 집과 상계동 큰
이모 집을 오가며 신세를 졌다. 그는 가장 먼저 잠실야구장에 나오
고, 가장 늦게 퇴근했다. 누구도 훈련을 시켜주지 않았고, 누구도 공
을 받아주는 사람이 없었다. 그래서 1군 선수들이 훈련하기 전 실내
훈련장 그물에 대고 혼자 공을 던졌고, 모두가 퇴근한 다음에도 혼
자 운동장을 달렸다.

 "이런 상황에서 '내가 과연 선수가 될 수 있을까'라고 고민도 많
이 했죠. 그래도 제가 좋아서 시작한 야구인데 포기하긴 싫었어요.
요즘은 학교 폭력이 큰 문제가 되지만 제 학창 시절만 해도 운동선
수들은 밥 먹듯 맞았잖아요. 그렇게 맞고도 저는 단 한 번도 야구하
기 싫다는 생각을 한 적이 없거든요. 그 정도로 야구가 좋았어요. 배
팅볼 투수라는 신분이어서 앞이 안 보이는 상황이었지만, 제 나름대
로는 꼭 프로야구 선수가 되겠다고 막연히 꿈을 꿨어요. 마운드에서
던지는 OB 선배 투수들을 보면서 '저 마운드에 서고 싶다'는 생각
을 했고, 정식 선수로 번호가 달린 유니폼을 입은 선배 선수들을 보
면서 '저 유니폼 꼭 입고 싶다'는 생각을 계속했어요. 그래서 끝까지
포기하지 않고 혼자 벽을 보고 공을 던졌죠."

 OB는 1989년 포스트시즌 탈락이 확정됐다. 시즌 말미로 접어든
어느 날, 투수코치가 불펜으로 김상진을 데려가 "공 한번 던져보라"
고 했다. 타자 입맛에 맞게 던져주는 배팅볼이 아니라 투수처럼 불
펜 마운드에 서서 던지는 것이었다.

1989년 마산 청강고를 졸업한 뒤 불러주는 팀이 없어 OB에 배팅볼 투수로 들어온 별 볼 일 없던 투수. 누구도 거들떠보지 않았지만 결국은 주머니 속의 송곳처럼 튀어나왔다.

한 시즌 내내 김상진의 배팅볼을 지켜본 코치들이나 선수들이 그의 가능성을 인정했고, OB 구단도 투수로 한번 키워볼 만하다고 판단하기에 이르렀다. 어쩌면 이것은 1980년대 후반부터 1990년대 초반까지 이어진 암흑기에서 OB 베어스 구단이 가장 잘한 결정이었는지 모른다. 1990년대 김상진 없는 OB 마운드를 상상해본다면 더욱 그렇다.

## ⚾ "정식 선수로 2차 지명할 테니까 기다리고 있어"

앞서 37장에서 설명했듯이, 1990년 1차 지명은 구단별로 2명씩 선택할 수 있었는데, OB는 1989년 11월 3일 KBO에서 열린 '1990년 서울 지역 신인 드래프트'에서 서울고-한양대 출신의 내야수 '헐렝이' 임형석과 동대문상고 출신 초고교급 투수 김경원(중앙대 진학 후 1993년 입단)을 뽑았다.

당시 지명제도는 여느 해와는 조금 달랐다. 쌍방울 레이더스가 KBO 8번째 구단으로 창단되자 1차 지명과 2차 지명 사이에 10명을 특별우선지명 하도록 배려했기 때문이다. 이어 2차 지명은 전년도(1989년) 성적 역순으로 최하위 롯데가 1라운드에서 2명을 뽑았고, 나머지 팀은 1명씩 선택할 수 있었다. 10명의 특별우선지명권을 받은 쌍방울이 가장 늦은 8순위로 배정됐다.

그리고 1989년 11월 28일, '1990년 신인 드래프트 2차 지명 회의'가 개최됐다. 1989년에 7개 팀 중 5위를 차지한 OB는 3번째 순서를 기다렸다. 1라운드에서 서준룡(광주상고-성균관대 투수)을 선택한 뒤 2라운드 조정수(광주일고-동국대 투수), 3라운드 김상진(마산 청강고 투수), 4라운드 한형탁(포철공고 투수), 5라운드 김만조(마산상고 중퇴 투수), 6라운드 강형석(휘문고-건국대 외야수)을 호명했다

김상진은 2차 지명에 앞서 구단으로부터 자신을 지명할 것이라는 언질을 미리 받았다고 한다.

"구단에서 2차 지명 전에 '너 지명할 거다'라고 얘기를 해주셨어요. 중학교 3학년 올라가기 직전에 야구를 시작했으니 고등학교까지 야구 한 지는 4년밖에 안 된 놈인데 제가 좋아한 프로야구 선수가 됐다는 것, 그것도 정식으로 지명을 받는다는 게 꿈만 같았어요. 지명을 받고 신인 계약을 하기 위해 당시 OB 구단 사무실이 있는 종로5가로 가는데, 믿기지 않더라고요. 그때 기분은 정말 세상을 다 가진 기분이었어요."

김상진은 계약서를 쓴 뒤 계약금 800만 원을 수표로 받았다. 떨렸다. 옆에 있던 구경백 1군 총괄 매니저에게 "저희 어머니한테 전화 한 통 해주세요"라고 부탁했다.

"어머니, 축하드립니다. 아드님이 정식 선수로 계약했어요. 상진이가 정식으로 프로야구 선수가 됐어요."

창원에서 전화를 받은 어머니는 그 자리에서 울고 말았다. 목이 메어 말이 나오지 않는지 "고맙습니데이, 감사합니데이"만 연발하며 흐느꼈다.

김상진은 곧바로 은행으로 직행했다. 부모님의 반대를 뚫고 시작한 야구. 그는 계약금을 모두 부모님께 드리면서 감사 인사를 대신했다.

그렇다면 OB는 왜 김상진을 2차 지명했을까. 육성선수로 등록한 뒤 가능성을 보이면 정식 선수로 계약하는 요즘 제도로 보면 이해하기 힘들다. OB가 배팅볼 투수 김상진을 서둘러 지명한 데는 이유가 있었다.

그 이유를 알기 위해서는 당시 KBO 제도를 이해할 필요가 있다. 그때도 물론 각 구단이 신인 드래프트에서 지명받지 못한 선수를 놓고 연습생으로 영입해 정식 선수로 전환할 수 있었다. 그러나 이는 어디까지나 연고 지역 내 고교 출신 선수에 한해서였다. 다른 구단 연고지 출신 선수는 반드시 신인 드래프트에서 지명을 한 뒤 계약해야만 정식 선수로 등록할 수 있었다.

김상진은 마산 청강고 출신. 롯데 자이언츠 연고 지역 내에 있는 선수였다. 당시에는 구단마다 대졸 선수가 즉시전력감이 되던 시절이라 고졸 선수에게는 큰 관심을 두지 않았다. 특히 다른 구단의 배팅볼 투수라면 말할 것도 없다. 그렇더라도 만약 롯데가 신인 드래프트 전에 "우리가 연습생으로 데려가 키우다 정식 선수로 등록하겠다"고 하면 OB로서는 속절없이 김상진을 내줄 수밖에 없는 일이었다.

1989년 졸업 후 OB에 배팅볼 투수로 들어간 김상진은 매일 경기 전 마운드에 올라 강한 어깨를 뽐내며 싱싱한 배팅볼을 던졌다. 그런데 유독 롯데전을 앞두고는 배팅볼 투수로 나서지 않았다.

"원래 홈경기뿐만 아니라 원정경기에도 1군을 따라다니면서 배팅볼을 던졌는데, 구단에서 롯데 경기 때는 저한테 배팅볼 던지지 말라고 하시더라고요. 롯데가 잠실에 경기하러 올 때나 OB가 사직 구장 갈 때는 배팅볼을 던지지 않고 심부름을 하거나 훈련 보조 등 잡무만 봤어요."

김상진의 이야기다.

그럴 만한 이유는 있었다. 롯데에는 마산 청강고 출신 1년 선배 서정용이 있었다. 1988년 롯데에 연습생으로 들어가 1988년 3승 3패, 1989년 5완투 포함 5승 5패 평균자책점 2.57을 기록하며 쏠쏠한 활약을 했다. 김상진이 롯데전에 앞서 배팅볼을 던지면 그의 존재를 알 수 있는 인물이었다.

결국 OB는 1990년 신인 2차 지명 3라운드 차례에서 무명의 김상진을 지명했고, 배팅볼 투수에게 관심이 없던 다른 구단 관계자들은 "김상진이 누구냐"며 술렁거릴 수밖에 없었다.

김상진은 마침내 꿈에 그리던 정식 선수 유니폼을 입었다. 등번호 61번. 당시만 해도 언제 방출될지 모르는 이름 없는 선수가 다는 번호쯤으로 여겨졌다.

그가 61번을 달게 된 이유는 간단했다. 선수가 선택할 수 있는 번

특유의 안경 모양으로 '배트맨'이라는 별명이 붙었던 등번호 61번 김상진

호 중 가장 빠른 번호였기 때문이다. 별 볼 일 없던 61번은 훗날 OB
베어스 에이스로 도약한 김상진으로 인해 우리에게 먼저 친숙해졌
고, '코리안 특급' 박찬호가 달면서 투수들이 선망하는 번호로 탈바
꿈하게 된다.

　당시 61번 앞에 54번도 비어 있긴 했다. 그러나 54번은 달 수 없
는 번호였다. 1986년 세상을 떠난 국가대표 포수 출신 고 김영신의

번호로 OB에서는 누구도 54번을 달지 않았다. 아픔을 간직하고 있는 이 번호는 다소 다른 이유로 베어스뿐만 아니라 KBO 최초의 영구결번으로 기록됐다.

# BEARS
# 40

## '배트맨' 김상진, 8완봉 전설
## 그리고 이상훈과 맞대결

1990년대 OB 팬들의 희망이자 자존심의 이름으로 불렸던 김상진

"OB 꼴찌~! OB 꼴찌~!"

"LG 바보~! LG 바보~!"

OB 베어스와 LG 트윈스가 잠실구장에서 맞붙을 때면 양 팀 팬들은 1루와 3루 관중석에 나눠 앉아 기 싸움을 하듯 열띤 응원전을 펼쳤다.

LG 팬들이 콧노래처럼 "OB 꼴찌"를 외치면, OB 팬들은 악다구니를 쓰면서 "LG 바보"로 되받아쳤다. 다소 유치하지만 1990년대 초반에는 이 같은 육성 응원전이 야구장의 열기를 뜨겁게 달궜다.

그러나 상처를 받는 쪽은 주로 OB 팬들이었다. 속이 부글부글 끓어도, 화가 머리끝까지 치밀어도, OB가 꼴찌인 건 부인할 수 없는 팩트였으니 말이다.

LG는 1990년 MBC 청룡을 인수하자마자 단숨에 우승한 반면, OB 베어스는 원년 우승팀이라는 타이틀이 퇴색하기 시작했다. 1980년대 후반부터 이어진 암흑기가 생각보다 오래갔다. LG가 우승하던 1990년에 구단 역사상 처음으로 최하위로 주저앉았고, 이듬해인 1991년에는 신생팀으로 1군 리그에 처음 참가한 쌍방울 레이더스에도 밀려 2년 연속 꼴찌를 하고 말았다.

이런 암울한 상황에서 구세주처럼 나타난 주인공이 있으니, 바로 '배트맨' 김상진이다. 박철순 이후 실로 오랜만에 구위로 상대를 압도하는 에이스. 움츠러들었던 OB 팬들은 다시 기를 폈다. 김상진이 등판하는 날이면 입장권을 구하려고 잠실야구장 앞에 장사진을 이뤘고, 미처 표를 구하지 못한 OB 팬들은 TV 앞에 옹기종기 모여 앉아 "오늘 선발이 김상진이야. 그래, 한번 해보자"며 주먹을 불끈 쥐었다.

40장에서는 앞 장에 이어 OB 베어스 암흑기에 만화 주인공처럼 우리 곁에 나타난 '배트맨' 김상진에 대해 이야기하고자 한다. 1989년 배팅볼 투수로 입단한 무명의 투수는 절망감에 빠져 있던 OB 팬들에게 희망의 상징이자 자존심의 이름으로 떠올랐다.

## ⚾ "직구 좋은데 왜 자꾸 너클볼을 던져?"

1990년 스프링캠프가 열렸다. 창원에서 1군과 2군이 모두 소집돼 청백전을 치렀다. 배팅볼 투수에서 정식 선수로 신분이 바뀐 김상진도 호출됐다.

김상진으로서는 첫 연습경기. 뭐든지 보여줄 수 있는 건 다 보여주고 싶었던 그 시절, 스스로 익힌 너클볼까지 던졌다. 1이닝 동안 삼진 2개를 잡으며 무실점으로 역투했다.

나름대로 눈도장은 받았으리라 생각했다. 그런데 그날 경기에서 공을 받아줬던 신인 포수가 따로 찾아와서는 김상진에게 한마디를 했다.

"넌 직구 좋은데 왜 자꾸 너클볼을 던지냐?"

이 포수는 훗날 두산 베어스 감독 자리에 오르는 인물, 바로 김태형이었다.

신인 김상진(오른쪽)에게 값진 조언을 해준 포수 김태형

"어린 선수가 벌써부터 너클볼 던지면 직구가 죽어. 지금 직구에 힘이 있고 회전도 좋으니까 그냥 자신 있게 던져. 너클볼은 나중에 나이 들고 던져도 돼."

김태형 역시 1990년 OB 베어스에 입단한 신인. 그러나 그해 지명을 받은 건 아니었다. OB가 이미 1988년 신인 드래프트 2차 지명 4라운드에서 지명했다.

사연이 있다. 김태형은 신일고 졸업반 때 경희대로 진학하기로 돼 있었으나, 대한야구협회의 행정 착오로 입학이 불허되는 황당한 일을 겪으면서 2년제 인천전문대로 진학했다. 인천전문대 졸업반 때 OB가 지명했지만, 김태형은 단국대에 편입해 88서울올림픽 국가대표 포수로 활약한 뒤 1990년에 OB 유니폼을 입었다.

김상진은 당시 김태형의 한마디에 큰 힘을 얻었다고 한다.

"첫 등판에 정신이 없었어요. 너클볼도 보여줘서 코칭스태프 눈에 들고 싶었죠. 경기 후 저한테 그날 투구에 대해 누구도 얘기를 하지 않았어요. 그런데 선배님이 저를 따로 불러서 직구가 좋다고 칭찬을 하시더라고요. 저야 배팅볼 투수에서 갓 정식 선수가 된 햇병아리였잖습니까. 국가대표 출신으로 아마추어 시절부터 명성이 대단했던 선배 포수의 한마디에 엄청난 자신감이 생겼어요. 제 직구를 믿게 됐죠."

김상진은 1990년 2군에서 본격적인 담금질에 들어갔다. 중학교 2학년 말에 야구선수가 됐고, 투수는 고등학교 2학년 말에 시작했다. 뒤늦게 투수가 된 만큼 기본기부터 다시 시작했다.

"정말 어렵게 정식 선수가 됐잖습니까. 이천 OB맥주 공장 옆에 있는 일반사원 기숙사에 2군 선수 몇 명이 들어가서 생활했는데, 정말 죽기 살기로 야구를 했던 것 같아요. 1990년 첫해에는 대학팀과 프로 2군끼리 연습게임을 많이 했는데 실전 등판을 해나가면서 투수로서 틀을 조금씩 잡아갈 수 있었습니다."

## ⚾ 데뷔 첫 승이 완봉승! 배트맨의 전설이 시작된 지점

그해 말 미국 플로리다 교육리그 참가는 김상진이 투수로 크게 도약할 수 있는 발판이 됐다. KBO 구단별로 유망주 3~4명씩을 보내 연합팀을 구성해 낯선 땅을 밟았는데, 김상진은 거기서 새롭게 눈을 떴다.

"당시엔 국내에서 메이저리그를 경험하거나 볼 수 있는 여건이 안 됐잖아요. 플로리다에서 미국팀과 매일 경기를 했는데 새로운 시각으로 야구를 배웠어요. 그동안 우리가 배워왔던 것과는 다른 부분이 정말 많더라고요."

현역 시절 김상진의 투구 폼은 다이내믹했다. 특히 테이크백을 할 때 오른팔을 엉덩이 뒤로 떨어뜨린 뒤 힘을 모아 던지는 특유의 투구 폼이 여기서 완성됐다.

"키는 183cm로 자랐지만, 당시 몸무게는 78kg으로 여전히 호리
호리했을 때였죠. 그 이전까지만 하더라도 팔 스윙이 컸어요. 그런
폼으로만 던져야 힘 있는 공을 던질 수 있는 줄 알았죠. 그런데 미국
선수들은 폼이 다양하더라고요. 오른팔을 테이크백 할 때 엉덩이 뒤
로 떨어뜨렸다가 던지는 투구 폼이 인상적이었어요. 따라해보니 그
게 저한테는 맞더라고요. 몸과 폼이 만들어지는 시기였는데 제 투구
폼도 거기서 정립이 됐죠."

교육리그에서 알을 깨고 돌아온 김상진은 1991년 일본 쓰쿠미
스프링캠프에 초청됐다. 이제는 2군이 아닌 1군에서 싸울 수 있는
투수로 준비를 하기 시작했다.

1990년 이광환 감독이 시즌 도중 사퇴한 뒤 감독 대행을 맡았던
이재우 코치는 1991시즌부터 정식으로 OB 새 사령탑에 올랐다. 오
랜 미국 생활을 하다 1990년에 2군 코치로 국내에 온 이재우 감독
은 김상진을 유심히 지켜보다 1991년 시범경기부터 1군 전력감으
로 테스트하기 시작했다.

그러나 이재우 감독 역시 한 시즌도 채 마무리하지 못한 채 1991년
8월 1일 성적 부진(20승 4무 50패)을 이유로 해임됐다. 콧수염 외에는
OB 팬들에게 인상적인 추억을 남기지 못했지만, 김상진을 발굴한 점
은 그가 사령탑으로서 OB에 남긴 가장 큰 유산이라 할 수 있다.

김상진은 1991시즌을 일단 2군에서 시작했다. 그러나 OB가 개

테이크백 동작에서 오른팔을 엉덩이 뒤로 떨어뜨리는 김상진의 투구 폼

막 후 반짝하다 미끄러지기 시작하고, 마운드 곳곳이 붕괴되자 이재 우 감독은 김상진을 1군으로 콜업했다.

4월 21일 잠실 삼성전. 김상진의 프로 데뷔전이었다. 구원 등판해 1이닝 2볼넷 무실점을 기록했다. 패전처리부터 시작해 롱릴리프, 선발투수로 점차 중요한 보직 쪽으로 이동했다.

9경기에서 승리 없이 3패만 기록 중이던 김상진은 5월 23일 잠실 쌍방울전에 선발 등판해 마침내 일을 냈다. 39장 도입 부분에서 기술했듯이, 9회까지 3안타만 허용한 채 3-0 승리를 이끌면서 데뷔 첫 승을 완봉승으로 장식해 모두를 깜짝 놀라게 했다.

특히 9회초 2사까지 단 1안타 1볼넷만 내주는 완벽한 피칭이었다. 4회초 2사 후 김호에게 볼넷을 내주고, 5회초 이승희에게 3루수 앞 내야안타를 허용했을 뿐이었다. 이 안타도 3루수 강영수의 실책성으로 볼 수도 있는 타구였다. 김상진이 9회초 2사 후 조용호와 김호에게 연속안타를 맞자 오히려 강영수가 가슴을 쓸어내렸다. 자칫 1안타로 끝났다면 자신이 노히트노런을 무산시킨 자책감에 사로잡힐 수도 있었기 때문이다.

그러나 김상진은 이에 아랑곳하지 않고 이날 혼신의 힘을 다해 공을 던졌고, 128구째에 김기태를 중견수 플라이로 잡고 경기를 끝냈다.

무명의 투수 김상진이 자신의 이름 석 자를 세상을 향해 확실히 알린 경기였다. 배트맨의 전설이 시작된 지점이었다.

OB는 1991년 아픔의 역사를 썼다. 1980년대까지만 해도 KBO 원년팀 중에 유일하게 시즌 도중 감독 교체가 없었던 OB였지만, 이번에는 거꾸로 최초로 2년 연속 시즌 도중에 감독을 바꾸게 됐다. 윤동균 코치가 이재우 감독의 뒤를 이어 감독 대행을 맡아 선전했지만, 1991시즌 최종 성적은 51승 2무 73패(승률 0.414)로 최하위에 그쳤다. OB 역사상 처음으로 2년 연속 꼴찌가 된 것이었다.

1982년 원년에는 OB 모자와 점퍼만 입어도 주변의 부러운 시선을 한몸에 받았던 OB 팬들이었다. 그러나 1990년대 초반에는 정반대였다. OB 모자와 점퍼를 입고 나서면 주변의 시선이 신경 쓰였고,

팬들의 어깨는 어딘가 모르게 위축됐다.

낙이 없던 시절, 김상진은 그런 상실감과 무력감에 빠져 있던 OB 팬들에게 자신감과 기대감을 주는 구세주로 떠올랐다.

1990년 OB에는 10승 투수가 한 명도 없었지만, 김상진이 1991년 혜성처럼 등장해 곧바로 10승 투수로 발돋움했다. 32경기(선발 20경기)에 등판해 10승 6패 1세이브, 평균자책점 3.74를 기록하며 단숨에 에이스로 도약한 것. 1989년 입단한 사이드암 김동현도 그해 10승을 거뒀다. OB는 1991년 꼴찌를 하는 와중에 그래도 10승 투수 2명을 보유하게 됐다.

김상진은 1992년과 1993년 11승씩을 올렸다. 선수단 집단이탈로 난파선이 된 1994년에는 홀로 완투를 9번이나 하며 14승 10패 7세이브, 평균자책점 2.37을 기록했다. 1992년과 1994년에는 팀 내에서 유일하게 10승 투수가 되며 고군분투했고, 특히 4년 연속 두 자릿수 승리를 거두면서 OB를 상징하는 투수로 자리 잡았다.


## 🎾 3G 연속 완봉, 한 시즌 8완봉…… 1995년 배트맨의 신화

잘 빠진 몸매, 강렬한 투구 폼, 배트맨 안경에 턱수염까지……. 만화에나 나올 법한 완벽한 캐릭터였다. 박철순 이후 상대를 압도하는 강렬한 에이스를 갈구하던 OB 팬들에게는 김상진이 희망의 아이콘이었다.

그럴 만도 했다. 김상진은 1995년 최전성기를 구가했다. 27경기에 선발 등판해 17승 7패, 평균자책점 2.11을 기록했다. 다승 공동 2위, 평균자책점 3위. 여기에 탈삼진(159) 부문에서도 3위에 올랐다. 전반기까지만 해도 평균자책점과 탈삼진 1위였으나 후반기에 페이스가 다소 떨어진 결과였다.

특히 1995년 그가 써 내려간 완봉의 전설은 지금도 회자되고 있다. 27경기 선발 등판 중 절반 가까운 13경기에서 완투를 기록했고, 무려 8번이나 완봉승을 올렸다. 한 시즌 8완봉승은 해태 타이거즈의 '무등산 폭격기' 선동열만이 유일하게 한 차례(1986년) 작성했던 대기록. 선동열과 어깨를 나란히 하게 됐다는 점에서 김상진은 OB 베어스의 에이스를 넘어 한국야구를 대표하는 투수로 도약했다. 갈수록 마운드가 분업화되고 있는 현대야구에서 한 시즌 8완봉은 앞으로 깨지기 힘든 불멸의 기록 중 하나로 평가받고 있다.

그사이에 나온 3경기 연속 완봉승은 또 어떤가. 5월 11일 사직구장에서 롯데와 치른 더블헤더 제2경기에서 9이닝 109구 5안타 1볼넷 8탈삼진 무실점으로 완봉승을 기록한 김상진은 다음 등판인 5월 17일 잠실 삼성전에서 9이닝 114구 5안타 무사사구 9탈삼진 무실점으로 다시 완봉승을 올렸다.

특히 그다음 등판인 5월 23일 잠실 한화전이 압권이었다. 연장 12회까지 혼자 던지며 선발타자 전원 탈삼진을 포함해 17개의 삼진을 잡았다. 아울러 5안타 1사구 무실점으로 한화 타선을 막아냈다. 이날 빙그레는 이상목-구대성-지연규 3명이 등판했다. 연장 12회말 지연규의 견제 악송구로 끝내기 결승점이 나와 OB는 1-0으로 승리했고, 김상진은 3경기 연속 완봉승을 작성하는 기염을 토했다.

김상진의 투구 수는 무려 178개. 탈삼진 17개는 해태 선동열의 13이닝 18탈삼진(1991년 6월 19일 광주 빙그레전)에 이어 역대 한 경기 최다 탈삼진 단독 2위 기록이었다(훗날 한화 류현진이 2010년 5월 11일 청주 LG전에서 9이닝 17탈삼진으로 김상진과 한 경기 최다 탈삼진 부문 타이기록을 썼다).

3경기 연속 완봉승은 1983년 하기룡(MBC), 1986년 이상군(빙그레)과 선동열(해태)에 이어 김상진이 역대 4번째 주인공이었다. 김상진 이후 송승준(롯데)이 2009년 역대 5번째 대기록을 작성했다.

## ⚾ '배트맨'과 '삼손'이 맞대결하던 날

"김밥~! 김밥~!"

지하철 2호선 잠실종합운동장 역은 발 디딜 틈이 없는 북새통이었다. 아침부터 부지런히 김밥을 말아 온 할머니와 아줌마들의 카랑카랑한 외침은 오늘 이곳에서 뜨거운 승부가 펼쳐진다는 사실을 암시하는 예고탄이었다.

"표 있어요~ 표 팔아요~"

밀려드는 인파 사이를 헤집고 다니며 암표를 거래하는 아저씨들의 나지막한 목소리는 이미 잠실 경기 입장권이 동났음을 알려주는 메시지였다.

인터넷과 모바일 예매가 없던 시절, 잠실야구장 매표소 앞에는 표를 사기 위한 팬들이 아침부터 진을 쳤고, 경기가 임박해지면 야구를 보러 오는 팬들로 잠실종합운동장 지하철역부터 인산인해를 이뤘다.

지금 돌이켜보면 그 치열했던 시절의 그런 풍경도 아날로그적 낭만처럼 다가온다.

특히 1995년에는 OB와 LG가 시소게임을 벌이듯 선두 경쟁을 벌였다. 하물며 양 팀 에이스의 맞대결까지 예정돼 있으니 입장권 구하기는 그야말로 하늘의 별 따기. 지상파 방송까지 생중계에 나섰을 정도로 김상진과 이상훈의 맞대결은 최고의 이벤트였다. 1980년대에 최동원과 선동열의 맞대결이 최대 라이벌 매치였다면, 1990년대 중반에는 김상진과 이상훈의 잠실 라이벌 매치가 최고 흥행 카드로 떠올랐다.

입장권을 구한 팬들은 복권에 당첨이나 된 것처럼 그 자리에서 폴짝폴짝 뛰었고, 자기 바로 앞에서 '매진'이라는 푯말이 내걸리는 것을 본 팬들은 세상 잃은 듯 낙심한 표정을 지었다. 미처 표를 구하지 못한 사람들은 잠실구장 밖의 방송국 중계차 송출 화면이라도 보기 위해 몰려들어 까치발을 하고 경기를 지켜보며 장외 응원전을 펼치기도 했다.

경기 시작 전부터 잠실구장 관중석은 뜨겁게 달아올랐다. 이상훈이 몸을 풀기 위해 갈기머리를 휘날리며 그라운드에 등장하면 LG 팬들은 "이상훈! 이상훈!"을 외쳤고, 맞은편의 김상진이 OB 점퍼를 입은 채 러닝을 시작하면 OB 팬들 역시 이에 질세라 "김상진! 김상진!"을 연호하며 맞불을 놨다.

평소에는 경기 후반에나 파도타기 응원이 시작되지만, 김상진과 이상훈이 맞대결하는 날에는 미리 흥분한 팬들이 경기 초반부터 파도타기 응원을 주도하기도 했다. 그때만큼은 '네 편 내 편'도 없었다.

때로는 1루 응원단에서, 때로는 3루 응원단에서 파도가 시작되는데, 끊어지지 않고 2바퀴, 3바퀴, 어떤 때는 4바퀴, 5바퀴씩 돌기도 했다. 야구를 보러 온 것인지, 파도타기 응원을 하러 온 것인지, 3만 관중이 운집한 잠실야구장 관중석에는 거대한 파도가 팬들의 함성과 함께 밀물과 썰물처럼 밀려오고 밀려갔다.

그때도 "LG 바보", "OB 꼴찌"라는 양 팀 팬들의 응원 목소리가 야구장 안에 메아리치기도 했지만, 1995년에는 양 팀 모두 1위 싸움을 하는 팀으로 변모한 터라 '바보'도 아니었고 '꼴찌'도 아니었다. 그저 내 흥에 겨워서, 상대의 기를 꺾고자, 팬들이 습관처럼 내지르는 구호였다.

김상진과 이상훈은 그해 3차례(5월 30일, 7월 4일, 8월 13일) 선발 맞대결을 펼쳤다. 그런데 그 빅매치에서 모두 이상훈이 승리했고, 김상진이 패전투수가 됐다. 7월 4일 두 번째 맞대결에서 2-1로 박빙의 완투 대결을 펼치기도 했지만, 나머지 2경기에서 김상진은 부진했다.

그해 이상훈은 20승을 거뒀다. 둘의 맞대결 결과를 빼면 김상진이나 이상훈이나 17승. 결국 이 3차례의 맞대결에서 희비가 엇갈렸다. 가정이지만 만약 김상진이 3승을 하거나 2승 1패를 했다면 다승왕의 운명은 바뀔 수 있었다. 결과적으로 김상진으로서는 최고의 퍼포먼스를 펼치고도 친구 이상훈과의 맞대결에서 모두 패한 것이 못내 아쉬울 수밖에 없다.

이에 대한 질문이 나오자 김상진은 "왜 안 물어보나 했다"며 웃음부터 터뜨렸다.

"상훈이도 물론 성장 과정에서 우여곡절이 많았죠. 그래도 상훈이는 서울고-고려대를 나오면서 나름 야구 엘리트 코스를 밟았잖아요. 저는 늦게 야구를 시작해 기본기를 제대로 못 배우고 야구를 했죠. 상훈이는 스포트라이트를 받고 입단했고 저는 배팅볼 투수로 시작했고……. 지금 돌이켜보면 제가 그런 부분에서 콤플렉스가 있었던 것 같아요. 지도자가 되니까 알겠더라고요. 삼진 잡는 재미, 팬들이 환호하는 것에 희열을 느끼면서 저 혼자 야구를 하려고 했던 것 같아요. 특히 상훈이랑 붙을 때 그런 게 더 표출되지 않았나 싶어요. 상훈이를 이겨보고 싶다는 생각이 지나쳐 과욕이 된 거죠. 저 스스로를 압박하고 옥죄었다고 할까? 그러다 보니 평정심과 밸런스가 무너졌던 것 같아요. 그때는 지고 나면 잠도 못 잤죠. 그래도 지나고 보니 불꽃같은 시즌이었어요. 그해 반게임 차로 정규시즌 우승을 하고 한국시리즈도 7차전까지 가서 우승을 하고……. 팬들께서는 어떻게 기억하실지 모르겠지만, 저한테는 정말 꿈같은 시절이었죠."

김상진과 이상훈은 잠실 라이벌 구단의 에이스로서 자존심 싸움의 대척점에 서 있었다. 그러나 승부를 떠나면 절친한 친구였고, 야구장 밖에서 따로 만나 밥도 먹는 그런 사이였다.

## ⚾ '제2의 배트맨'을 기다리며

김상진에게 가장 잊을 수 없는 장면 중 또 하나를 꼽자면 1995년 한국시리즈 7차전 선발 등판이었다. 6차전까지 롯데 자이언츠와 3승 3패로 맞선 가운데 김상진은 절체절명의 최종 7차전 선발로 나서 6이닝 3안타 2실점(1자책점)으로 승리투수가 되면서 팀 우승을 이끌었다.

OB로서는 박철순이 에이스로 활약한 1982년 이후 13년 만의 한국시리즈 우승. 당시 김상진에 이어 권명철이 등판해 3이닝을 무실점으로 막고 4-2 승리를 마무리했다. 김상진, 권명철과 배터리를 이뤄 승리를 이끈 포수는 5년 전 스프링캠프에서 김상진에게 "넌 직구 좋은데 왜 자꾸 너클볼을 던지냐"고 조언했던 바로 그 신인 포수 김태형이었다.

김상진은 OB에서 선수 생활을 마무리하지 못했다. 1998년 12월 30일 6억 5000만 원에 삼성으로 현금 트레이드됐다. 공교롭게도 OB 베어스는 김상진이 떠난 뒤 1999년부터 두산 베어스로 간판을 바꿔 달았다. 말하자면 김상진은 'OB 베어스 시대의 마지막 에이스'였다.

통산 성적은 122승 100패 14세이브, 평균자책점 3.54. 50번의 완투와 17번의 완봉을 기록했다. OB에서 88승, 삼성과 SK에서 34승을 올린 뒤 2003년을 끝으로 현역 유니폼을 벗었다. 2004년 해설위원을 거쳐 2005년부터 2019년까지 SK와 삼성에서 코치 생활을 하다 2020년 시즌을 앞두고 두산 베어스에 복귀했다.

OB의 전설 김상진은 현재 두산베어스 2군 투수코치로 후배들을 양성하고 있다.

20대의 끝자락에서 OB를 떠난 배트맨은 22년을 돌고 돌아 50대의 나이에 두산으로 돌아왔다. 현재 이천 베어스파크에서 '제2의 배트맨'이 될 후진을 양성하고 있다. 배팅볼 투수로 출발한 그이기에 누구보다 퓨처스 투수의 심정과 사정을 잘 알고 있다.

김상진의 별명은 '배트맨'이다. 배트맨 안경을 쓰고 마운드를 호령하면서 이 같은 별명이 붙었다. 그가 배트맨 안경을 쓴 것은 처음에는 시력 때문이었다. 1군 첫해인 1991년 10승을 올리기는 했지만, 시력이 좋지 않아 야간경기 때 포수 사인이 희미하게 보였다. 그래서 1992시즌부터 배트맨 안경을 착용하게 됐다. 당시 국내에 그런 형태의 안경이 있는 것은 아니었다. 원래는 선글라스용으로 나온 고글이었다. 사각 모양의 안경테는 격렬한 투구를 해도 잘 흘러내리지 않았다. 시야도 탁 트여 넓게 보였다. 그래서 안경테는 그대로 두고 렌즈만 도수를 넣어 교체했다.

'배트맨' 김상진은 그 시절을 떠올리며 이렇게 이야기했다.

"처음엔 안경테가 넓어 보기 편해 썼는데 나중에는 마운드에서 좀 강인해 보이고 싶기도 해서 계속 착용했어요. 당시 턱수염도 길러서 좀 건방져 보였죠. 사실 1980년대만 해도 야구선수가 수염을 기른다는 건 상상도 못 할 일이었죠. 제가 배트맨 안경을 쓸 즈음부터 사회적으로도 개성을 조금씩 인정하기 시작했던 것 같아요. 그래서 저도 과감하게 배트맨 안경을 쓰고 턱수염을 기를 수 있었죠. '배트맨'이라는 별명? 마음에 들었어요. 그런 별명이 붙었다는 건 김상진이라는 투수가 팬들에게 뭔가 각인이 됐다는 뜻이고, 팬들이 인정해주고 있다는 의미잖아요."

# BEARS
# 41

## 사이클링 히트와 서울 홈런왕…
## 1992년 '헐렝이' 임형석이 피운 불꽃

베어스 구단 최초로 사이클링 히트 진기록을 세운 임형석

OB의 프로 3년생 임형석이 통산 5번째 사이클링 히트의 대기록을 세웠다. 23일 잠실에서 열린 OB-롯데의 시즌 17차전 경기에서 임형석은 5타수 5안타와 함께 홈런 3루타 2루타 각 1개, 안타 2개를 때려내 프로야구 통산 5번째 사이클링 히트의 기록을 수립했다. 임형석의 이 기록은 지난 90년 8월 4일 대전구장에서 빙그레의 강석천이 태평양전에서 뽑아낸 이래 2년여 만이다.

_1992년 8월 24일자 〈동아일보〉

1992년. OB 베어스의 암흑기는 여전히 진행형이었다. 1988년부터 5년 연속 포스트시즌 진출 실패. 즐거움이 없던 그 시절, 그래도 희망의 꽃이 하나둘씩 피어나기 시작했다.

프로야구 선수 출신 최초로 사령탑 자리에 오른 윤동균 감독의 지휘 아래 탈꼴찌를 넘어 5위까지 도약했고, 연습생 출신 투수 김상진은 2년 연속 10승을 기록하며 새로운 에이스가 됐다. 그해 당장 큰 활약을 하지는 못했지만 훗날 베어스 전력의 주축이 되는 권명철(2차 1라운드), 안경현(2차 2라운드), 장원진(2차 4라운드)이 입단한 것도 1992년이었다.

그리고 1990년 1차 지명을 받고 입단한 임형석이 마침내 팀 내 주포로 급부상했다. 임형석은 특히 사이클링 히트를 달성하는 진기록의 주인공이 됨과 동시에 그해 무려 26개의 홈런을 쳐내면서 '원조 잠실 홈런왕'으로 우뚝 섰다.

41장은 베어스 역사상 최초로 사이클링 히트의 역사를 쓴 '헐렝이' 임형석 이야기다.

## ⚾ 1회부터 행운의 3루타! 임형석의 운수 터진 날

OB 베어스는 1990년과 1991년 2년 연속 최하위로 내려앉았지만, 윤동균 감독 체제 첫해인 1992년 중위권으로 올라서며 조금씩 반등의 기틀을 마련해나가고 있었다.

8월 22일. OB는 잠실에서 연장 15회 혈전 끝에 강영수의 끝내기 안타로 롯데에 3-2로 짜릿한 승리를 거뒀다. 특히 잠실 롯데전 9연패의 사슬을 끊어냈기에 OB 선수단은 앓던 이를 뽑아낸 느낌이었다(1992년의 롯데는 3위로 포스트시즌에 진출해 한국시리즈 우승을 차지한 강팀이었다).

이날 승리로 OB는 48승 3무 55패를 기록했다. 당시에는 4강까지 포스트시즌 진출권이 주어졌다. OB는 4위 삼성(56승 2무 48패)에 7.5경기 차로 뒤졌고, 6위 태평양(45승 3무 59패)에 3.5경기 차로 앞섰다. 그 뒤로 LG와 쌍방울이 멀찌감치 바닥권으로 떨어져 있었기에 3년 연속 꼴찌에 대한 두려움은 사실상 씻어낸 상황이었다.

이튿날인 8월 23일 일요일. 오후 5시 경기를 보기 위해 잠실구장에는 OB 팬들뿐만 아니라 3위 롯데 팬들까지 운집했다.

OB 선발투수는 그해 1승도 없었던 좌완 이진. 1989년 1차 지명을 했지만 기대만큼 성장하지 못한 아픈 손가락이었다. 이진은 1회초 2사 후 '호랑나비' 김응국과 '자갈치' 김민호에게 안타 2개를 허용하며 위기에 몰렸지만, 5번 타자 '탱크' 박정태를 중견수 플라이로 처리하며 위기를 벗어났다.

롯데 선발투수는 고 박동희. 불같은 강속구를 자랑하며 '제2의 선동열'로 주목받던 프로 3년생 투수(그해 한국시리즈 MVP)였다.

그런데 OB는 시작부터 박동희를 두들겨나갔다.

1번 타자 김광림과 2번 타자 김광수의 우전안타, 3번 타자 김형석의 좌전 적시타가 연이어 터지며 1-0으로 앞서나갔다. 이어 전날 연장 15회말 끝내기 안타를 친 4번 타자 강영수는 볼넷을 골라 나가 OB는 무사 만루라는 황금 찬스를 잡았다.

5번 타자 임형석 타석. 깡마른 몸매에도 불구하고 전날까지 시즌 20홈런을 기록한 강타자. 1990년 입단 첫해에는 4홈런, 1991년에는 6홈런에 그쳤지만, 1992년 마침내 꽃을 피웠다. 드넓은 잠실구장을 사용하는 OB와 LG(MBC 시절 포함) 역대 선수를 통틀어 처음으로 20홈런 고지를 밟은 주인공이 되면서 '잠실 홈런왕'이라는 별명까지 붙었다.

갈 길 바쁜 롯데는 다급해졌다. 강병철 감독은 여기서 박동희를

마른 몸매에도 어렵지 않게 홈런을 때리던 임형석의 타격 폼

마운드에서 내렸다.

"사실 제가 박동희한테 좀 강했어요. 그래서 속으로는 박동희가 계속 마운드에 있기를 바라고 있었죠. 그런데 잠수함 투수 김청수 선배로 바뀌더라고요."

임형석은 1968년생으로 김동수(전 LG 2군 감독)와 서울고-한양대 동기. 부산고-고려대 출신의 박동희와도 동기였다. 벌써 50대를 훌쩍 넘어선 나이. 그러나 임형석은 30년 가까이 흐른 그날을 정확히 기억하고 있었다. 심지어 볼카운트까지 생생히 그려냈다.

"볼카운트 1스트라이크 1볼에서 3구째를 쳤는데 잘 맞았어요. 중전안타성 타구였죠. 중견수 전준호 선수가 앞으로 전력으로 달려오더라고요. 바로 잡을 수 있다고 판단했나 봐요. 그런데 타구가 드라이브가 걸리면서 중견수 옆으로 빠져 좌중간 펜스까지 굴러갔어요. 단타가 될 타구였는데 3루타가 된 거죠. 운이 좋았죠."

3타점 싹쓸이 3루타! 스코어는 단숨에 4-0이 됐다.
임형석이 "운이 좋았죠"라고 한 것은 단타가 3루타로 둔갑한 일만을 일컫는 게 아니었다.

"저는 그라운드 홈런(인사이드 더 파크 홈런)도 가능할 거라 판단하고 전력 질주를 했죠. 그런데 손상대 3루 코치님이 막더라고요. 무사니까 무리할 필요가 없다고 본 거죠. 사실 그냥 홈으로 달렸으면 살았을 거예요. 그때 코치님이 3루에서 막아주신 게 결과적으로 신의 한 수가 됐습니다. 하하."

임형석은 6번 타자 최동창의 우익수 희생플라이로 득점했다. OB는 1회에만 순식간에 5점을 뽑아내면서 승기를 잡았다.

## ⚾ 3루타-홈런-2루타-안타-안타…… 5안타 7타점에 '올마이티 히트' 완성

고질적인 제구 문제를 겪던 이진은 넉넉한 득점 지원을 등에 업고 2회와 3회에 볼넷 1개씩만 내준 채 무실점으로 역투해나갔다.

임형석은 3회말 1사후 타석에 들어섰다. 그러고는 왼쪽 담장을 훌쩍 넘기는 솔로포를 터뜨렸다. 시즌 21호 홈런. 해태의 '노지심' 장채근과 함께 홈런 부문 공동 4위가 됐다.

"김청수 선배는 까다로운 투수였어요. 그런데 그날따라 공이 잘 보이더라고요."

5회말 1사 1, 2루에서 맞이한 세 번째 타석. 임형석은 김청수를 상대로 다시 2타점 좌익선상 2루타를 날렸다. 스코어는 8-0으로 벌어졌다. 승부에 쐐기를 박는 안타였다.

롯데는 6회부터 신인 좌완투수 가득염을 올려 경험을 쌓아주려고 했지만, OB는 여기서 2점을 추가했다. 10-0.

7회말, 롯데 마운드에는 여전히 가득염이 올라와 있었다. 임형석은 선두타자로 타석에 들어섰다.

"솔직히 첫 타석 3루타나 두 번째 타석 홈런을 칠 때만 해도 사이클링 히트는 생각도 못 했어요. 세 번째 타석에서 2루타가 나온 다음에 사이클링 히트에 안타 하나 남았다는 걸 의식하게 됐죠. 그런데 네 번째 타석에 들어가기 전에 윤동균 감독님이 절 부르시더니 '점수 차도 크니까 볼이 들어오면 무리하게 치려고 하지 마라'고 말씀하시더라고요. 감독님은 부임 후 저를 참 많이 아껴주시고 몸이 안 좋을 땐 관리를 해주시면서 기회를 많이 주셨거든요. 무리하게 스윙하다 다칠까 봐 걱정하셨나 봐요."

아니나 다를까, 좋은 공이 오지 않았다. 스트라이크존을 한참 벗어나는 공이었다.

"볼이 연속으로 3개가 들어오더라고요. 그때까지는 참았어요. 그런데 점수 차도 컸던 상황이라 그냥 4구째와 5구째에 방망이를 돌렸죠. 연속 헛스윙을 해서 볼카운트가 3볼 2스트라이크가 됐어요. 그리고 6구째에 방망이를 돌렸는데 결국 좌전안타가 되더라고요."

단 4타석 만에 완성한 사이클링 히트('사이클링 히트'는 일본과 한국에서 사용하는 변형된 용어로, 메이저리그에서는 '히트 포 더 사이클hit for the cycle'이라 부른다. 또 전능全能한 안타라는 의미로 '올마이티 히트Almighty hit'라고도 한다.)였다. 역대 최소 타석 사이클링 히트 타이기록이기도 했다.

사이클링 히트는 사실 '대기록大記錄'이라기보다는 '진기록珍記錄'에 가깝다. 좀처럼 보기 드문 특이하고도 진기한 기록이기에 야구선수라면 누구나 한번 이루어보고 싶은 '버킷 리스트'에 속한다.

그러나 평생 기록하지 못하고 유니폼을 벗는 선수가 대다수다. 아무리 슈퍼스타라도 사이클링 히트를 기록할 순 없다. 그런 면에서 임형석은 행운을 잡은 셈이었다.

임형석의 안타 행진은 여기서 끝나지 않았다. 8회말 마지막 타석에서 2타점 우전안타를 날렸다. 5타수 5안타 7타점. 당시 역대 한 경기 최다타점 타이기록이었다(훗날 정경배 등의 15차례 8타점이 나왔고, 박석민이 삼성 시절이던 2015년에 9타점으로 한 경기 최다타점 기록을 수립했다). 이날 OB 선발 이진은 5와 2/3이닝 무실점으로 시즌 첫 승을 기록했다. 나머지 3과 1/3이닝을 무실점으로 막은 김보선이 시즌 2세이브를 따냈다.

"요즘엔 기록을 달성하면 경기가 잠시 중단되면서 선수가 팬들에게 인사도 하고 세리머니도 하지만, 당시엔 그런 문화가 없었어요. 1루에서 이삼열 코치님과 하이파이브를 한 게 다였던 것 같아요.

## 🎾 KBO '최다' 사이클링 히트 구단, 베어스의 역사

KBO리그 역사상 1호 사이클링 히트는 원년이던 1982년에 나왔다. 6월 12일 삼성 오대석이 삼미전에서 기록한 바 있다. 이어 빙그레 이강돈이 1987년 8월 27일 잠실 OB전에서 2호를, 롯데 정구선이 같은 해 8월 31일 인천 청보전에서 3호를 기록했다. 그리고 1990년 8월 4일 빙그레 강석천(현 두산 퓨처스 코치)이 대전 태평양전에서 4호를 달성했다.

이로써 임형석은 KBO 역대 5호이자 베어스 역사상 최초의 사이

당시 임형석의 사이클링 히트 소식을 크게 다룬 조선일보

클링 히트라는 금자탑을 세웠다.

지금까지 KBO에서 사이클링 히트는 2021년 양의지(당시 NC)와 이정후(키움)까지 총 29차례 기록됐다. 1년에 채 한 번도 나오지 않는 진기록. 그중 베어스는 무려 5차례나 사이클링 히트를 작성해 삼성(5회)과 함께 가장 많이 기록한 구단이다.

그런데 OB 시절에는 사이클링 히트가 잘 나오지 않았다. 임형석이 유일했다. 두산으로 이름이 바뀐 뒤 이종욱(2009년), 오재원

(2014년), 박건우(2016년), 정진호(2017년) 등 4명이 차례로 진기록을 달성하면서 '사이클링 히트' 하면 '베어스'라는 등식이 만들어졌다.

삼성은 양준혁이 2차례(1996년, 2003년) 달성해 인원으로 따지면 삼성은 4명, 베어스는 5명이다. 결국 베어스가 사이클링 히트를 기록한 선수를 가장 많이 배출한 구단이라 볼 수 있다. 그리고 '사이클링 히트의 산실'로 공인받고 있는 베어스 역사에서 그 시초가 된 인물이 바로 임형석이다.

**베어스 역대 사이클링 히트**

| 구분 | 이름(팀) | 날짜 | 상대팀 | 구장 | 달성 연령 | 비고 |
|------|----------|------|--------|------|-----------|------|
| 1호 | 임형석<br>(OB) | 1992.8.23. | 롯데 | 잠실 | 24세 6개월 25일 | 최소타석(4) |
| 2호 | 이종욱<br>(두산) | 2009.4.11. | LG | 잠실 | 28세 9개월 24일 | |
| 3호 | 오재원<br>(두산) | 2014.5.23. | 한화 | 잠실 | 29세 3개월 14일 | |
| 4호 | 박건우<br>(두산) | 2016.6.16. | KIA | 광주 | 25세 9개월 8일 | |
| 5호 | 정진호<br>(두산) | 2017.6.7. | 삼성 | 잠실 | 28세 8개월 5일 | 최소타석(4)<br>최소이닝(5) |

## '3형석'의 추억 그리고 '서울 홈런왕' 임형석

임형석을 추억할 때 1990년대 초반 OB 베어스의 라인업을 장식한 '형석 트리오'를 빼놓을 수 없다. 1985년 입단해 OB 베어스의 핵심 타자로 자리 잡은 김형석, 1990년 입단 동기인 외야수 강형석(휘문고-건국대), 그리고 임형석. 이들은 '3형석'으로 자주 불리곤 했다. 종종 3, 4, 5번을 돌아가며 맡으면서 클린업 트리오에 포진하기도 했다. 그중 임형석은 유일한 우타자였다. 여기에 보성고 출신으로 1989년 입단한 1루수 겸 외야수 김종석까지 전광판 라인업에 이름을 올리면 '4석'이 줄줄이 포진하는 광경이 펼쳐지기도 했다.

임형석은 암흑기의 마지막 시즌이던 1992년, OB 베어스에서 가장 찬란히 빛난 별이었다. 팬북 프로필에 키 184cm, 몸무게 76kg으로 적혀 있지만 실제로는 체중이 74kg에 불과했던 호리호리한 몸매의 소유자. 그런 가냘픈 몸으로도 1992년 무려 26개의 홈런을 터뜨려 장종훈(41홈런), 김기태(31홈런)에 이어 홈런 부문 단독 3위에 이름을 올렸다. 26홈런은 훗날 타이론 우즈가 1998년 OB에 입단해 42홈런을 기록하기 전까지 잠실구장을 홈으로 사용하는 타자 중 한 시즌 최다홈런 기록이었다.

"어릴 때부터 살이 안 찌는 스타일이었어요. 1992년에 홈런을 많이 치니까 기자들이 와서 제 손목을 만져보곤 했어요. 근데 저는 손목도 굉장히 가는 편이었거든요. 다들 깜짝 놀라곤 했죠. 어떻게 이렇게 마른 몸으로 홈런을 치냐면서요. 프로 들어와서 '헐렝이'라는 별명이 붙었는데 처음엔 그게 싫었어요. 원체 마른 체형이다 보니 초등학교 시절부터 항상 '힘이 없어 보인다'는 얘기를 많이 듣고 살았거든요. 오기가 생겨서 그런지 어릴 때부터 타구를 멀리 치고 싶다는 생각을 많이 했어요. 선수들끼리 경쟁이 붙어 훈련도 열심히 했는데, 고등학교 때부터 타구가 멀리 가더라고요. 1992년 홈런 숫자가 늘어나니까 상대 투수들이 몸쪽 승부를 잘 안 하더라고요. 그런데 저는 밀어 치면 타율도 높고 타구가 더 멀리 가는 스타일이었어요. 센터를 기준으로 오른쪽으로 가는 홈런이 많았죠."

　현재 서울 서대문구에서 유소년 야구단 어린 후배들을 지도하고 있는 그는 그 시절을 떠올리며 추억에 젖었다.

　임형석은 서울고와 한양대 시절 유격수가 주 포지션이었다. 1990년 신인으로 입단할 때만 해도 유격수를 보던 그는 1992년 주로 3루수로 나섰다. 112경기에 출장해 타율 0.290(410타수 119안타), 2루타 18개에 73타점(10위)까지 곁들였다. '잠실 홈런왕'이라는 타이틀 하나만으로도 당연히 3루수 골든글러브를 노려볼 만했다. 더군다나 3루수 터줏대감이던 해태 한대화가 부진했던 시즌이라 더 큰 기대를 할 수 있었다.

　그러나 강력한 경쟁자가 나타났다. LG의 2년생 3루수 '로보캅' 송구홍. 그해 121경기에 출장해 타율 0.304(451타수 137안타), 20홈런, 2루타 23개, 20도루, 59타점을 기록했다. 특히 역대 5호이자 잠실구장을 사용하는 팀 타자로서는 최초로 '20홈런-20도루' 클럽에 가입하면서 '잠실 홈런왕'만큼이나 큰 화제를 몰고 왔다.

　시즌 후 골든글러브 전망 기사가 나올 때마다 3루수는 가장 치열한 포지션으로 예상됐다. 1985년 박종훈이 외야수 골든글러브를 수상한 이후 6년간 황금장갑과 인연을 맺지 못했던 OB는 구단 직원들까지 홍보전에 가세해 '임형석 수상자 만들기'에 힘썼다.

　그러나 투표 결과 10표 차로 뜻을 이루지 못했다. 송구홍이 77표,

임형석이 67표였다. 1992년 골든글러브 전 포지션을 통틀어 가장 적은 표 차이로 당락이 결정된 포지션이 3루수였다. 다시 말해 그해 가장 아쉬운 탈락자가 임형석이었던 셈이다. 임형석은 지금도 그 아쉬움을 잊지 못한다.

"그해에 유격수 쪽 후보들 성적이 좋지 않아 시즌 도중에 주변에서는 '유격수로 포지션을 옮기는 게 어떻겠느냐'라고 조언하는 분도 많았어요. 저는 지는 걸 싫어하거든요. 계속 3루수를 보겠다고 했어요. 결국 송구홍이 골든글러브를 받더라고요. 1993년에 한양대 1년 후배 황일권이 입단했는데 대학 시절 제가 유격수를 보고, 황일권이 3루수를 봤거든요. 그런데 송구홍이 1993년 유격수로 옮긴다는 얘기를 들었어요. 오기가 생기더라고요. '그래, 유격수 쪽에서 또 붙어보자'는 생각으로 제가 황일권한테 '넌 대학 때도 3루수를 봤으니 내가 유격수로 갈게'라고 말했어요."

황일권은 1991년 OB 1차 지명 선수였다. 당시 신인 1차 지명 우선권을 놓고 주사위 던지기를 한 결과 LG가 이기면서 건국대 출신 송구홍을 1차 지명했고, OB는 한양대 출신으로 국가대표 1번 타자로 활약한 황일권을 선택했다. 송구홍은 곧바로 LG에 입단했지만, 황일권은 실업팀 한국화장품에 입단했다가 2년 후인 1993년 OB 베어스 유니폼을 입었던 것이다.

그러나 1993시즌 개막 직후 OB는 내야 쪽에 실책이 연발되면서 균열이 생겼다. 유격수 임형석이 3루수로 가고, 3루수 황일권이 유격수로 가는 등 수비 위치가 다시 바뀌며 어수선한 상황에서 시즌 출발을 했다.

## 반딧불처럼 짧고 굵게 빛났던 임형석의 1992년

1992년 혜성처럼 등장했던 임형석. 그러나 문제는 그 한 해에만 불꽃처럼 반짝했다는 사실이었다. 1992년 성적을 바탕으로 프로야구를 휘어잡을 유망주로 기대했지만, 빛났던 시즌은 그해 한 시즌뿐이었다.

임형석은 1993년 68경기에 출장해 홈런 1개만 때려냈다. 1994년 109경기에서 6홈런, 1995년 82경기에서 3홈런, 1996년 51경기에서 1홈런. 결국 자유계약선수로 풀린 임형석은 1997년 롯데 유니폼을 입었으나 36경기에 출장해 1홈런에 그치며 유니폼을 벗었다.

1990년부터 1997년까지 통산 홈런 수는 48개. 1992년 기록한 홈런 수(26개)가 나머지 시즌을 모두 합친 홈런 수(22개)보다 더 많았다.

도대체 무슨 일이 있었던 걸까.

"1993년 시즌에 들어갔는데 스윙을 하다 왼손 엄지손가락을 다쳤어요. 파울이 될 때 방망이가 돌면서 엄지가 꺾였어요. 수술도 생각해봤는데 당시엔 수술도 안 된다고 해서 참고 기다렸죠. 한동안 쉬다가 다시 방망이를 잡았는데 헛스윙이 되거나 파울이 되면 다시 왼손 엄지가 붓더라고요. 혹시나 통증이 올까 봐 의식을 하다 보니 스윙을 제대로 못 했어요. 장기간 쉬어야 했지만 야구선수가 방망이를 돌리지 않고 쉴 수가 있습니까. 시즌이 끝나고 깁스도 해봤지만 다시 훈련을 시작하다 보면 손가락이 붓고……. 고질적인 허리 통증도 있었지만 그건 윤동균 감독님이 관리를 잘해주셔서 괜찮았어요. 그런데 손가락은 어떻게 해보질 못하겠더라고요. 지금도 조금씩 아플 때가 있어요. 그래서 저는 골프도 못 쳐요.”

서대문에서 유소년 선수들을 지도하고 있는 그에게 간혹 어린 제자들이 인터넷을 뒤지다 그의 활약상을 알고는 '1992년 잠실 홈런왕'의 전설을 묻곤 한다고 한다. 그럴 때마다 그는 “응, 동명이인이야”라면서 농담처럼 웃어넘긴다고 했다.

간혹 OB 올드팬들은 그를 알아보고 인사를 할 때가 있다. 그들도 꼭 1992년의 이야기를 물어보곤 한단다.

그 역시 1992년 찬란했던 그 시절을 잊을 수 있을까.

“다 옛날얘기죠. 그래도 찬란했던 그해가 있었으니까, 그때의 추억이 생각나기도 해요. 다만 다른 시즌에 야구를 잘하지 못하고 은퇴해 아쉽기도 하고요. 요즘엔 자주 프로야구를 보지는 않아요. 서울고 코치 시절 제자였던 최원준(KIA-상무)이나 강백호(kt)가 야구 하는 모습에 가끔씩 TV에 눈길이 가기도 하지만요. 아, 간혹 누군가가 사이클링 히트 쳤다는 소식을 들으면 혼자 씩 웃곤 해요.”

# BEARS
# 42

## '선동열급 루키' 김경원의 등장과 암흑기 청산

1993년 묵직한 공을 앞세워 OB의 뒷문을 책임졌던 김경원

#1.

"OB엔 이 투수들이 전부입니까?"

1991년 일본 쓰쿠미 스프링캠프. 세이부 라이온스에서 OB 구단으로 파견된 나카니시 기와하루 포수 인스트럭터는 OB 선수들을 며칠 지도하더니 구단 관계자들에게 이렇게 물었다.

"그렇습니다만……."

김태룡 매니저(현 두산 단장)와 함께 통역 업무까지 맡은 구경백 운영과장은 영문을 몰라 한마디 대답만 한 채 나카니시의 얼굴을 쳐다봤다.

말하지 않아도 무슨 뜻인지 감이 왔다. 한마디로 투수다운 투수가 안 보인다는 얘기였다.


#2.

세이부 네모토 리쿠오 관리부장(메이저리그의 단장 격)의 추천으로 나카니시 기와하루 포수 인스트럭터, 니시 마쓰오 투수 인스트럭터

등을 쓰쿠미 캠프에 초빙한 박용민 사장은 어느 날 저녁, 이들에게 식사를 대접했다. 박 사장은 며칠 전 이들이 말한 게 생각났다. 술을 한잔한 뒤 편한 분위기가 되자 질문을 던졌다.

"솔직히 우리 투수들 어떻습니까."

인스트럭터들은 다소 곤혹스러운 표정을 지었다.

"솔직히 말씀드리자면……."

박 사장이 귀를 쫑긋 세우자 나카니시 인스트럭터가 단호하게 말했다.

"일본 사회인야구 투수보다 못한 투수가 많습니다."

#3.

그로부터 2년 뒤. 이번에도 쓰쿠미에 스프링캠프가 열렸다. 그런데 일본인 인스트럭터들은 한 투수의 피칭을 보고는 입을 다물지 못했다. 그러고는 한마디 내뱉었다.

"와~, 우리가 이제야 제대로 된 투수를 봅니다."

"공 끝이 매우 특별합니다."

일본인 인스트럭터들도 엄지를 치켜든 이 투수는 다름 아닌 1993년 OB 베어스에 입단한 루키 김경원이었다.

42장에서는 1993년 선동열급 마무리투수로 혜성처럼 등장해 OB를 암흑기에서 구출한 슈퍼 루키 김경원과 베어스의 감격스러운 6년 만의 포스트시즌 진출에 대해 이야기하고자 한다.

## ⚾ 가을바람에 날리는 낙엽 같은…… 추억의 이름 김경원

> 프로 출신 제1호 감독 윤동균이 지휘봉을 잡은 OB는 3위에 안
> 착, 성공적인 항해를 마쳤다. OB의 성공을 이끈 선수들을 살펴보
> 면 가장 두드러진 인물이 신인 우완 김경원이었다. 1989년 동대
> 문상고 졸업반 당시 OB 1차 지명을 받고도 중앙대에 진학했던 김
> 경원은 2학년을 마치고 중퇴, 프로로 뛰어들어 9승 3패 23세이브
> (LG 김용수와 공동 2위)를 마크, 역대 계약금이 절대로 부끄럽지 않은
> 호성적을 올려 팀이 6년 만에 포스트시즌에 오르는 데 공헌했다.
>
> _『한국야구사』 1352쪽

김경원. 우리는 어쩌면 그의 이름 석 자를 서서히 잊어가고 있는
지 모른다. 그러나 가을바람에 간간이 흩날리는 낙엽처럼, OB 베어
스의 지난날을 추억할 때면 그의 이름 석 자가 문득문득 바람결에
스쳐 지나가곤 한다.

'맞아, 김경원이 있었지.'

올드팬들이라면 무릎을 탁 칠 만한 이름. 찬란했던 시간은 짧았
지만, 누구보다 굵직한 울림을 줬던 선수. 그런 김경원을 떠올리면
1993년의 함성이 들려오는 듯하다.

1988년부터 이어진 기나긴 암흑기. 1990년과 1991년에는 2년
연속 최하위라는 굴욕의 역사를 쓰기도 했다. 그러나 동 트기 전 새
벽이 가장 어두운 법. 그 어둠의 터널을 지나 OB는 1992년 5위로
뛰어오르며 희망을 노래했다.

그리고 1993년, 마침내 빼앗긴 들에 봄이 왔다.

> 국가대표 투수 김경원(21)이 28일 OB 베어스와 계약금 1억 원, 연봉
> 1200만 원에 입단 계약을 맺었다. 동대문상고 재학 시절이던 1989년 청
> 소년대표와 국가대표로 뛰며 초고교급 투수로 꼽혔던 김경원은 1990년
> 중앙대에 진학해 대표 생활을 이어갔다. 김경원은 그러나 췌장암이 악
> 화된 아버지 김용모(53) 씨의 수술비 마련을 위해 지난해 12월 자퇴한 뒤
> 그동안 OB와 입단 교섭을 벌여왔다.
>
> _1992년 12월 29일자 〈한겨레〉

무엇보다 1993년에는 1차 지명 선수가 한꺼번에 무려 3명이나
OB에 들어왔다는 점이 눈에 띈다. 1991년 1차 지명을 받은 뒤 실업
팀 한국화장품에 입단했던 전천후 내야수 황일권이 2년 만에 OB행
을 결심했고, 1993년 1차 지명을 받은 대학 최고 거포 추성건도 입
단했다.

여기에 1990년 1차 지명 투수 김경원이 OB 유니폼을 입었다. 마
운드 재건이 OB 구단의 암흑기 탈출과 팀 재건을 위한 필수 요소.
신인 김경원이 아마추어 시절의 명성만 되살려준다면, 신구 조화를
통해 뭔가 일을 낼 수 있을지도 모른다는 기대와 희망이 부풀어 올
랐다.

1차 지명에도 중앙대를 선택할 수밖에 없었던 김경원

묵직한 얼굴, 묵직한 몸매, 그보다 더 묵직한 강속구.

김경원을 회상하자면 먼저 동대문야구장의 옛 추억이 떠오른다. 김경원은 초고교급 투수로 만년 하위팀 동대문상고를 전국 최강의 반열에 올려놓으며 각광을 받았다. 2학년 때인 1988년 봉황대기에서 팀을 4강에 진출시키며 우수투수상을 수상해 이름을 알리기 시작했고, 3학년 때인 1989년에는 청룡기 우승을 이끌며 MVP와 우수

투수상을 받았다. 그리고 고등학교 3학년 신분으로 성인 국가대표로 선발되는 기염을 토했다.

OB는 1990년 신인 드래프트에서 파격적으로 고졸 김경원을 1차 지명했다. 당시에는 구단별로 2명을 1차 지명할 수 있었는데 LG가 주사위 던지기에서 이겨 1순위와 4순위로 각각 김동수(서울고-한양대)와 이병훈(선린상고-고려대)을 뽑았고, OB는 2순위 임형석(서울고-한양대)에 이어 3순위로 동대문상고 김경원을 선택한 것. KBO 1차 지명 제도 도입 후 고졸 최초의 1차 지명이 탄생한 것이었다.

그러나 김경원은 프로행 대신 중앙대 진학을 선택했다.

"당시엔 대학 가서 국가대표 되는 것이 엘리트 코스로 여겨지던 시절이었죠. 프로 1차 지명을 받아 좋기도 했지만, 저도 국가대표 한번 하고 싶다는 생각이 커서 중앙대 진학을 선택했습니다."

김경원은 1990년 당시 1차 지명과 대학 진학의 기억을 떠올리며 이렇게 설명했다.

OB는 앞서 설명한 대로, 1990년과 1991년 구단 역사상 처음으로 2년 연속 꼴찌에서 허우적거렸다.

"당시 OB는 주사위 던지기를 하는 족족 LG에 지기도 했지만, 들어오는 투수마다 부상에 시달리거나 기대에 미치지 못하는 투수가 대부분이었어요. 꼴찌를 벗어나기 위해서는 당연히 투수력을 보강해야 하는데 신인도 시원찮고 트레이드도 잘 안 됐죠. 항상 아등바

등하다가 투수력 때문에 뒷심 부족으로 지고, 지고, 또 졌어요. OB 프런트 직원들끼리 술만 마셨다 하면 '왜 1차 지명까지 해놓고 김경원을 못 데리고 왔냐'고 신세 한탄을 하곤 했죠."

구경백 일구회 사무총장의 기억이다.

김경원 역시 중앙대 진학 후 우여곡절을 겪었다. 1학년 때 팔꿈치가 아파 뼛조각 수술을 받았고, 2학년 때는 야구부원들끼리 농구를 하다 무릎 연골이 찢어지는 부상으로 수술을 해야만 했다. 재활의학도 주먹구구이던 시절, 무릎을 강화한다고 쪼그리고 앉았다 일어나는 훈련을 반복하다 무릎이 더 망가지고 말았다. 훗날 무릎 통증은 그가 선수 생활 내내 달고 다닌 고질이 됐고, 은퇴를 앞당긴 주범이 되고 말았다.

## 🎾 중앙대 중퇴와 OB 최초 계약금 1억 원에 숨은 사연

대학 2학년 시절이던 1991년, 설상가상으로 아버지가 췌장암 진단을 받고 투병 생활을 시작했다. 가세가 기울었다. 야쿠르트 배달을 하던 어머니의 수입만으로는 버티기 힘들었다. 돈이 필요했다.

"왜 1차 지명까지 해놓고 김경원을 못 데리고 왔냐"고 술자리에서 한탄하던 OB 운영팀이 움직였다. "어떻게 해서든 김경원을 데려오자."

당시는 프로(KBO)와 아마추어(대한야구협회)가 앙숙처럼 으르렁거리던 시절이었다. 그래서 만들어진 게 프로-아마 협정서. 일종의 신사협정서였다. 이에 따르면 대학 자퇴 선수는 1년을 쉬어야 했다.

그래도 OB 구단이 살기 위해서는 1년이라도 먼저 김경원을 데려와야 했다. OB 구단의 스카우트를 책임지던 고 강남규 부장이 중앙대 야구부 감독과 학교 측을 설득하고, 양승호 스카우트가 김경원을 마크했다.

OB 최초로 계약금 1억 원 시대를 연 김경원

"1989년 동대문상고가 우승할 때 제가 신일고 감독을 하고 있었는데 김경원한테 밀려서 졌거든요. 김경원이 어떤 투수인지는 사실 제가 누구보다 잘 알고 있었죠."

양승호 고양 위너스 총괄 단장(전 롯데 감독)은 30년 전 일을 떠올렸다. 김경원은 1991년 11월에 중앙대에서 중퇴했다. 규약상 1년을 무적 선수로 지내야 했다. 중앙대에서도 공을 던질 수 없고 OB에 입단할 수 없는 신분이어서, 친구가 보조 코치로 있었던 배명고에서 홀로 개인훈련을 했다.

"틈만 나면 김경원을 찾아가서 밥 사주고, 생맥주 사주고, 같이 자고 그랬죠. 그때 제가 신혼 때였는데 김경원 마음을 달래주기 위해 나중엔 집에 있는 것보다 김경원하고 같이 있는 시간이 더 많다시피 했어요."

김경원은 1992년이 넘어가기 전, 12월 28일에 마침내 계약금 1억 원과 연봉 1200만 원의 조건에 OB와 계약했다. 1억 원은 OB 구단 역사상 최초의 억대 계약금. 언론 발표용과 달리 실제로는 위로금 조로 계약금 800만 원을 보탰다. 신인 연봉 상한선인 1200만 원까지 합쳐 1억 2000만 원을 채워준 셈이었다.

## 🎾 김경원 등장, OB 반격의 역사 시작

김경원의 역동적인 투구 모습

"박동희하고 선동열 합친 거 아냐?"

누군가는 머리가 크다고 해서 '대가리'라 불렸고, 누군가는 곰을 닮았다고 해서 '곰탱이'라고 말했다. 과묵한 데다 진중한 성격이라 '애늙은이'이라고도 했다. 그러고 보니 외모부터 곰 군단에 입단할 상이었다.

묵직한 얼굴은 박동희(롯데)를 연상시켰고, 하체를 쭉 끌고 나가 던지는 투구 폼은 선동열(해태)을 떠올리게 했다. 신인이지만 일본 쓰쿠미 스프링캠프부터 140km 중후반대의 강속구를 포수 미트 속에 펑펑 꽂아 넣자 모두들 그의 외모와 투구 폼, 구위를 놓고 한마디씩 품평을 했다.

그러던 사이 앞서 설명한 대로 일본인 인스트럭터들이 "우리가 이제야 제대로 된 투수를 본다"며 감탄사를 터뜨렸다. 동대문상고 직속 선배인 윤동균 감독도 김경원의 투구만 보면 얼굴에 미소가 떠나지 않았다.

1993년 4월 10일 개막전. 사직에서 전년도 한국시리즈 우승팀 롯데를 상대해야 했다. 4-1로 앞서던 게임을 8회말 한꺼번에 3점을 내주는 바람에 결국 4-5로 역전패했다.

출발이 좋지 않았지만 OB는 이튿날 값진 승리를 챙겼다. 선발 장호연이 8회 선두타자 김응국을 볼넷으로 내보낸 뒤 한영준에게 적시 2루타를 맞아 3-2로 쫓기자 윤동균 감독은 마침내 김경원을 호출했다.

김경원의 프로 데뷔전이었다. 무사 2루 상황. 김경원은 계속된 1사 1, 3루에서 대타 최계영에게 우익수 파울플라이를 유도했지만, 희생플라이로 이어져 동점을 허용했다.

돌아선 9회초. 1사 1, 3루에서 임형석이 전년도 신인왕 롯데 염종석을 상대로 희생플라이를 날려 OB가 다시 4-3 리드를 잡았고, 김경원은 9회말을 삼진 1개 포함 삼자범퇴로 마무리하면서 데뷔전에서 프로 첫 승을 올렸다.

OB의 1993년 첫 승이자 '김경원 시즌'을 위한 경쾌한 출발 신호였다. 김경원은 그 이후 승승장구했다. 4월 14일 잠실 삼성전 구원승(5와 2/3이닝 2실점), 4월 20일 인천 태평양전 구원승(6과 2/3이닝 1실점)을 올렸다. 구원투수지만 승부처에 등판해 5~6이닝도 마다하지 않고 던지며 3연승 무패를 달렸다.

데뷔 후 3경기 연속 등판 승리는 KBO 역사상 최초의 기록. 그 이후 지금까지 누구도 이 기록을 넘어서지는 못했다. 2002년 KIA 김진우와 2006년 한화 류현진이 타이기록까지만 작성했다. 다시 말해 KBO 역사상 단 3명밖에 없는 진기록이다.


## 🎾 '김원형 노히트노런'의 희생양…… 충격 딛고 5월 반등

OB는 개막 이후 8경기를 치르는 동안 묘하게 패-승-패-승-패-승-패-승을 반복했다. 이어 4월 20일 인천 태평양전에서 김경원이 구원승을 거둔 가운데 시즌 첫 2연승을 올려 5할 승률 +1을 기록하게 됐다.

그러나 기쁨도 잠시, 4월 21일 인천 태평양전부터 27일 잠실 LG전까지 내리 5연패. LG는 4연승으로 신바람을 내며 9승 5패로 2위를 달렸고, OB는 5승 9패로 6위로 내려앉아 분위기가 대조됐다. OB는 4월 28일 LG전에서 노장 박철순의 역투에 힘입어 간신히 5연패 사슬을 끊었다. 그러나 29일 다시 LG에 4-5로 졌다.

그리고 4월 30일 쌍방울전. 쌍방울 '어린 왕자' 김원형(현 SSG 감독)에게 노히트노런을 내주며 0-3 충격패를 당했다. 6회 김민호가 볼넷 하나를 얻지 못했더라면 퍼펙트게임을 당할 뻔했다. OB로서는 1988년 장호연이 개막전에서 노히트노런을 달성한 적은 있지만, 노히트노런을 헌납한 것은 구단 역사상 처음 있는 일이었다.

개막 첫 달인 4월까지의 성적은 6승 11패로 6위에 그쳤다. 승패 마진이 −5로 불어났다. 위쪽을 바라보고 출발했지만, 오히려 아래쪽 7위 쌍방울(6승 12패)과 최하위 태평양(4승 1무 10패)에 0.5경기 차로 쫓기는 신세가 됐다.

다행인지 불행인지, 그나마 4월 6승을 하는 중에 신인 김경원이 3구원승을 챙겼다. 만약 김경원마저 없었더라면 OB는 1993년 시즌 초반에 회복 불능의 나락으로 떨어졌을지 모른다.

그렇다면 노히트노런 패배의 충격파로 OB는 침잠했을까. 아니다. 정반대였다. 5월 첫 6경기에서 5승 1패로 반등했다. 그사이 김경원이 5월 6일 잠실 롯데전에서 구원승을 챙겨 시즌 4승을 올렸다. 빙그레 송진우와 다승 공동 1위가 됐다.

OB는 5월에 13승 2무 8패 호조 속에 시즌 19승 2무 19패로 5할 승률을 맞췄고, 순위도 4위로 점프했다.


## 🏐 LG에 대역전 레이스····· 정규시즌 최종일에 감격의 3위 점프

OB는 그해 '홀짝제'처럼 홀수 달에 상승세를 타고, 짝수 달에 브레이크가 걸리기를 반복했다. 6월에 10승 2무 14패(승률 0.423)로 가라앉았지만, 7월에 무려 14승 1무 5패의 놀라운 승률(0.725)을 올렸다. 8월에 다시 12승 2무 15패(승률 0.448)로 다소 부진했지만, 9월에 막판 스퍼트로 '미라클 레이스'를 펼쳤다.

9월 시작하자마자 3연승을 달렸다. 특히 9월 3일 경기에서는 8월

하순부터 비틀거리던 LG를 5연패로 몰아넣으면서 반전 드라마를 준비했다.

LG는 8월 19일까지만 하더라도 시즌 58승 2무 36패(승률 0.615)로 1위 해태(62승 1무 34패)에 3경기 차로 따라붙어 선두 탈환까지 노리던 팀이었다. 그런데 이후 5연패, 1승 다음에 다시 5연패. 11경기에서 1승 10패의 난조 속에 시즌 59승 2무 46패로 3위로 내려앉았다. 반면 OB는 9월 3일 LG를 잡고 시즌 57승 5무 48패로 4위로 도약했고, 3위 LG에도 2경기 차로 따라붙었다.

LG가 9월 한 달 동안 7승 1무 14패(승률 0.341)로 내리막길을 걷는 사이, OB는 월간 12승 7패(승률 0.632)로 반등하며 최종일의 기적을 완성했다.

정규시즌 마지막 3연전은 극적이었다. LG가 3연패를 한 반면, OB는 3연승으로 마침내 순위가 뒤바뀌는 상황이 만들어진 것이다.

최종전을 하루 앞둔 9월 27일, OB는 LG와의 시즌 마지막 맞대결을 펼쳤다. 이 경기에서 OB가 5-2로 승리하며 마침내 공동 3위로 도약했다.

OB는 65승 5무 55패, LG는 66승 3무 56패. 현재처럼 승률 계산 시 무승부를 버리는 계산법이라면 OB가 0.542의 승률로 LG(0.537)에 앞서 단독 3위가 됐겠지만, 당시에는 승률 계산 시 무승부를 버리지 않았다. 1무를 0.5승과 0.5패로 더한 뒤 경기 수로 나눴다. OB와 LG의 성적은 사실상 67.5승 57.5패로 계산해야 했던 것. 사정이 그렇다 보니 승률은 0.540으로 같아져 공동 3위가 됐다.

9월 28일 시즌 최종전 결과에 운명이 달렸다. OB는 인천에서 태평양을 상대로 0-2로 끌려가다 2-2 동점을 만든 뒤 5회초 김상호의 결승 투런 홈런 등으로 3점을 뽑아내 5-4로 극적인 역전을 거뒀다. 김경원은 마지막 3과 1/3이닝을 2안타 2볼넷 6탈삼진 무실점으로 막고 값진 세이브를 올렸다.

반면 LG는 대전에서 빙그레를 상대로 실책 등이 겹치며 4-5로 패하고 말았다. 인천과 대전에서 똑같은 스코어 5-4가 나왔지만, OB는 이겼고 LG는 졌다.

이로써 정규시즌 126경기 최종 성적은 OB 66승 5무 55패(승률 0.544), LG 66승 3무 57패(승률 0.536). 시즌 중반까지 6위를 맴돌던 OB는 8월 18일 태평양전 승리로 4위로 올라섰고, 결국 LG에 1경기 차로 앞서며 단독 3위로 정규시즌을 마감하는 기적을 만들었다. 개막 이후 172일 동안 줄곧 LG에 뒤지다 단 하루 단독 3위에 올랐는데, 그것이 시즌 최종 성적이었다.

OB가 페넌트레이스 전체 성적을 기준으로 단독 3위에 오른 것은 1984년 이후 9년 만이며, 포스트시즌 진출은 1987년 이후 6년 만의 경사였다. 5년간의 기나긴 암흑기를 벗어난 것도 중요했지만, 무엇보다 반가운 것은 곰 특유의 끈기와 뒷심이 부활한 점이었다. 비로소 베어스다운 야구를 하기 시작했다.

## 🎾 찬란한 ERA 1.11⋯⋯ KBO 역사에서 선동열 다음가는 기록

1993년 김경원은 강한 임팩트를 남겼다. 시즌 126경기 체제에서

48경기에 등판했다. 6월 3일 잠실 롯데전 더블헤더 제2경기에 선발 등판(4이닝 1실점)한 것을 제외하면 47경기에 구원 등판했다.

데뷔 시즌 성적은 9승 3패 23세이브. 당시 구원 부문은 구원승과 세이브를 합친 '세이브포인트'로 집계했는데 김경원은 32세이브포 인트로 해태 선동열(42세이브포인트)에 이어 LG 김용수와 공동 2위에 올랐다. 팀의 66승 중 절반에 가까운 32승에 김경원이 관여한 셈이 었다.

김경원은 기본적으로 7회부터 등판해 세이브를 기록하는 일이 잦았다. 심지어 6회부터 마무리로 나서 세이브를 올리기도 했다. 구 원투수인데 129와 1/3이닝을 던져 규정이닝까지 채웠다. 놀라운 것 은 17실점 16자책점으로 평균자책점 1.11을 기록했다는 사실. 그해 선동열이 KBO 역사상 최저 기록인 0.78을 기록하는 바람에 2위에 랭크됐지만 모두가 놀란 수치였다.

평균자책점 1.11. KBO리그 역사상 선동열이 3차례 0점대 평균자 책점(1986년 0.99, 1987년 0.89, 1993년 0.78)을 기록한 것을 빼면 지금까 지 그보다 낮은 평균자책점을 기록한 투수는 아무도 없다. 다시 말 해 역대 4위의 기록이다.

만약 선동열이라는 인물이 KBO 역사에 없었더라면, 김경원의 1993년 1.11 평균자책점은 역대 1위에 해당하는 기록인 셈이다. 선 동열은 불세출의 투수였고, 1993년의 김경원은 선동열 다음가는 투 수로 역대급 위력을 떨쳤다고 보면 된다.

김경원은 많은 구종을 던지는 투수도 아니었다. 140km 중후반 의 빠른 볼과 슬라이더의 '투 피치Two Pitch 투수'였다. 바깥쪽 승부 일

변도였지만, 낮고 묵직하게 깔려 오는 공에 타자들은 알고도 당하기 일쑤였고, 쳐도 밀리기 일쑤였다.

그해 OB는 10승 투수를 대거 탄생시켰다. 김상진이 11승을 올리면서 연습생 투수 최초로 3년 연속 10승 투수가 됐고, 베테랑 장호연은 10승으로 2년 연속 10승을 거두며 명성을 이어갔다. 1992년 2차 1라운드 지명 투수 권명철이 데뷔 2년 만에 10승 투수로 도약한 것도 반가웠지만, 1991년 성남고 졸업 후 곧바로 데려온 강병규가 데뷔 3년 만에 마침내 10승을 올린 점이 눈길을 모았다.

OB가 한 시즌에 10승 투수를 무려 4명이나 배출한 것은 구단 역사상 처음 있는 일이었다. 여기에 노장 박철순이 3년 연속 7승으로 팀 마운드에 불사조의 기운을 불어넣은 것도 고무적이었다.

OB는 그러면서 그해 팀 평균자책점 2.88로 1위를 차지했다. 전년도 4.21에서 1.33이나 낮췄다. OB가 팀 평균자책점 1위에 오른 것은 1986년(2.61)에 이어 7년 만이었다. 10승 투수를 4명 배출한 것도, 팀 평균자책점 1위에 오른 것도 철벽 마무리 '김경원 효과'를 빼놓고 설명할 수 없는 일이었다.


"그때부터 OB가 계산된 야구를 할 수 있었어요. 그 전까지만 해도 앞서고 있다가 막판에 뒤집힌 경기가 부지기수였죠. 그러다 보니 투수를 어떻게 써야 할지 계산을 할 수 없었어요. 윤동균 감독도 비로소 계산이 서는 야구를 하기 시작한 거죠. 오늘은 3점을 내는 게임이다, 1점 승부다, 이런 걸 계산하고 선수 기용과 작전을 구상할 수가 있었어요. 뒤에 김경원이 있으니까 가능했던 거였죠."

구경백 일구회 사무총장은 김경원 입단 효과를 이렇게 설명했다.

타선에서도 베테랑들이 힘을 냈다. 김형석이 147안타로 OB 역사상 최초로 안타왕에 올랐고, 김광림(0.300)이 3할 타자로 복귀했다. 타점 부문에서도 김형석(62타점), 김상호(56타점), 이명수(56타점)가 10위 안에 포함됐다.

1992년 김광수의 은퇴 후 마침내 주전 2루수와 2번 타자 자리를 차지한 5년생 이명수의 화려한 변신도 반가운 대목이었다. 프로 지명을 받지 못한 채 연습생처럼 들어와 계약금과 연봉 1000만 원의 헐값에 입단한 김민호가 유지훤 이후 적임자를 찾지 못하던 유격수 자리를 차지한 것도 1993년의 최대 수확이었다. 왼손투수와 기동력만 보강된다면 더 높은 곳을 바라볼 수 있는 팀이 만들어졌다.

## 🎾 암흑기 끝…… 사상 첫 '더그아웃 시리즈'의 추억

사상 첫 서울팀 간 포스트시즌. 잠실야구장 1루와 3루 더그아웃만 바꿔서 치르는 일명 '더그아웃 시리즈'가 성사됐다.

3전2선승제의 준플레이오프. 1차전 선발투수로 OB 윤동균 감독은 3년 연속 10승을 기록한 '배트맨' 김상진을, LG 이광환 감독은 9월에 노히트노런을 기록하며 상승세를 탄 김태원을 내세웠다.

1회말 OB는 선취점을 뽑았다. 그러나 볼넷 1개를 얻고 3안타를 날렸지만 대량 득점 대신 1점을 얻는 데 그친 점이 아쉬웠다. 선두 타자 김광림이 볼넷을 골라 나간 뒤 투수 견제구에 걸려 아웃됐고,

1사 후 연속 안타로 만들어진 1, 3루에서 중전 적시타를 때린 김상호가 포수 김동수의 견제로 런다운에 걸린 사이 3루 주자 김형석이 홈을 파고들다 아웃당하면서 찬물을 끼얹었다.

어쩌면 이 장면이 준플레이오프 전체 승부의 분수령이 됐는지 모른다. 4회초 LG 공격 때 무사 2, 3루에서 노찬엽의 좌익수 깊숙한 희생플라이로 1-1 동점이 됐다. 이어 김상훈의 내야땅볼이 2루수 이명수 앞에서 불규칙 바운드되며 튀어 올라 우익수 쪽으로 달아났다. 공식기록은 2루수 실책. 이것이 결국 2-1로 끝난 1차전 결승점이 되고 말았다.

김상진의 8이닝 2실점 호투 후 뒤집기를 노리며 투입한 김경원이 9회초 등판해 1이닝 무실점으로 막았지만, OB 타선은 김태원(8과 2/3이닝 1실점)과 김용수(1/3이닝 무실점)를 넘어서지 못했다.

벼랑 끝에 몰린 OB는 2차전 선발투수로 이광우 카드를 빼 들었다. 시즌 동안 중간계투로 활약했지만 LG 킬러의 면모(정규시즌 3승 1패 1세이브)를 보인 우완투수였다. LG는 예상했던 대로 2선발 우완 정삼흠을 투입했다.

양 팀의 승부는 단 1점으로 갈라졌다. 4회초 OB 공격. 이명수가 전날 실책을 만회하려는 듯 1사 후 정삼흠의 주무기인 슬라이더를 받아쳐 우중간을 뚫는 3루타를 날렸다. 이어 시즌 최다안타 김형석이 중전 적시타를 터뜨려 1-0 리드를 잡았다.

OB는 4회말 무사 1, 2루 위기를 맞았다. 타석에는 LG에서 가장 날카로운 방망이를 휘두르는 '검객' 노찬엽. 이광우가 병살타를 유도했다. 그러자 윤동균 감독은 지체 없이 김경원을 호출했다.

2사 3루에서 이병훈을 삼진으로 돌려세운 김경원은 묵직한 강속구로 LG 타선을 막아나갔다. 9회까지 5와 1/3이닝 2안타 무실점으로 틀어막고 1-0 승리를 지켜냈다.

이날은 윤동균 감독의 결혼 20주년 기념일. 윤 감독은 이날 감독으로서 포스트시즌 첫 승이자 마지막 승리를 거뒀다(윤 감독의 가을잔치 마지막 승리가 된 것은 3차전에서 패한 데다, 1994년 예상치 못한 선수단 집단이탈 사태가 발생하면서 지휘봉을 내려놓아야 했기 때문이다).

3차전에서 LG는 소방수 김용수를 선발로 내는 파격적인 승부수를 던졌다. 시즌 내내 단 한 번도 선발로 등판하지 않았던 투수였다. OB는 원년 우승의 영웅 '불사조' 박철순 카드를 꺼내 들었다. 부산에 사는 부친의 교통사고 소식을 들었지만 눈물을 머금고 마운드에 섰다.

훗날 양 구단 영구결번의 주인공이 되는 간판스타 맞대결이어서 그 자체로 흥미 만점이었다.

김용수가 먼저 무너졌다. 3회에 이명수에게 적시 3루타를 맞고 선취점을 내주자 LG는 4회부터 차동철로 교체했다. 박철순도 5회 초 2사 2, 3루 위기에 몰렸다. 그러자 윤동균 감독은 다시 전가의 보도처럼 김경원을 호출했다. 여기서 유격수 김민호의 실책으로 1-1 동점을 허용하고 말았다.

OB는 5회말 김상호의 솔로 홈런으로 7회까지 2-1로 앞서나갔다. 8회와 9회만 막으면 플레이오프 진출. 하지만 메이저리그 명포수 출신 요기 베라의 명언처럼 야구는 끝날 때까지 끝난 것이 아니었다. 김경원이 하루를 쉬었다고는 해도 1, 2차전 연투를 했고, 특히

2차전에서 5와 1/3이닝을 던졌다.

8회초 LG 선두타자 송구홍이 피로한 기색이 역력한 김경원을 상대로 좌전안타를 치고 나갔다. 1루 견제 악송구와 박종호의 볼넷 등으로 만들어진 1사 1, 2루. 김상훈의 동점 우전 적시타, 김동수의 역전 좌전 적시타가 연이어 터졌다. 여기서 김상진이 구원 등판했지만 박준태의 우전 적시타, 노찬엽의 중견수 희생플라이까지 나오면서 OB는 한꺼번에 4점을 내줬다. 스코어는 단숨에 5-2로 벌어졌다.

OB는 6회부터 구원 등판한 LG 김태원에게 하나의 안타도 때리지 못하고 끝내 9회말까지 무득점에 그쳤다. 1승 2패로 허무한 탈락. 윤동균 감독은 경기 후 라커룸에서 북받치는 울음을 삼킨 뒤 기자회견에 나서 "김경원을 당초 7회나 8회 정도에 투입할 생각이었는데 마음이 조급했다"고 자책하면서 "우리는 최선을 다했다. 힘을 길러 내년에 다시 한번 도전하겠다"는 소감을 밝혔다.

사실 맞은편 LG 이광환 감독은 플레이오프 진출에 실패하면 사퇴할 작정이었다. 그러나 이날 승리로 인해 계속 지휘봉을 잡았고, 1994년 신바람 야구로 우승까지 이끌게 됐다.


## 🎾 부상과 불운…… 1993년의 김경원은 돌아오지 않았다

1993년 구세주처럼 등장해 특급 마무리로 팀을 3위로 끌어올렸던 김경원은 그러나 1994년 개막 엔트리에서 제외됐다. 사우나에서 목욕을 하다 넘어져 손바닥을 다쳤다는 게 OB 구단의 설명이었다.

김경원과 장호연(오른쪽)

언론에도 그렇게 보도됐다. 어쩌면 1994년 OB에 다시 먹구름과 폭풍우가 몰려오는 것을 암시하는 전조였는지도 모른다.

"몸 상태가 좋지 않았어요. 사춘기가 늦게 왔는지, 그때 이런저런 반항심이 많이 생겼죠. 2년생 징크스인지 스프링캠프와 시범경기까지 치렀는데 구위도 안 올라오고 몸도 안 올라오니까 스트레스를 많이 받았던 것 같아요. 저도 모르게 방 유리를 오른손으로 쳤어요. 손에 유리 파편이 박혔죠. 회복하는 데 꽤 오랜 시간이 걸리더라고요."

김경원은 1994년 시즌 개막 후 한 달 이상을 허송세월한 아픈 기억을 더듬었다. 5월 중순 복귀를 했지만 컨디션이 빨리 올라오지 않았다. 6월부터는 몸과 구위가 비로소 돌아오는 듯했다.

그런데 다시 불운이 닥쳤다. 인천 태평양전에서 1루 커버를 하다 엉겁결에 오른발로 베이스를 더듬는 바람에 베이스 위를 밟고 미끄러졌다. 1루로 전력질주하던 태평양 이근엽이 안간힘을 쓰며 다리를 쭉 뻗어 공중에 떴다 베이스에 착지하는 순간 사고가 났다. 이근엽의 스파이크 징에 발등을 찍히고 만 것. 이근엽의 잘못이라기보다는 김경원의 실수였다.

발등이 7~8cm 길이로 찢어졌고, 부상 깊이도 1.5cm가량이나 됐다. 발등에서 피가 솟구쳤다. 그길로 사실상 시즌이 마감됐다. 그해 성적은 19경기 1승 2패 4세이브, 평균자책점 4.95. 9월에 복귀했지만, 선수단 무단이탈로 어수선한 분위기 속에서 시즌을 마무리하고 말았다.

김경원은 격년제처럼 홀수 해와 짝수 해에 번갈아 부활과 부진을 반복했다. OB가 한국시리즈에서 우승한 1995년은 그나마 부활한 시즌이었다. 그러나 하체를 끌고 나가는 투구 폼인데, 무릎 통증과 발등 부상 여파로 하체를 충분히 활용하지 못했다. 체력과 공 끝이 무뎌졌다. 김인식 감독은 김경원 단독 마무리 대신 1993년 입단한 이용호(3승 5패 10세이브)와 더블 스토퍼 체제를 꾸렸다. 김경원은 그해 6승 3패 15세이브, 평균자책점 2.93을 기록했다.

1996년에는 고질적인 무릎 통증에 시달리며 3승 7패 9세이브, 평균자책점 3.42로 부진했다. 그해 5월 3일 잠실 LG전에서는 진기록(?)을 세우기도 했다. 9회초 김상호의 솔로 홈런으로 3-3 동점이 만들어진 상황에서 9회말 등판했다가 LG 선두타자 김재현에게 초구에 끝내기 홈런을 맞은 것. KBO 역사상 최초로 '1구 패전투수'라는 기록을 세웠다.

1997년 3승 2패 24세이브, 평균자책점 1.96의 호성적을 올렸다. 우리가 알던 김경원의 모습으로 돌아온 듯했다. 그러나 그런 모습도 그해가 마지막이었다.

1998년 6승 6패 5세이브 평균자책점 3.02로 평범한 성적을 거뒀고, 1999년 5월 15일에는 한화 홍원기, 전상열과 2대1 트레이드로 정든 OB를 떠나 대전으로 내려갔다.

한화에서 1999년 한국시리즈 우승 멤버로 반지를 끼기는 했지만 별다른 활약은 없었다. 한때 우상이던 박철순의 최고령 투수 기록을 깨는 것이 목표였던 김경원은 2001년을 끝으로 만 30세에 유니폼을 벗고 말았다.

김경원은 은퇴 후 2003년 춘천고 코치를 시작으로 대전고 코치, 안산공고 코치, 경찰청 코치로 후진을 양성했다. 2012년 두산 코치와 전력분석요원으로 활약하다 다시 군산상고와 경찰청 코치로 활동했다. 최근 서울 구의동에 자신의 이름을 딴 레슨장 '김경원 투수 아카데미 스트라이크'를 열고 새로운 도전에 나서고 있다.

1993년. 한 번이었지만 누구보다 찬란하게 타올랐던 불꽃 시즌이었다. 우리는 김경원을 그렇게 기억한다. 김경원은 당시를 어떻게 기억하고 있을까.

"1993년은 야구 하고 나서 가장 빛났던 시절이었어요. 그땐 하고 싶은 대로 다 했으니까요. 가끔씩 만나는 팬들도 항상 1993년 이야기를 해요. 저도 1993년을 발판으로 해서 선동열 선배의 0점대 평균자책점 기록을 깨보고 싶다는 목표를 세우기도 했지요. 비록 깨지는 못했지만 그런 꿈이 있었기 때문에 행복했던 시절이지 않았나 싶어요."

꿈만 같았던 그 시절이 꿈같이 지나갔다. 추억의 책장 너머로.

# BEARS
# 43

## '천재 타자' 강혁,
## 이중등록과 KBO 영구실격

아마추어 시절 '천재 타자'라고 불린 강혁

한양대와 프로야구 OB 구단의 스카우트 파동에 휘말렸던 강혁이 프로선수의 자격을 박탈당했다. 한국야구위원회(KBO)는 20일 강혁을 영구실격선수로 지명 공시했다. 이로써 현재 한양대 선수로 뛰고 있는 강혁은 대학 졸업 후에도 프로에 진출할 수 없게 됐다.

_1993년 4월 21일자 〈동아일보〉

1993년은 루키 김경원의 맹활약으로 6년 만에 가을잔치 무대에 나가는 기쁨도 만끽했지만, 한편으로는 또 다른 슈퍼 루키 강혁이 스카우트 파동 속에 OB 유니폼을 입지 못하는 아픔을 간직한 해이기도 하다.

43장에서는 신일고 시절 '천재 타자'로 각광 받던 강혁의 OB 입단 무산과 KBO 최초 영구실격에 대해 이야기하고자 한다. 베어스 구단 역사뿐만 아니라 한국야구사에 일대 회오리바람을 일으킨 크나큰 사건이었고, 아픈 상흔이었다.

## 🎾 1992년 고졸 야수 최고 대우 화려한 OB 입단식

"야, 영구결번된 내 번호 10번까지 너한테 물려준다. 프로에서도 최고의 선수가 돼라."

1992년 9월 19일 토요일. 페넌트레이스 종료 하루 뒤였다. 이날 잠실야구장 내 OB 구단 사무실에는 웃음이 끊이지 않았다. 남자다운 기백을 자랑하는 OB 윤동균 감독은 특유의 호탕을 웃음을 터뜨리며 한 고교 선수에게 10번이 달린 OB 베어스 유니폼을 입혔다.

OB는 하루 전 대구에서 삼성에 4-9로 패하면서 5위로 페넌트레이스를 마감했다. 비록 4위까지 주어지는 포스트시즌 진출 티켓을 따내는 데는 실패했지만, 윤동균 감독 부임 첫해에 2년 연속 최하위에서 탈출한 것만 해도 의미가 컸다. 더군다나 이날은 신일고 강타자 강혁의 정식 계약식이 거행됐기에 분위기는 더욱 고조됐다.

10번은 윤동균이 1989년 프로선수 최초로 은퇴식을 할 때, OB 구단이 영구결번으로 처리하기로 한 의미 있는 번호. 그러나 윤 감독은 자신의 분신과도 같은 번호를 고교 선수에게 기꺼이 내주며 흡족한 미소를 지었다.

10번이라고 하면 당시 최고 좌타자를 상징했다. 일본 프로야구 통산 최다안타(3085개)를 기록한 재일교포 장훈이 달았던 번호로, 한국에서도 야구 좀 한다는 좌타자들에게는 선망의 번호로 통했다. 윤동균뿐만 아니라 '타격의 달인' 장효조가 달았고, '악바리' 이정훈과 '양신' 양준혁이 달고 뛰었다. 각 구단에서도 아무에게나 10번을 허락하지 않던 시대였다.

강혁이 누군가. 어릴 때부터 야구판에 소문이 자자했던 천재 중의 천재. 북한산 자락에 있는 서울시 강북구 백운초등학교 3학년 때 체육 선생님의 권유로 야구를 시작한 뒤 투수면 투수, 타자면 타자, 못하는 게 없었다. 백운초 시절에는 투수가 아닐 때는 왼손잡이 유격수로 나섰을 정도로 독보적인 운동 센스를 자랑했고, 신일중과 신일고로 진학해서도 늘 '일등 야구선수' 자리를 놓치지 않았다.

어깨 부상으로 투수는 포기했지만, 타격 능력만큼은 타의 추종을 불허했다. 신일고 2학년 때인 1991년 대통령배 전국고교야구대회에서 0.615의 타율로 타격상을 받았고, 청룡기에서도 타격왕에 올랐다. 그리고 2학년 신분으로 쟁쟁한 3학년들을 제치고 고교 최고 타자에게 주어지는 '이영민 타격상'을 수상했다.

3학년에 올라가서도 대붕기에서 사이클링 히트를 포함해 타격상 (0.646)과 최다안타상을 휩쓸었다. 그해 전국대회 31경기 연속 안타를 작성해 고교야구 역사상 최고 기록을 세웠다. "강혁이 5할을 치면 부진하다"는 말이 돌 정도였다.

OB는 1990년과 1991년 구단 창단 후 처음으로 2년 연속 최하위에 그치는 수모를 당한 상황이었다. 게다가 1990년 1차 지명을 한 초고교급 투수 김경원이 중앙대로 진학하는 등 암흑기 동안 스카우트에서 유독 재미를 보지 못했다. 옆집 LG는 주사위 던지기를 하는 족족 이겼고, 스카우트를 하는 족족 대박을 터뜨려 대조를 이뤘던 시절. 그래서 OB 구단은 강혁만큼은 놓쳐서는 안 될 대어 중의 대어로 판단했던 것이다.

윤동균 전 감독은 당시를 돌아보며 자신의 10번을 물려준 기억을 더듬었다.

"강혁은 신일고 시절에 타격 능력이 대단했죠. 게다가 좌타자잖아요. 그래서 구단에서 영구결번시키기로 한 제 번호 10번까지 흔쾌히 내주기로 했습니다. 그만큼 기대가 컸어요. 신일고의 강혁, 그리고 다음 해에 졸업하는 배명고 김동주까지 잡으면 둘은 곧바로 OB 클린업 트리오에 들어간다고 봤어요. 아, 심정수도 있었죠. 심정수는 동대문상고 직속 후배니까 제가 직접 만나서 잡아 온 기억이 납니다."

## 🎾 한양대 가계약과 OB 구단 정식 계약

사실 강혁에 대해 OB보다 먼저 손을 쓴 쪽은 한양대였다. 1992년 3월에 이미 신일고 3학년에 올라간 강혁에게 다음 해 한양대 입학 시 3000만 원의 장학금(프로구단의 계약금 조)을 주겠다며 '가계약'을 했다. 정식 계약서를 쓴 것은 아니지만 일종의 약속을 한 셈. 여기에 용돈과 장비 구입비 등도 지원하겠다는 뜻을 나타냈다.

그런 가운데 OB가 강혁 영입에 본격적으로 뛰어들었다. 강혁의 신일중 시절 감독을 맡았고, 신일고 시절에는 야구부장으로 사제의 연을 이어간 양승호 스카우트(전 롯데 감독·현 고양 위너스 총괄 단장)를 내세워 강혁과 부모님 설득 작업에 들어갔다.

6월 26일. 초여름에 접어들 무렵이었다. OB 구경백 운영과장과

한양대와 영입 쟁탈전이 붙었던 강혁

양승호 스카우트는 경기도 의정부에 있는 강혁의 집을 찾아갔다. "혁이라면 프로에서도 곧바로 성공한다"고 장담하면서 "한양대보다 무조건 더 많은 계약금을 주겠다"는 약속도 했다. 그러고는 강혁의 집 안방에서 마침내 계약서 사인을 받아냈다.

계약금 4000만 원과 연봉 1200만 원. 이는 어디까지나 언론 발표 용이었다. 실제 계약금은 6000만 원이었다. 1991년 LG 1차 지명을 받은 대졸 송구홍(선린상고-건국대)이 5000만 원으로 역대 야수 최고 계약금을 받았다. 이어 1992년 삼성 2차 1라운드에 지명된 대졸 동 봉철(신일고-중앙대)이 5300만 원을 받아 송구홍의 기록을 다시 썼다.

그런데 대졸도 아닌 고졸 야수에게 역대 야수 최고 계약금 6000만 원을 안기기로 했으니 당시 강혁의 존재감이 어느 정도인지 짐작할 수 있다.

문제는 계약 시점이었다. 당시 프로-아마 협정서 2조 4항에 '고교를 졸업하는 선수와 프로구단은 아마 시즌이 끝나는 11월 1일부터 15일까지 접촉하고 입단 계약해야 한다'고 명시해놨기 때문이다.

그러나 OB로서는 그때까지 기다릴 수 없었다. 한양대가 이미 3월에 가계약을 했고, OB의 움직임을 간파한 한양대 측이 굳히기에 들어가려 하자, OB로서도 강혁 측과 빨리 정식 계약을 해 쐐기를 박아놓을 필요가 있다고 판단한 것이었다.

6월 26일 계약서에 사인을 받아내는 데까지는 성공했지만, 발표 시점이 고민으로 다가왔다. 최소한 11월 1일까지는 기다려야 했다.

그러나 당시 OB와 강혁의 입단 계약 소문이 세간에 나돌기 시작했다. 결국 OB 경창호 사장은 페넌트레이스 종료 하루 뒤인 9월 19일 계약 사실을 발표하는 것으로 정리했다. 강혁의 OB 입단 계약 사실을 공식적으로 발표하면 한양대가 포기할 것이라는 판단이었다. 또한 빨리 발표를 해야 한양대 측이 다른 선수를 스카우트할 수 있는 시간을 확보할 수 있기 때문에 오히려 그렇게 하는 것이 한양대에 대한 배려라고 생각했다.

그러나 세상일이 계산대로만 돌아가지 않았다. 한양대가 곧바로 "프로-아마 협정 위반"이라며 OB에 항의했다. 여름에 강혁의 집에서 계약을 하며 찍은 사진이 화근이었다. 사진에 '92. 6. 26.'이라는 숫자가 선명하게 박혀 있었던 것. 한양대 측에서 그것을 문제 삼아

"OB와 강혁의 계약은 원천 무효"라며 격렬하게 반발하고 나섰다. 반면 OB는 "당사자와 부모님 입회하에 정상적으로 체결한 계약이기 때문에 문제가 없다"고 주장했다.

이때부터 한양대는 강혁과 강혁 부모, 신일고 측에 동시다발적으로 회유와 설득 작업을 이어갔다. 강혁 측에서 곤혹스러울 수밖에 없었던 가장 큰 문제는 신일고 동기 야구선수 2명이 함께 한양대로 가기로 돼 있었다는 점이었다. 당시에는 대학이 고교 특급 선수를 영입하기 위해 '끼워 넣기' 식으로 친구 몇 명을 받아주는 것이 관례처럼 굳어져 있었다. 한양대뿐만 아니라 운동부가 있는 모든 대학이 마찬가지였다.

이러한 설계가 다 틀어지게 되자 한양대에서는 강혁의 마음을 가장 흔들 수 있는 친구 문제를 걸고넘어졌고, 이미 한양대와 얘기를 마친 신일고에서도 "강혁의 대학 진학이 이뤄지지 않으면 야구부를 해체하겠다"고 위협했다.


## ⚾ 강혁의 프로행 번복과 강혁 숨기기 작전

OB 입단식이 열린 뒤 열흘 남짓. 강혁은 10월 2일 돌연 프로행을 번복하게 된다. 강혁과 강혁의 부모, 신일고 관계자들이 OB 구단 사무실을 찾아가 한양대 진학 의사를 밝히면서 계약을 취소해달라고 요청했다. "4년 후에는 꼭 OB로 돌아오겠다"며 선처를 부탁하기도 했다. 그러나 OB 구단으로서도 이미 계약한 이상 취소를 해줄 수는 없는 처지였다.

그러자 한양대는 그때부터 강혁 숨기기 작전에 돌입했다. "11월 1일에 앞서 계약한 것은 무효"라면서 OB와 강혁의 접촉을 차단하기 위해 한양대 1년 선배인 차명주의 부산 집에 강혁을 빼돌린 것. OB는 강혁이 마무리훈련 캠프에 나타나지 않고 연락도 닿지 않자 발만 동동 구를 뿐이었다.

물론 그해 고교 야구선수 쟁탈전이 OB와 한양대 사이에서만 벌어졌던 것은 아니었다. 광주진흥고 3학년 이대진도 고려대에 가기로 돼 있었지만 해태와 이미 계약을 했고, 공주고의 노장진과 유신고의 최영필 등을 두고도 연고 프로구단과 대학 간의 줄다리기가 이어졌다.

1990년대 초반, 당시에는 야구선수는 대학을 가서 국가대표가 되는 것이 엘리트 코스로 여겨지던 시절이다. 간간이 초고교급 선수에 한해 프로와 대학이 스카우트 싸움을 벌이기는 했지만 대부분 승자는 대학이었다. 92학번만 하더라도 임선동(연세대)이 그랬고, 조성민(고려대)이 그랬다. 손경수(홍익대), 박재홍(연세대) 등도 마찬가지였다. 오히려 대학에서 프로보다 더 많은 계약금을 안겼다.

그런데 1년 만에 프로와 대학 간의 스카우트 전쟁이 더 격화됐다. 그럴 만한 이유가 있었다. 1992년 롯데 염종석(17승)과 빙그레 정민철(14승) 등 고졸 신인들이 첫해부터 맹활약하면서 팀의 한국시리즈 진출에 혁혁한 공을 세우자, 프로 각 구단이 너도나도 금전 공세로 고졸 선수 영입 경쟁에 본격적으로 뛰어든 것이다.

고졸 선수 계약은 11월 1일부터 15일까지. 프로구단과 스카우트 싸움을 벌이던 각 대학이 주요 선수들을 잠적시켰다. 고려대는 손민한(부산고), 경희대는 최영필(유신고), 원광대는 노장진(공주고), 단국대는 이병규(장충고) 등을 바닷가나 연락이 닿지 않는 외진 곳에 피신시켜 프로구단과의 접촉을 원천 봉쇄했다.

11월 16일. KBO 고졸 신인 계약 선수등록 마감일이었다. OB는 강혁과 연락이 닿지 않았지만 이미 사인을 받아낸 강혁의 계약서를 KBO에 제출했다. 한양대에 양보할 생각이 없다는 시그널이었다.

그러자 한양대는 대학 입학원서 접수 마감 이틀 전인 11월 25일, 강혁의 경영학과 지원 원서를 접수받았다. OB 구단과 한 치의 양보도 없이 각자 갈 길을 택한 것이었다.

그런데 이후 반전이 또 일어났다. 11월 마지막 날, 강혁이 직접 OB 구단을 찾아와 "죄송하다"며 사과를 하면서 자신을 보호해달라고 요청한 것. 프로에 오겠다는 뜻이었다. 양승호 스카우트는 즉시 강혁을 조용호 스카우트의 차에 태웠다. 그러고는 지인의 소개로 전북 남원에 있는 한 별장으로 달려갔다. 대입 시험을 보지 않는다면 한양대 입학을 할 수 없으니 그때까지 숨어서 버티면 될 일이었다.

이번에는 한양대가 발칵 뒤집혔다. 3~4일쯤 도피를 하고 있는 상황에서 강혁의 아버지가 강혁에게 전화를 걸어 "아버지 건강이 좋지 않다"며 서울로 올라올 것을 종용했다. 한편으로는 "강혁이 납치됐다"며 경찰서에 실종 신고까지 하면서 강온 양면 작전을 펼쳤다.

경찰이 수사에 나서자 OB도 더 이상 버틸 수 없었다. 결국 OB 구단도 양승호 스카우트에게 "강혁을 데리고 서울로 올라오라"고 지시하기에 이르렀다.

강혁과 아버지의 접선 장소는 한양대 인근. 정황상 한양대 측과 강혁의 아버지가 함께 있다는 뜻이었다. 양승호 스카우트는 강혁을 그곳에 내려줬다. 강혁은 한양대로 다시 들어갔고, 결과적으로 그 길은 돌아올 수 없는 강이 되고 말았다.

## KBO와 대한야구협회 이중등록…… 사상 초유 KBO 영구실격

1996년 경향신문 기사

강혁은 겨울 동안 한양대에서 합숙 훈련을 했다. 이듬해 프로구단들의 스프링캠프가 시작됐지만 강혁은 OB 캠프에 끝내 모습을 드러내지 않았다. 그러나 OB는 강혁을 포기하지 않았다. 계약 서류를 내세워 1993년 2월 27일 KBO에 선수등록을 마쳤다.

한양대 측도 물러서지 않았다. 3월 2일에 아마추어 야구를 관장하는 대한야구협회(현 KBSA)에 강혁을 대학선수로 등록했다. '이중계약'을 넘어 '이중등록' 파문이 일파만파로 번졌다.

1993년 프로야구 개막은 4월 10일. 이에 앞서 대학야구가 먼저 기지개를 켰다. 4월 6일 강혁이 마침내 한양대 신수로 봄철대학야구리그 고려대전에 출전하면서 야구계는 다시 한번 커다란 소용돌이에 빠져들게 된다.

> 한양대와 프로야구 OB 구단의 이중등록 시비를 불러일으켰던 강타
> 자 강혁이 5일 한양대 유니폼을 입고 봄철대학야구리그전 고려대와의
> 경기에 1루수 겸 6번 타자로 출전함으로써 선수 자격에 대한 판정이 불
> 가피해졌다.
>
> _1993년 4월 6일자 〈동아일보〉

당시 강혁의 스카우트를 책임진 한양대 이종락 야구부장은 이에 대해 "지난 82년 최동원이 캐나다 프로팀인 토론토 블루제이스와 입단 계약을 했지만 계약금을 받지 않았기 때문에 아마 자격이 유지돼 1982년 세계야구선수권대회에 출전할 수 있었다"면서 강혁이 OB와 계약을 했지만 계약금을 받지 않았기 때문에 아마추어 선수 자격에는 문제가 없다고 주장했다.

OB는 결국 4월 6일 KBO에 강혁을 '임의탈퇴선수'로 공시해달라고 요청한 데 이어 4월 19일 '영구실격선수'로 공시해달라고 요청했

다. KBO는 이를 받아들였다. 프로야구 사상 초유의 '영구실격선수'라는 극약처방이 내려졌다.

> 프로야구 OB 구단과 한양대 간의 스카우트 분쟁에 휘말렸던 강혁
> (신일고 졸)이 다시는 프로 무대에 서지 못하게 됐다. 한국야구위원회
> (KBO)는 20일 OB 구단의 요청을 받아들여 강혁을 영구실격선수로 공
> 시했다. 현재 한양대 선수로 뛰고 있는 강혁은 이 조치에 따라 대학 졸
> 업 후 프로선수로 뛸 수 있는 길이 막히게 됐다.
>
> _1993년 4월 21일자 〈조선일보〉

## 🎾 만루에서 고의볼넷…… 대학 무대와 실업리그는 좁다

강혁은 OB 구단에 "4년 후에는 꼭 돌아오겠다"는 약속을 했지만, KBO 차원에서 영구실격 처리된 신분이라 이때부터 불투명한 앞날과 싸워야 했다. 그러나 천부적 타격 실력은 어딜 가지 않았다. 대학에 가서도 초특급 타자의 위용을 자랑했다.

그가 어느 정도의 타자였는지를 알 수 있는 유명한 일화가 있다. 3학년 시절이던 1995년 대학야구 춘계리그전 결승전. 한양대가 2-5로 뒤진 2회 2사 만루 상황에서 강혁이 타석에 들어섰는데, 당시 '제2의 선동열'이라는 평가를 듣던 아마추어 최고 투수 임선동 (연세대)이 강혁에게 '고의볼넷'을 내준 것. 다음 타석 주자 없는 상황이 되자 임선동이 정면승부를 했는데 강혁이 홈런을 쳐버렸다. 앞선

대학 시절 만루에서 고의볼넷을 얻을 정도로 공포의 타자였던 강혁

타석의 밀어내기 고의볼넷 작전이 오히려 더 조명됐다.

강혁은 대학 4년간 내내 국가대표로 선발됐다. 4학년 시절이던 1996년 애틀랜타올림픽에서 한국은 아마추어 선수로 구성된 대표팀이 나섰지만 '역대급 멤버'라는 평가가 무색하게 1승 6패로 참가 8개국 중 최하위에 그치는 수모를 당했다. 그 와중에 강혁은 미국전에서 선발투수 세스 그레이싱어Seth Greisinger(전 KIA)에게 홈런을 치는 등 0.429의 타율로 고군분투했다.

대학 4학년 시절 4할대 타율로 대학 무대가 좁다는 것을 증명한 강혁. 신인 드래프트가 열리기 전 KBO에 '영구실격 해제'를 요청하는 탄원서를 보내 선처를 호소했다. 그러나 회신은 없었다.

1차 지명에서 이병규(장충고-단국대)가 LG에, 이경필(배명고-한양대)이 OB에, 손민한(부산고-고려대)이 롯데에 호명받아 시끌벅적했지만, 강혁의 이름은 불리지 않았다. 이어 열린 2차 지명. OB는 1라운드에서 롯데가 손민한과 저울질하다 포기한 진갑용(부산고-고려대)을 낚아채고, 강혁과 신일고 동기인 백재호(동국대)도 1라운드에서 한화의 선택을 받았다. 그러나 강혁은 열외였다.

당시 일각에서는 "프로와 아마야구의 화해 차원에서라도 강혁에 대한 KBO의 영구실격은 철회해야 한다"는 주장이 일기도 했다. 이런 상황에서 실제로 영구실격 문제를 풀기 위해 KBO와 OB 구단 실무자가 극비리에 논의를 하기도 했다.

강혁은 토론토 블루제이스를 비롯한 메이저리그 몇몇 팀의 오퍼를 받았지만 이를 뿌리친 채 KBO리그의 선처를 기다렸다. 그러나 답이 없자 결국 계약금 2억 5000만 원을 제시한 실업팀 현대 피닉스(현대전자) 입단을 선택했다. 당시 부친의 지병이 악화돼 집안에 목돈이 필요했던 상황이어서 강혁으로서는 선택의 여지가 없었다. 그러면서 KBO와 OB의 징계 해제 검토도 무의미해졌다.

강혁은 실업리그를 폭격했다. 당시 실업팀들이 하나둘씩 해체되는 상황이어서 사실 실업리그 투수들의 수준이 떨어졌다. 거기서 강혁은 무의미한 '본즈*놀이'를 하고 있었다. 실업팀에서도 국제대회만 열리면 늘 국가대표 단골손님으로 뽑혀 나갔다.

---

* Barry Bonds. 메이저리그를 대표하는 강타자.

## 🎾 영구실격 족쇄 풀어준 '방콕아시안게임 금메달'

1998년 방콕아시안게임을 앞두고 프로와 아마추어 야구는 모처럼 화해 무드를 조성했다. 1996년 애틀랜타올림픽 꼴찌의 수모를 만회하기 위해 프로와 아마추어를 망라한 '드림팀'을 구성하기로 뜻을 모았다.

프로 10명, 아마 12명을 선발했는데 프로선수로는 KBO리그 스타플레이어뿐만 아니라 메이저리거 박찬호(LA 다저스)와 서재응(뉴욕 메츠 산하 더블A 세인트루시)까지 포함됐다. 성균관대 김병현과 경희대 홍성흔도 뽑혔고, 강혁은 실업팀 선수로는 유일하게 선발됐다.

방콕아시안게임에서 한국은 투타에서 압도적 전력을 확인하며 목표대로 금메달을 따냈다. 강혁은 0.500(20타수 10안타)의 타율로 금메달 획득 선봉에 섰다. 홈런 1개와 2루타 3개, 6타점을 곁들였다. 1997년 프로 무대에 데뷔해 신인왕에 오른 동기 이병규(LG)가 0.560(25타수 14안타)의 타율로 한국대표팀 내 1위를 차지했고, 강혁은 쟁쟁한 프로선수들을 제치고 2위로 뒷받침했다.

그러자 여론이 들끓었다. "아마야구에서 썩히긴 아깝다", "영구실격을 풀어줄 때도 됐다", "6년이면 징계 줄 만큼 줬다", "아시안게임 금메달을 이끌었으니 프로가 통 크게 양보하자"는 등의 목소리가 터져 나왔다. 언론에서도 연일 이 문제를 대서특필했다.

OB도 마음이 풀렸다. 1998년 고려대 김동주와 외국인 선수 타이론 우즈가 입단해 1994년 데뷔한 심정수와 함께 '우동수 트리오'가 가동되기 시작했는데, 강혁까지 입단한다면 그야말로 최강 타선을 구축할 수 있다고 봤다.

OB는 결국 강혁과 함께 1999년 1월 4일 복귀신청서 및 탄원서를 KBO에 제출하면서 영구실격 철회를 요청했다. KBO도 긍정적으로 검토했다.

그러나 강혁의 입단으로 OB 전력이 강화될 것을 염려한 몇몇 구단이 반발하고 나섰다. 방콕아시안게임 금메달 영웅이기에 영구실격을 풀어주는 데는 동의하지만, 규약상의 문제점을 제기했다.

당시 '야구규약' 제63조에 따르면 '총재에 의해 복귀신청이 허가된 임의탈퇴선수 혹은 유기 또는 무기한의 실격선수는 탈퇴 또는 실격처분 당시의 소속구단과 계약을 체결해야 한다'고 돼 있었다.

'유기 또는 무기 실격'에 대해서는 언급돼 있지만 '영구실격'이라는 단어는 없다는 얘기였다. 강혁이 1992년 계약 당시 OB에게 계약금을 받지 않았기 때문에 일부에서는 "강혁은 신인 드래프트에 참가해야 한다"고 주장하기도 했다.

프로 입단 하나만으로 프로야구판 전체가 술렁일 정도로 강혁은 당시 한국야구계의 거물 중의 거물이었다.

이에 KBO는 고문 변호사의 법리 해석까지 받았다. "강혁 선수가 복귀하는 경우 실격 당시의 구단에 복귀하는 것이 옳은 해석이다"라는 답변을 들었다.

1999년 1월 12일 신년 인사차 조선호텔에 모인 KBO 8개 구단 사장단은 프로야구 발전을 위해 강혁의 복귀를 허용해주는 것으로 의견을 모았다. 단, 절충점을 찾았다. '올스타전 종료까지는 뛰지 못한다'는 조건을 붙였다. 계약 문제로 신인 선수가 일정 기간 출전에 제한을 받은 것은 1985년 해태 선동열 이후 처음이었다.

1992년, '천재 타자' 강혁은 친구와의 의리를 선택하며 한양대에 진학하면서 6년간 영구실격이라는 굴레 속에서 속울음을 삼켜왔다.

그리고 1999년 1월 29일. 베어스는 구단 사무실에서 강혁에게 계약금 5억 원을 안기며 입단식을 다시 열었다. 1992년 9월 19일 입단식을 한 그 장소였다. 약 6년 4개월 만에 두 번째 입단식이 치러진 셈이었다. 등번호는 1992년 가을 입단식에서 윤동균 감독이 영구결번임에도 물려주려고 했던 바로 그 10번이었다.

그런데 1992년 가을과 달라진 것이 있었다. OB 베어스는 1999년 1월 5일부터 '두산 베어스'로 명칭이 바뀌었다. 그리고 1999년 입단식 때는 10번이 영구결번이 아니었다. 1994년 선수단 이탈사건으로 윤동균 감독이 불명예 퇴진하면서 영구결번에서 해제됐기 때문이다.

어쨌든 계약금 5억 원은 KBO 역대 야수 최고 계약금. 2021년 롯데 신인 나승엽이 역시 5억 원을 받으면서 타이기록을 세웠지만, 여전히 최고액으로 남아 있다.

한편, 강혁 스카우트 파동으로 인해 야구계에 해묵은 숙제 하나가 해결되기도 했다. KBO와 대한야구협회가 1999년 프로-아마 통일계약서를 만들면서 스카우트 분쟁을 방지할 수 있는 장치를 마련한 것. 이것이 수확이라면 수확이었다.

## ⚾ 만약 1993년 바로 OB 유니폼을 입었다면?

1999년 팬북에 실린 강혁 소개글

1998년을 기점으로 '우동수 트리오'를 장착한 OB는 방콕아시안 게임 금메달리스트인 홍성흔(경희대)을 1차 지명한 데 이어 강혁까지 영입하면서 1999년 시즌 희망에 부풀었다.

그러나 강혁의 프로 데뷔전은 계획보다 더 늦춰졌다. 의욕에 찬 나머지 입단 첫해 일본 쓰쿠미 스프링캠프에 참가해 수비 훈련을 하던 중 부상을 입은 것. 몸을 아끼지 않고 다이빙캐치를 하다 왼쪽 어깨 근육이 찢어지고 말았다. 캠프에서 중도 귀국해야만 했다. 이는 불운으로 점철된 강혁의 프로 시대를 암시하는 징조였는지도 모른다.

어깨가 좀처럼 회복되지 않으면서 당초 올스타전 이후 프로 무대에 데뷔하려던 꿈도 미뤄졌다. 그러고는 시즌이 종착역에 다다른 9월 4일 잠실 LG전 때 마침내 프로 데뷔전을 치렀다. 강혁은 이날 4-4로 팽팽하던 9회초 2사 2루서 그동안의 울분을 토하듯, 우중간 펜스를 넘어가는 2루타를 날려 5-4 승리를 이끌었다. 데뷔 첫 안타를 결승타로 장식하자 "역시 강혁"이라는 찬사가 터져 나왔다.

그러나 그 이후에도 곳곳에 가시밭길이 이어졌다. 2000년 시즌 초반부터 3할대 타율로 고공비행하며 신인왕 후보로도 거론됐지만, 8월에 음주운전 단속에 걸리면서 스스로 시즌을 망쳤다.

그리고 2000시즌 후 SK에 트레이드되고 말았다. 쌍방울 선수단을 흡수했지만 선수층이 얇은 SK의 전력 보강을 위해 KBO 이사회에서 '한국시리즈 우승팀과 준우승팀은 보호선수 명단 외에 각 1명씩 창단팀 SK에 트레이드한다'고 결정했는데, 2000년 준우승을 차지한 두산의 21명 보호선수 명단에서 강혁의 이름이 빠진 것. 그러자 SK가 곧바로 강혁을 지명했다.

그런데 OB와 SK가 트레이드 머니를 두고 3개월간 실랑이를 벌였다. 좀처럼 합의가 되지 않으면서 강혁은 트레이드가 되고도 한동안 무적선수로 지내야 했다. 결국 양 구단이 이적료 6억 7500만 원에 합의하면서 강혁에게 뛸 수 있는 기회가 열렸다.

SK에서도 불운의 연속이었다. 2001년 시범경기에서 수비 도중 슬라이딩을 하다 왼쪽 어깨 회전근을 다쳤다. 통증을 참고 뛰며 시즌 초반 홈런과 타점 1위에 오르는 등 맹활약을 펼쳤지만 결국 어깨 회전근이 끊어져 6월부터 결장했고, 통증이 완화되지 않자 8월에 수술대에 올랐다. 그리고 1년이 지난 2002년 8월에야 1군 무대에 복귀하는 우여곡절을 겪었다.

그사이 김기태가 2002년 삼성에서 SK로 트레이드돼 오면서 1루수 자리를 차지했고, 강혁은 백업으로 밀려나고 말았다. 강혁이 SK 측에 트레이드를 요청했지만 성사되지 않았다.

강혁은 2007년 은퇴할 때까지 KBO 통산 428경기에 출장해 타율 0.249, 232안타, 18홈런, 115타점의 성적을 남기고 유니폼을 벗었다. 아마추어 시절의 명성에 비하면 초라한 성적표였다.

은퇴 후 SK에서 코치 생활을 하던 강혁은 2015년 말부터 2017년까지 모교 신일고 감독을 지냈다. 현재 인천 청라에서 야구 아카데미(레슨장)를 운영하는 강혁은 "벌써 시간이 많이 흘렀다"며 그 시절을 돌아봤다.

"어린 마음에 프로에 바로 가고 싶었는데 친구와의 의리 때문에 대학에 가게 됐죠. 남들보다 어렵게 프로에 들어갔는데 이상하게 잘 풀리지 않았어요. 적응할 만하면 다치고, 야구 할 만하면 또 다치더라고요. 세간의 관심이 저한테 쏠리면서 뭔가를 보여줘야겠다는 생각, 쫓기는 마음으로 야구를 했던 것 같아요. 전 고등학교 실력에 계속 머물러 있었는지 모릅니다. 이제 시간이 많이 흘렀죠. 항상 주어진 현실에 최선을 다하자고 생각하면서, 늘 긍정적인 생각으로 살아가고 있습니다."

만약 강혁이 1993년에 OB 유니폼을 입고 곧바로 프로에 데뷔했다면 어땠을까. 야구계에서는 강혁을 두고 항상 이런 반문을 하곤 한다.

스카우트 파동 한가운데에서 지켜봤던 강혁의 스승 양승호 전 롯데 감독은 이에 대해 이렇게 말했다.

"당시 신일중·신일고 제자들이 정말 야구 잘했어요. 92학번으로 조성민, 설종진 등이 있었고, 그 밑으로 강혁, 백재호, 그 밑으로 김재현, 조인성 등이 있었죠. 그런데 그중에서도 강혁하고 1년 후배 김재현한테는 제가 프로에 바로 가도 성공할 수 있다고 말해줬어요. 김재현하고 동기인 조인성은 중학교 시절부터 '앉아쏴'를 할 정도로 포수로서 어깨가 탁월했지만 배트 스피드가 조금 떨어져 대학을 간 다음에 프로에 진출하는 게 좋겠다고 조언했죠. 아무튼 강혁하고 김재현은 타격이 고교 선수 레벨이 아니었어요. 둘 다 배트 스피드가 엄청났는데 강혁은 선구안이 김재현보다 더 좋았던 선수였어요. 강혁이 프로에 바로 들어갔다면? 아마 프로 적응도 빨랐을 테고, 김재현보다 더 크게 성공했을지 모릅니다."

'비운의 천재 타자' 강혁. 어쩌면 KBO리그의 위대한 역사를 쓰는 대타자가 됐을지 모른다. OB 베어스의 역사도, 한국야구사도 어떻게 바뀌었을지 모를 일이다.

# BEARS
# 44

## 김광림 대신 강길용, 류지현 대신 류택현, 김동주 대신 심정수

동대문상고 출신으로 1994년 OB 유니폼을 입고 프로에 데뷔한 심정수

94 프로야구 판도는 '4강 4약'의 뚜렷한 대조가 예상된다. 4월 9일 개막전을 20여 일 앞둔 13일 각 구단 사령탑과 해설가들은 올 시즌 우승 후보로 한결같이 해태, 삼성, OB, 한화 등 4팀을 지목했다. 반면 주전 대부분이 군인이 된 롯데, 핵심 내야수 송구홍 김동수가 입대한 LG는 약세가 점쳐지며 쌍방울 태평양도 하위권을 면치 못할 것으로 분류됐다.

_1994년 3월 14일자 〈조선일보〉


올해 프로야구는 지난해 우승팀 해태, 준우승팀 삼성, 3위 OB, 빙그레에서 이름을 바꾼 한화 등이 4강권을 이루면서 우승을 다툴 것으로 전문가들은 전망하고 있다.

_1994년 4월 4일자 〈한겨레〉


1994년을 앞두고 OB 베어스는 장밋빛 꿈에 부풀어 있었다. OB 내부뿐만 아니라 전문가들이나 각 언론에서도 1994년 전망을 다루며 모두들 OB를 4강권으로 꼽았다.

1990년과 1991년 2년 연속 최하위에 그치는 수모를 당했던 OB는 윤동균 감독이 정식 사령탑에 오른 첫해인 1992년 탈꼴찌를 넘어 5위로 치고 올라갔다. 그리고 집권 2년째인 1993년에는 3위로 뛰어올라 1987년 이후 무려 6년 만에 포스트시즌 무대에 진출하는 감격을 누렸다.

비록 1993년 준플레이오프에서 LG에 1승 2패로 밀리면서 탈락했지만, 나름대로 수확이 컸다. 무엇보다 기나긴 암흑기를 벗어나면서 선수들이 패배의식에서 빠져나왔다는 점이 반가웠다. 큰 경기 경험을 통해 자신감도 찾았다.

1993년 팀 평균자책점(2.88) 1위. 타선만 조금 분발한다면 OB는 1994년에 더 높은 곳을 바라볼 수 있는 팀으로 분류됐다. 그러니까 한국시리즈 진출도 꿈만은 아니라는 얘기였다.

44장에서는 1994년 준비 과정으로 화제가 됐던 신인 스카우트와 선수단 변화 이야기를 다루고자 한다. OB는 1982년 원년 우승 이후 12년 만에 우승을 그리며 선수단을 빠르게 정비해나갔다.


### ⚾ 스카우트 이야기 ① 류지현 대신 류택현 1차 지명


1993년 11월 4일 한국야구위원회 사무실. 잠실 라이벌 OB와 LG는 1994년 신인 1차 지명을 하기 위해 한자리에 모였다. 다른 팀들은 11월 5일에 1차 지명 선수를 발표하지만, 잠실구장을 나눠 쓰는 서울의 두 팀은 지방의 6개 구단보다 하루 먼저 1차 지명 선수를 가렸다.

양 팀 모두 원하는 선수가 같으면 주사위 던지기를 해야 하는 상황. OB와 LG가 원하는 선수의 이름을 적어 넣은 편지 봉투를 교환한 결과 LG는 한양대 유격수 류지현(전 LG 감독)을, OB는 동국대 좌완투수 류택현을 엇갈리게 선택했다. 주사위 던지기 없이 잠실 라이벌의 1차 지명 주인공이 가려진 것은 그해가 처음이었다.

OB는 당시 늘 좌완에 대한 갈증을 안고 있었다. OB가 서울에 입성한 이듬해인 1986년 신인 대상자부터 1차 지명 우선권을 가리는 동전 던지기가 시작됐는데, OB는 1986년과 1989년 딱 두 차례 승리했을 뿐이다. 1990년부터 시행된 주사위 던지기를 포함해 1993년까지 '던지기 전적' 2승 6패로 밀리고 있었다.

그런데 그 두 차례 승리에서 뽑은 좌완투수들의 실적도 좋지 않았다.

1986년에는 OB가 왼손잡이로 투타 만능인 아마추어 최대어 박노준(고려대)을 먼저 뽑았지만, MBC 청룡이 선택한 김건우(한양대)는 첫해부터 무려 18승을 거두며 신인왕에 올라 OB의 마음을 쓰라리게 했다.

박노준은 아마추어 시절의 명성을 이어가지 못했다. 3년간(1986~1988년) 투타를 병행했는데 이 기간 투수로는 43경기를 뛰며 5승 7패 7세이브, 평균자책점 3.13을 기록했을 뿐이었다. 사실상 입단 이듬해부터 타자에 더 무게를 뒀지만 OB 유니폼을 입고 활약한 1991년까지 타자로서도 이렇다 할 성적을 내지 못했다.

1989년에 OB가 다시 우선권을 쥐고 좌완투수 이진(성균관대)을 1차 지명했지만, 결과적으로 실패한 카드가 돼버렸다. 대학 시절까지 무명이었지만 잠재력 면에서 높은 평가를 받았던 이진은 첫해 7승을 올리며 가능성을 보이는 듯했다. 그러나 1993년까지 통산 10승 10패 2세이브에 그친 뒤 유니폼을 벗었다.

오히려 후순위인 MBC가 1차 지명한 김기범(단국대)은 국가대표 출신답게 선발과 불펜을 오가며 LG 왼손 마운드의 한 축을 이뤘다.

1990년부터 1993년까지는 주사위 던지기에서 모두 패하면서 우선권을 LG에 넘겨주는 비운을 겪었다.

LG는 1990년 한양대 포수 김동수, 1991년 건국대 내야수 송구홍, 1992년 휘문고 투수 임선동, 1993년 고려대 투수 이상훈을 먼저 지명해 팀 핵심 전력으로 키웠다.

반면 2순위가 된 OB는 1990년 한양대 내야수 임형석, 1991년 한양대 내야수 황일권, 1992년 경기고 투수 손경수, 1993년 건국대 1루수 추성건을 1차 지명했는데 이들 중 성공한 선수는 없었다.

1994년 신인 1차 지명. 서울 지역에서는 아마추어 시절 명성만 놓고 보면 국가대표 내야수로 활약한 류지현의 이름값이 더 높았던 게 사실이다. 만약 OB가 류지현을 선택한다면 다시 LG와 주사위 던지기를 해야 할 가능성이 커 보였다. 그러나 OB는 대학 시절까지 혹사를 당하지 않은 싱싱한 어깨에 시속 140km대 빠른 공을 보유한 류택현의 발전 가능성에 더 주목했다.

OB 선수 구성상 당시 내야수보다는 좌완투수가 더 시급했다. 내야수는 그런대로 구색과 신구 조화가 이뤄지고 있다고 판단했다. 테스트를 받고 입단한 김민호가 1993년에 주전 유격수로 혜성처럼 떠올랐고, 이명수, 임형석, 황일권, 안경현 등이 내야진에 포진해 있던 상황이었기 때문이다.

OB 스카우트팀에서 "우선권을 쥐면 류지현을 잡고, 상황에 따라 기존 내야수는 트레이드 카드로 쓸 수도 있다"는 보고서를 만들기도 했다. 대학 4학년 때 팔꿈치 부상으로 송구에 어려움을 겪고 있었다고는 해도 류지현은 그만큼 놓치기 아까운 카드였다.

1994년 신인 드래프트에서 OB가 1차 지명한 투수 류택현

그러나 윤동균 감독은 팀에 좌완투수가 더 필요하다고 봤다. 무엇보다 윤동균 감독이 짬을 내 동대문구장을 방문한 날, 동국대 4학년 류택현이 기막힌 투구를 한 것이 1차 지명 주인공을 굳힌 결정적인 계기가 됐다.

반대로 LG에서는 스카우트팀이 류택현을 1차 지명 후보로 올려놓고 보고서를 작성했다. 류지현의 팔꿈치가 좋지 않아 유격수로 활용하지 못할 수도 있다는 생각이었다.

그런데 이를 틀어버린 것은 LG 이광환 감독이었다. 충암고 1학년 때 한일고교대회 대표팀에 뽑히고, 고교 3학년 때 국가대표로 선발될 정도로 야구 센스만큼은 타고났다는 판단이었다. 강건은 아니지만 스텝이 빠르고 공을 빼서 던지는 시간이 짧아 약점을 만회하고도 남는다고 봤다. 대학 시절에는 국가대표팀에서 유격수 이종범-2루수 류지현 키스톤 콤비가 가동됐기에, 송구력에 문제가 발생하면 LG에서도 2루수로 활용하면 된다는 계산이었다.

역사에 가정법은 필요 없다지만, 만약 OB가 류지현을 1차 지명했다면 1990년대 OB 내야진의 지형도는 어떻게 달라졌을까.

## 🎾 스카우트 이야기 ② 김동주 놓치고 심정수를 잡다

1993년 한양대와 '이중등록' 파문 속에 초고교급 타자 강혁을 놓친 OB는 1994년에 입단할 고교 유망주에게 다시 눈길을 돌렸다. 당시 OB와 LG는 고교 특급 선수를 놓고 과열되는 스카우트 싸움을 피하기 위해, 서울 지역 고교팀을 분할해 고졸 연고 지명을 하기로 했다.

OB 관할 고교팀 중 최대어는 배명고 김동주. 고교 2학년 시절부터 투타에서 두각을 나타내 스카우트들의 눈길을 사로잡았다. 타자로서 정교함과 장타력을 갖췄고, 투수로서 시속 140km대의 묵직한 구위를 자랑했다.

2학년 시절에 배명고는 전국대회 3관왕(봉황대기, 황금사자기, 전국체전)에 올랐는데, 김동주는 봉황대기에서 최우수투수상과 타격상, 타점상을 휩쓸었다. 당시 동대문구장에서 투타에 걸쳐 맹활약하는 김동주를 본 일본 다이에 호크스(현 소프트뱅크) 관계자가 "일본에 있으면 당장 1억 엔(약 10억 원)의 계약금을 받을 수 있는 대물"이라고 놀라움을 나타내기도 했다.

그러나 프로와 대학 사이에서 스카우트 표적이 된 김동주는 배명고 3학년이 되자마자 행선지를 정한다. 1993년 봄, 일찌감치 고려대와 가계약을 해버렸다. 4월 27일 부모와 함께 고려대 체육위원회 사무실을 찾아 최남수 감독 등이 배석한 가운데 기자회견을 하며 고려대행을 선언하기까지 했다.

1993년 안정된 마운드에 비해 타선의 힘이 부족했던 OB는 김동주에 대한 미련을 거둘 수는 없었다. 시즌 도중에도 김동주에게 끈질긴 구애 공세를 펼쳤다. 김동주의 마음도 잠시 흔들리는 듯했다.

프로-아마 협정에 따라 프로팀의 고졸 선수 계약은 11월 1일부터 15일까지. OB는 다시 한번 역대 고졸 최고 대우를 약속하며 마지막 반전을 노렸다. 그러나 김동주는 11월 4일 아버지와 함께 고려대로 찾아가 이날부터 시작된 마무리훈련에 참가함으로써 진로를 명확히 했다. 전년도에 고교 최대어 강혁을 놓친 OB는 또다시 아쉽게 발길을 돌려야만 했다.

그러나 OB 관할 고교 내에 또 다른 대어가 있었다. 동대문상고의 심정수였다. 당시 동대문상고의 전력이 약해 심정수는 고교 무대에서는 크게 두각을 나타내지 못했지만 야구판의 '꾼'들 사이에서는 잠재력 면에서 소문이 났던 유망주였다.

심정수가 처음부터 눈에 띈 것은 아니었다. 고교 2학년 여름까지만 해도 키 175cm에 몸무게가 68kg에 불과할 정도로 체격도 왜소했다. 포지션도 2루수와 유격수를 봤다.

그런데 그해 가을 심정수는 완전히 다른 몸매로 나타났다. 매일 우유를 3개씩 마시고, 찐 감자와 찐 달걀을 도시락처럼 싸 들고 다니며 몸을 불리고, 웨이트트레이닝에 매달린 결과였다. 단 몇 개월 만에 키가 180cm로 커지고 몸무게도 92kg로 탄탄해졌다. 역삼각형의 상체가 만들어지기 시작했다. 훗날 '헤라클레스'로 변신하는 변곡점이었다.

OB 스카우트 팀에서 관심을 보이기 시작했다. 심정수도 고교 졸업 후 곧바로 프로에 가고 싶어 했다. 그렇지만 심정수 아버지가 대학행을 원하며 격렬히 반대했다. 아버지는 OB 스카우트만 보이면 "얼씬도 하지 마라"며 불같이 화를 내곤 했다.

그런 상황에서 심정수는 스스로 나서 아버지를 설득했다. "지금 프로에 가지 못하면 아예 야구를 그만두겠다"고 고집을 피워 결국 허락을 얻어냈다. OB도 당초 계약금으로 3000만 원을 책정했다가 계약금 3800만 원과 연봉 1200만 원, 합계 5000만 원을 채워줬다. 당시 OB 구단 역사상 고졸 신인 타자 최고액 대우였다.

1993년말, 베어스는 김동주를 놓쳤지만 심정수 영입에 성공했다.

심정수는 1994년 프로 적응기를 거친 뒤 1995년 21홈런을 기록하며 OB 베어스의 새로운 거포로 자리 잡기 시작했다. 1995년 우승에는 홈런왕과 MVP로 우뚝 선 김상호의 반전이 가장 큰 터닝포인트로 기억되지만, 사실 '소년 장사' 심정수의 뒷받침이 없었다면 얘기는 또 달라졌을지 모른다. 0.5경기 차로 LG를 누르고 극적으로 페넌트레이스 1위를 차지한 것을 보면 더욱 그렇다.

심정수는 먼저 프로에 적응한 뒤 4년 후 OB에 입단한 김동주, 외국인 선수 타이론 우즈와 함께 훗날 '우동수 트리오'를 형성하며 KBO리그 역사에서도 손꼽히는 최강의 중심타선을 구축했다. 1994년 OB의 최대 수확은 차세대 거포 심정수의 프로행이었는지 모른다.

OB는 그 외에 1994년 신인 드래프트 2차 지명에서 1라운드 우완투수 홍우태(성남고-계명대), 2라운드 포수 김광현(신일고-단국대), 3라운드 사이드암 투수 한태균(광영고-연세대) 등을 선택했다.


## ⚾ 베테랑 좌타자 김광림, 쌍방울 강길용과 트레이드

1994시즌을 앞두고 OB 내부 전력에도 크고 작은 변화가 있었다. 가장 눈길을 끈 것은 1993시즌 직후인 11월 23일 3할 타자 김광림을 최동창과 묶어 쌍방울에 내보내고, 쌍방울 주력 투수 강길용을 영입하는 트레이드를 단행한 것이었다.

쌍방울은 1번 타잣감이 필요했다. 좌타 군단인 OB는 1984년부터 활약해온 베테랑 간판타자 김광림을 내주고서라도 선발과 중간으로 요긴하게 활용할 수 있는 우완 강길용을 영입해 마운드를 더

탄탄하게 만들겠다는 복안이었다.

그러나 이 트레이드로 인해 OB는 골든글러브 암흑기 역사를 끊어내지 못하는 해프닝을 겪기도 했다. 김광림이 1993년 12월 11일 열린 골든글러브 시상식에서 외야수 부문 2위로 황금장갑을 받았지만, 한 달 전 쌍방울로 트레이드된 까닭에 OB가 아닌 쌍방울 선수로 집계된 것. 그해 활약은 OB에서 했지만 소속팀이 쌍방울이었으니 어쩔 수 없는 일이었다. OB는 1985년 외야수 박종훈을 끝으로 1986년부터 골든글러브 수상자를 배출하지 못하고 있었는데, 이로써 8년 연속 황금장갑 무관에 그치고 말았다.

OB로서는 어쨌든 새로운 방향으로 팀을 정비해나갔다. 목표가 우승 도전으로 잡혔기에 윤동균 감독을 비롯한 선수단 내에도 1982년 이후 12년 만에 우승을 재현하려는 에너지가 넘쳤다.

무엇보다 마운드가 철옹성 같았다. 1993년 10승 이상을 올리며 희망의 불을 지핀 '영건 트리오' 김상진, 강병규, 권명철에다 쌍방울에서 7승을 거둔 강길용이 새롭게 선발진을 구성했다. 전년도에 평균자책점 1.11을 기록하며 선동열급 마무리투수로 떠오른 김경원을 중심으로 한 불펜진도 탄탄해 보였다. 여기에 산전수전 다 겪은 베테랑 장호연과 박철순도 뒷받침하고 있었고, 신인 류택현과 홍우태도 기대를 모았다. "마운드만큼은 해태도 부럽지 않다"는 전문가들의 평가가 마냥 허황하기만 한 소리로는 들리지 않았다.

그러나 야구는 계산하는 대로 되는 게 아니었다. OB는 1994년 초반부터 흔들리기 시작하면서 구단 역사상 가장 아픈 시련을 겪게 된다.

# BEARS

# 45

## 선수단 집단이탈과
## 윤동균 감독의 퇴진… 1994년의 비극

1994년 팀을 지휘한 윤동균 감독

1994년에 앞서 거의 모든 전문가와 언론은 OB 베어스를 우승 전력이라고 평가했다. 실제로 OB는 그해 시범경기에서 5승 1패로 단독 1위에 올랐다. 예나 지금이나 시범경기 성적이 정규시즌으로 이어지는 것은 아니지만, OB로서는 시즌에 앞서 희망을 노래할 만한 요소가 많았다.

그러나 한 치 앞을 알 수 없는 게 인생이듯, 야구 역시 예상대로 흘러가지 않는다. OB 베어스에게 1994년은 크나큰 변화를 겪는 해였고, 구단 역사에서 가장 아픈 상처를 남긴 시즌이 되고 말았다.

이번 45장은 선수단 집단이탈이 발생한 격동과 파란의 1994년 이야기다.

## 🎾 김경원 부상 이탈······ 예상치 못한 불운의 시작

OB는 부푼 가슴으로 출항을 하려던 순간, 예상치 못한 폭풍우를 만나고 말았다. 1994시즌 불운의 전주곡이자 먹구름의 암시 같은 뉴스였다.

개막 열흘 전 김경원의 부상 소식이 들렸고, 결국 개막 엔트리에서도 제외돼야만 했다. 구단은 "목욕탕에서 넘어져 손바닥을 다쳤다"는 언론 발표용 설명을 했지만, 실제로는 김경원이 집에서 오른손으로 방 유리를 내리치다 손에 유리 파편이 박히는 사고를 당한 것이었다.

김경원은 이에 대해 42장에서 "사춘기가 늦게 왔는지, 그때 이런저런 반항심이 많이 생겼다"라면서 "2년생 징크스인지 스프링캠프와 시범경기까지 치렀는데 구위도 안 올라오고 몸도 안 올라오니까 스트레스를 많이 받았던 것 같다"라고 털어놓은 바 있다.

OB는 이런 악재 속에서도 '개막전의 팀'답게 일단 4월 9일 잠실에서 열린 1994시즌 개막전에서 쌍방울에 4-3으로 승리하며 산뜻한 출발을 했다. 3-3으로 맞선 8회말 대타로 나와 적시타를 친 박현영과 이날 구원승을 거둔 박철순의 활약에 힘입은 승리여서 더욱 값졌다.

개막 이튿날인 10일에는 김영삼 대통령 부부가 휴일을 맞아 잠실구장을 찾아와 경기를 관전했다. 1982년 동대문구장에서 열린 원년 개막전에서 전두환 대통령이 시구를 한 적은 있지만, 그 이후 현직 대통령이 야구장을 방문한 것은 처음이었다. 잠실구장 개장 후 최초의 대통령 방문이기도 했다.

당시만 하더라도 대통령이 야구장에 뜨는 것은 이례적인 일. 이 소식을 전해 듣고 양 구단 구단주들까지 총출동하자 구단 관계자들은 물론 선수단도 긴장할 수밖에 없었다. 당시 시대 상황에서 대통령의 야구장 나들이는 그만큼 큰 이슈였다.

양 팀 선수단 역시 마찬가지였다. 대통령과 구단주들 앞에서 뭔가 보여주려는 듯 마치 한국시리즈 7차전처럼 싸웠다. 요즘이라면 외부 환경에 신경 쓰지 않고 짜놓은 플랜대로 경기를 운영했겠지만, 두 팀은 예정에 없던 필승 카드들을 쏟아부으며 승리를 위해 총력전을 펼쳤다.

쌍방울 한동화 감독은 김원형을 비롯해 에이스급 투수 3명을 투입했고, 5회에는 트리플스틸을 성사시키는 묘기 대행진을 벌이기도 했다.

OB는 선발 장호연이 5-1 리드를 잡자 또 다른 선발 요원 강병규 카드까지 꺼냈고, 김익재, 구동우, 홍우태 등으로 맞섰지만 허무하게 5-8 역전패를 당하고 말았다.

OB에게는 불행의 시작이었다.

여기에 시즌 초반부터 장호연과 권명철이 자신의 페이스를 찾지 못했고, 이광우도 전열에 가담하지 못했다. 포수 박현영과 2루수 이명수마저 부상으로 이탈했다.

5월 12일까지 5할 승률 안팎을 기록하며 그나마 4위를 유지했으나, 13일 전주 쌍방울전부터 20일 청주 한화전까지 5연패를 당하며 8개 구단 중 7위로 내려앉았다. 5월 26일 인천 태평양전부터 31일 잠실 LG전까지 또다시 5연패의 늪에 빠졌다. 5월 들어 두 차례나 반복된 5연패가 OB의 초반 레이스에 돌이킬 수 없는 결과를 초래했다.

반면에 당초 전력이 약화돼 하위권으로 평가받았던 LG는 예상을 뒤엎고 신바람을 내며 선두 질주를 이어갔다. 류지현, 김재현, 서용빈 신인 3총사의 돌풍과 해태에서 트레이드해 온 한대화가 해결사로 부활하면서 1위로 치고 나갔다.

OB는 5월말까지 17승 25패로 승패 마진이 -8로 불어났다. 쌍방울(14승 1무 26패)이 있었기에 꼴찌는 면했지만, 이미 1위 LG(29승 13패)와는 12경기 차까지 벌어져버렸고 4위 삼성에도 4경기 차로 밀려났다.

설상가상으로 4월 말에 복귀해 조금씩 구위를 찾아가던 김경원이 6월 또다시 부상으로 쓰러졌다. 인천 태평양전에서 1루로 베이스 커버를 하다 1루로 전력질주하던 태평양 타자 이근엽의 스파이크에 발등을 찍히면서 사실상 시즌을 마감해야 하는 불운을 겪게된 것이다.

계약 만료 해를 맞이한 OB 윤동균 감독은 뭔가에 쫓기는 듯 신경이 곤두서 있었다. 매일 라인업이 바뀌고, 선수들의 플레이를 질책하는 일이 잦았다. 감독과 선수들의 불협화음이 곳곳에서 감지되기 시작했다.

시즌 중반에 들어서는 시점에서 OB 구단은 감독 교체와 재계약을 놓고 고민을 할 수밖에 없었다. 여기서 OB는 6월 어느 날 윤 감독에게 재계약 언질을 했다. 윤 감독의 조급증도 해소해줄 수 있고, 감독의 손을 들어주는 모양새가 되면 선수단 통솔에도 힘을 얻을 수 있다고 판단했다.

그러나 OB는 반등은커녕 6월말부터 7월 하순까지 또다시 5연패를 두 차례나 반복하면서 포스트시즌 진출 레이스에서 이탈했다.


## ⚾ 선수단 집단이탈······ 베어스의 뼈아픈 상처

시즌이 종착역으로 다다르던 9월 4일. OB는 군산구장에서 열린 쌍방울전에서 1-2로 역전패했다. 8월말부터 3연패 후에 1승, 4연패 후 1승을 했지만 이날 다시 지고 말았다. 시즌 성적은 50승 1무 63패. 4위 한화에도 9경기 차나 뒤졌다.

윤동균 감독은 갈수록 흐트러져가는 팀 기강을 다잡아야겠다고 생각했다. 쌍방울전에서 역전패한 뒤 버스를 타고 숙소인 전주 코아호텔로 이동하던 중 최주억 수석코치에게 "도착 즉시 2층에서 미팅을 갖겠다"고 말했다. 최 수석코치는 감독의 뜻에 따라 선수들을 연회장으로 집합시켰다.

"너희는 경기하는 자세가 글러먹었다. 오늘은 내가 매를 좀 들어야겠다."

윤 감독은 최 코치에게 야구방망이를 가져오라고 했다. 그 시절 운동부 선배가 후배들을 집합시켜 단체 얼차려를 주고 물리적 폭력을 가하는 것은 전통처럼 내려온 악습. 아마추어뿐만 아니라 프로 초창기에도 선수단 내에서는 그런 일이 종종 벌어졌다. 다만 감독이 직접 나서서 매를 들고 단체 군기를 잡는 것은 프로에서는 이례적인 일이었다.

"주장 나와."

본보기로 주장인 김상호부터 불렀다.

"저희도 최선을 다했지만 경기가 잘 풀리지 않았습니다. 못 맞겠습니다."

김상호가 반발했다.

"그래? 그럼 김형석 나와."

"저도 못 맞겠습니다."

"좋다. 맞지 못하겠다고 생각하는 사람은 다 일어서봐."

박철순을 비롯해 고참 선수들이 하나둘씩 일어서기 시작했다.

윤 감독은 흥분된 목소리로 옆에 있던 최주억 수석코치에게 이렇게 말하고는 밖으로 나가버렸다.

"최 코치, 애들 저녁 먹여서 서울로 올려보내시오. 이번 일은 내가 책임질 테니까."

사실 시즌 중에도 감독과 선수단 사이에 균열의 조짐은 나타나고 있었다. 감독은 선수들에게 더 강한 드라이브를 걸었고, 선수들은 감독의 지휘 방식에 불만을 품었다. 경기가 풀리지 않자 감독이나 선수들이나 신경이 날카로워졌다.

윤 감독은 원년 우승 멤버로 선수단의 맏형 같은 존재였다. 남자다운 풍모에다 구단이나 후배들에 대한 애정도 남달랐다. 선수 시절에는 그것이 리더십으로 작용했다.

그러나 과유불급. 의욕이 지나친 나머지 선수들을 후배로 보고 강압적으로 끌고 가려고 한 게 문제였다.

결국 OB 선수단 17명은 숙소를 집단이탈했다. 감독은 홧김에 코치에게 "서울로 보내"라고 한 것인데, 선수들은 감독의 그 말을 곧이

곧대로 실행했다. 전주에서 삼삼오오 택시를 타고 대전역에 모인 뒤 다시 열차를 타고 서울에 도착했다.

잠실운동장에 주차된 차를 타고 집에 들어간 선수들은 다음 날 다시 잠실야구장 앞에 모였다가 양평 플라자콘도로 거점을 옮겨 윤동균 감독의 퇴진을 요구하며 집단 농성을 벌였다.

파문은 쉽게 가라앉지 않았다. OB는 선수 부족으로 2군 선수들을 불러올려 1군 잔여 경기를 소화해야 했고, 시즌 도중 재계약 언질까지 받았던 윤동균 감독은 사건 발생 5일 후인 9월 9일 OB 구단 사무실을 방문해 결국 사퇴 의사를 밝혔다.

> 윤동균 감독이 사의를 표명했다. 선수단 집단이탈 사태로 곤경에 처해 있던 윤 감독은 9일 상오 구단 사무실을 방문, 경창호 사장에게 최근의 사태에 대한 책임을 지고 물러나겠다는 뜻을 전했다. (중략) 윤 감독은 "폭력 감독이라는 누명은 벗고 싶다"며 "어쨌든 팀에 합류하지 않은 박철순, 김형석 등 고참선수 5명이 다치지 않고 계속 야구를 했으면 좋겠다. 팀을 떠났던 후배들이 내 심정을 조금이라도 이해해주었으면 한다. 세월이 지나면 내 마음을 알 것이다"라며 눈물까지 글썽였다.
>
> _1994년 9월 10일자 〈스포츠서울〉

'백곰' 윤동균은 1982년 3월 27일 KBO 출범 공식 개막전에 앞서 6개 구단 선수 대표 선서를 한 역사적인 인물이다. 1989년에는 KBO 선수 최초로 은퇴식과 은퇴경기를 했고, 1992년부터는 KBO 선수 출신 최초로 감독 자리에 오른 상징적인 인물이었다. 그러나 윤 감독은 원년 우승의 꿈을 재현하지 못하고 1994년 9월 14일 공식적으로 구단에 사직서를 제출하면서 OB 구단과 13년 인연을 정리하게 됐다.

선수단 집단이탈은 OB 베어스의 간판스타였던 윤 감독의 퇴진뿐만 아니라 여러 가지 상처를 남겼다.

박철순, 장호연, 김형석, 김상호, 강영수 등 선수단 집단이탈 사태의 주동자로 꼽힌 고참 5명은 시즌 종료까지 79일간 연봉 지급 정지라는 징계를 받았다. 아울러 강길용, 김상진, 이광우, 권명철, 김익재, 박현영, 김종석, 이종민, 안경현, 임형석, 추성건, 김종석 등 단순 가담자 12명은 연봉의 5%를 벌금으로 공제당했다.

그 과정에서 김형석의 연속 경기 출장 기록이 622경기에서 중단됐다. MBC 청룡의 '베트콩' 김인식이 원년부터 1987년까지 606경기 연속 출장 기록을 세웠는데, 김형석은 이를 넘어 신기록을 계속 연장해가고 있었다. 그러나 결국 1989년 9월 24일 인천 태평양전(더블헤더 제2경기)부터 이어오던 연속 경기 출장 행진은 9월 4일 군산 쌍방울전을 끝으로 마감되고 말았다. 김형석의 기록은 훗날 쌍방울과 SK에서 활약한 '철인' 최태원이 깬 뒤 1009경기(1995년 4월 23일 잠실 OB전~2002년 9월 8일 문학 현대전)로 늘리게 된다.

아울러 거포 강영수는 집단이탈 17명 중에서 유일하게 유니폼을 갈아입었다. 대구상고 선배인 태평양 정동진 감독의 요청에 OB 구단이 무상 트레이드로 보내줬다.

OB는 126경기에서 53승 1무 72패(승률 0.425)의 전적으로 1994시즌을 마감했다. 8위 쌍방울이 압도적으로 저조한 성적(47승 5무 74패)

에 그쳐 7위의 순위표를 받았지만, 시즌 개막에 앞서 우승 후보로 꼽혔던 것을 떠올리면 사실상 꼴찌나 다름없었다. OB에게는 상처만 남은 1994년이었다.

그러나 비 온 뒤에 땅이 굳듯 참혹했던 상처에 굳은살은 박이고, OB는 아픔의 마디를 딛고 1995년 누구도 꿈꾸지 못한 '미라클 베어스' 신화를 만들어낸다. 김인식 감독이 부임하면서 그 기적이 시작됐다.

# 김인식 감독 시대 개막…
# '미라클 베어스' 신화의 출발

1995년 OB 베어스 지휘봉을 잡은 김인식 감독

"김 감독, 어디야?"

OB 베어스 강남규 스카우트 부장의 전화였다.

"선배님, 전 대구에 와 있습니다."

〈스포츠서울〉 객원기자로 활동하고 있던 김인식 전 쌍방울 감독은 야구 선배인 강남규 부장이 자신에게 전화를 걸어오자 관전평을 쓰기 위해 대구로 출장을 와 있다고 설명했다.

"그럼 서울엔 언제 올라오나?"

"오늘 경기 관전평 쓰고 내일 아침에 서울로 올라갑니다."

"괜찮으면 내일 서울에서 좀 만났으면 좋겠는데."

"무슨 일 있나요?"

"자세한 건 내일 직접 만나서 얘기하자고. 관세청사거리 영동우체국 쪽에 '14세기'라는 레스토랑이 있어. 거기서 점심이나 하자고."

"마침 제가 내일 오후 그 근처로 갈 일이 있었습니다. 그럼 내일 뵙도록 하겠습니다."

전화를 통해 두 사람의 대화가 오간 것은 1994년 페넌트레이스가 막바지로 치닫고 있던 9월 17일. 이날 대구시민운동장 야구장에서는 4강을 포기할 수 없는 5위 삼성이 단독 선두를 질주 중인 LG를 불러들여 경기를 치르고 있었다.

상위권 팀들이 포스트시즌 진출의 꿈을 그리며 안간힘을 쓰던 당시, OB 구단은 매우 어수선했다. 1994년 9월 4일 시즌 도중 선수단 집단이탈이라는 초유의 사태가 발생했고, 열흘 만인 14일에 윤동균 감독이 이에 대한 책임을 지고 사퇴했다. 페넌트레이스를 6경기 남겨둔 시점이었다.

OB로서는 7위로 내려앉아 포스트시즌은 이미 물 건너간 상황. 창단 후 최대 위기에 빠진 OB 구단은 일단 최주억 코치를 감독 대행으로 올려 남은 6경기를 소화하겠다는 방침을 세웠다. 집단이탈에 가담한 17명의 선수는 구단 자체 징계를 기다리며 전열에서 제외돼 있었고, 2군에서 올린 선수들로 엔트리를 채워 나머지 경기를 소화해야 했다.

OB 구단 프런트는 선수단과는 별개로 분위기를 수습하고 다음 시즌을 준비할 차기 감독 선임 작업을 서둘렀다.

이번 이야기는 OB 베어스의 제6대 사령탑 김인식 감독 선임 과정이다. 김 감독은 OB 베어스와 두산 베어스 시대를 관통하는 감독으로, 2003년까지 무려 9시즌 동안 팀을 이끌어 지금까지 베어스 역사상 가장 오래 지휘봉을 잡은 감독으로 남아 있다.

## 🔵 김응용과 동급 대우…… 제6대 사령탑 김인식 감독 계약하기까지

강남규 부장은 1939년생으로 1947년생인 김인식보다 8살 많은 야구 선배였다. 휘문고 시절이던 1958년 5월 25일 제13회 청룡기 서울시 예선 서울공고전에 선발 등판해 해방 후 최초의 퍼펙트 게임을 달성한 전설적인 투수 출신. KBO 운영부장으로 근무하다 1987년 2월에 OB의 제의를 받고 최초로 프로구단의 전문 스카우트 부장이라는 직책을 맡게 된 인물이기도 하다. 초창기 선수 육성에 가장 앞장섰던 OB 구단이 스카우트 분야에서도 또 하나의 최초 기록을 썼다.

김인식은 1990년 쌍방울 레이더스 창단 감독에 오른 뒤 1992시즌을 끝으로 지휘봉을 내려놓고 야인으로 물러났다. 그러고는 1993년부터 2년째 〈스포츠서울〉 객원기자로서 신문에 관전평을 쓰며 야구판 전체를 객관적인 시각으로 훑어보고 있었다.

김인식은 통화를 한 다음 날 서울로 올라와 약속 장소로 나갔다. OB 베어스 스카우트 부장인 강남규 선배가 나와 있었다. 그 옆에 안면이 없는 이가 함께 앉아 있었다. 김의식 총무부장이라고 했다.

"김 감독도 아시다시피 지금 우리 팀 분위기가 많이 안 좋은 상황이야. OB 감독을 맡아줬으면 좋겠어. 우리 구단에서는 김 감독이 이 위기를 수습할 적임자라고 결론을 내렸어. 그래서 오늘 계약을 하고 싶어 이렇게 만나자고 했던 거야."

김인식 감독은 당시 국내 최고 대우를 받으며
1995년 OB 베어스 사령탑으로 부임했다.

강 부장이 전날 김인식에게 전화를 걸어왔던 건 결국 OB 베어스 감독직을 제의하기 위해서였다. 김의식 총무부장은 아예 계약서까지 들고 와 있었다.

OB 구단으로서는 모든 요구를 다 들어줄 듯한 태도였다. 대우도 당시 해태 김응용 감독, 한화 강병철 감독과 같은 국내 최고 수준으로 제시했다. 김인식이 몇 가지 조건을 내걸었지만 계약에 걸림돌이 될 부분은 없었다. 세부적인 부분은 추후에 논의해도 될 만한 것들이었다.

김인식도 그 전부터 관전평을 쓰면서 OB를 지켜본 결과 매력적인 팀으로 판단하고 있었다. 팀 분위기만 만들면 전력 면에서 해볼 만한 팀으로 봤다. 일사천리로 얘기가 진전됐다.

"자자, 이제 식사도 끝났으니 우리 차나 한잔하러 갑시다."

강 부장 일행은 기분 좋은 목소리로 김인식 감독을 다음 장소로 안내했다.

곧바로 강남의 한 카페로 자리를 옮겼다. OB 베어스 경창호 사장이 먼저 와서 기다리고 있었다. 강 부장이 김인식 감독과 계약에 합의하면 이곳으로 모셔 오기로 동선을 미리 짜놓았던 것이었다.

"감독님, 잘 부탁드리겠습니다."

경 사장은 김인식 감독에게 악수를 청하며 인사를 했다.


김인식 전 쌍방울 감독이 OB의 새 지휘봉을 잡았다. 프로야구 OB 구단은 21일 김인식 씨와 계약 기간 3년, 계약금과 연봉 각 7000만 원에 감독직 계약을 했다. 이는 해태 김응용, 한화 강병철 감독이 받는 액수와 같은 수준으로 프로야구 감독 중 최고액이다. 김 감독은 22일 선수들과 상견례를 가진 뒤 팀에 합류하며, 페넌트레이스 종료와 함께 시작되는 마무리훈련부터 본격적인 지도에 나선다. OB 구단은 지난 4일 박철순 등 주전 17명이 윤동균 전 감독의 지도방법에 불만을 품고 팀을 이탈

하자 지난 14일 윤동균 감독의 사표를 수리하고 최주억 코치 체제로 팀
을 꾸려왔다.

_1994년 9월 22일자 〈동아일보〉


## 🎾 "김인식밖에 없다"…… OB 구단의 내부 회의

OB 구단이 새 사령탑으로 김인식을 발 빠르게 선임한 까닭은
"이 위기를 수습할 적임자로는 사실상 김인식밖에 없다"는 결론에
도달했기 때문이다. 구단 내부 회의를 한 결과 신기할 정도로 이견
이 없었다.

"당시 경창호 사장 이하 팀장급들이 차기 감독 후보들을 놓고 회
의를 했어요. OB는 초창기부터 다른 구단과 달리 야구인들을 프런
트 직원으로 중용했는데, 중요한 정책이나 방향 등을 결정할 때 야
구인들 의견을 많이 들어줬죠. 그때 윤동균 감독 후임 후보로 자천
타천 여러 이름이 언급됐는데, 다른 사람들에 대해서는 이런저런 이
유로 반대 의견이 나왔지만 김인식 감독에 대해서는 모두 찬성하더
라고요. 당시 야구계에서 김인식을 싫어하는 사람이 거의 없었어요.
사실상 이견 없이 김인식 감독으로 압축이 됐죠."

정희윤 당시 홍보팀장의 기억이다. 1983년 OB 베어스에 입사한
뒤 1998년까지 OB 프런트에서 희로애락을 함께한 그는 현재 콘텐

츠 프로덕션인 '노사이드 스튜디오' 연구소장을 맡고 있다.

감독 선임 시 늘 그렇지만 당시에도 많은 이들이 감독 후보 물망에 오른 건 사실이다. 선수단을 강하게 휘어잡을 수 있는 백인천 감독도 살짝 거론되기는 했지만 이내 반대에 부딪혔다. 전임 윤동균 감독이 강한 리더십으로 선수들을 이끌다 반발을 불러일으켰는데 강성 이미지의 백 감독 카드를 선택하기는 쉽지 않았다. 잠실 라이벌 LG 감독을 지냈던 인물이라는 점에서도 정서적으로 받아들이기 어려웠다.

최주억 코치의 감독 승격, 신용균, 강태정 전 감독 등을 영입하는 방안에 대한 의견도 나왔지만 말 그대로 후보를 물색하는 과정에서 언급만 됐을 뿐 깊이 있게 논의되지 않았다.

그러나 김인식만큼은 모두가 찬성했다. 무엇보다 상처받은 선수들을 품을 수 있는 인품, 흩어진 선수들을 하나로 모을 수 있는 리더십 등 덕장으로서 높은 점수를 얻었다.

김인식은 배문고 출신으로 실업야구 크라운맥주에 입단한 1965년에 9승 2패를 거두며 신인왕에 올랐고, 국가대표에 발탁될 정도로 촉망받는 투수였다. 그러나 1967년 어깨 부상으로 내리막길을 걸은 뒤 해병대와 한일은행에서 구위를 회복하지 못하고 72년을 끝으로 선수 생활을 서둘러 마무리하고 말았다.

은퇴 후 1973년 모교 배문고 감독을 맡은 뒤 상문고와 동국대 감독을 거쳤다. 특히 1983년 동국대를 야구부 창단 47년 만에 우승으로 이끄는 등 1980년대 동국대 전성시대를 열며 지도자로 이름을 날리기 시작했다.

1986년부터는 해태 투수코치와 수석코치를 맡아 김응용 감독을 보좌하면서 4년 연속 한국시리즈 우승 신화를 만들었다. 김응용 감독이 강한 카리스마로 선수단을 휘어잡았지만, 그 과정에서 김인식 코치가 상처받은 선수들을 어루만지며 팀을 하나로 묶어냈다. 4연패의 숨은 힘이었다는 것은 야구계 내부에서 모두 아는 사실이었다. 해태를 투수 왕국으로 만든 최고의 투수 전문가이기도 했다.

이런 평가 속에 1990년 창단한 쌍방울 레이더스 초대 사령탑에 올랐지만 3년간 포스트시즌 진출을 이루지 못하면서 1992년을 끝으로 지휘봉을 내려놓았다.

그러나 창단팀 쌍방울의 부족한 전력을 고려할 필요가 있었다. 이미 동국대 감독 시절과 해태 코치 시절 승부사적 기질과 리더십을 보여줬고, 야구에 대한 깊이 있는 내공 역시 야구계에서는 인정을 받아왔다. 따뜻하면서도 냉철함을 갖췄기에 선수들이 믿고 따를 수 있는 지도자로도 손색없었다. 그동안 OB와 인연이 없었던 외부 인사지만, 균열이 생긴 팀 내부 상황에서 그만한 적임자를 찾기는 어렵다는 결론을 내렸다.

## 🎾 믿음과 기다림······ 선수들이 자발적으로 움직이기 시작했다

최주억 코치가 감독 대행으로 잔여 6경기(3승 3패)를 소화한 가운데 OB는 1994년 페넌트레이스를 마무리했다. 시즌 최종 성적은 53승 1무 72패(승률 0.425)로 7위였다.

상견례 자리에서 선수들과 악수하는 김인식 감독

김인식 감독은 멀리서 OB의 잔여 경기를 지켜보면서 다음 시즌을 구상하기 시작했다. 10월 10일부터 소집된 마무리훈련. 그러나 집단이탈에 가담한 17명의 선수가 빠진 상태라 온전한 인원이 참가할 수 없었다. 젊은 선수 위주의 유망주들을 관찰하면서 다음 시즌을 구상하는 시간이었다.

1995년 새해가 시작됐다. 그동안 아무 말 없이 주력 선수들을 기다려왔던 김인식 감독은 스프링캠프를 떠나기 전 1월에 집단이탈 선수 전원을 서울 강남 모 음식점에 따로 불러 모았다. 17명 중 강영수가 태평양으로 무상 트레이드돼 빠졌고, 나머지 선수가 모였다. 김 감독은 OB 사령탑으로 취임한 뒤 이날 처음으로 이들과 미팅을 했다.

46. 김인식 감독 시대 개막… '미라클 베어스' 신화의 출발

"나를 믿고 잘해보자. 나 역시 너희를 믿겠다."

김 감독은 이 자리에서 말을 많이 하지 않았다. 짧은 말로 인사를 끝냈다. 그게 그의 스타일이었다.

2월 15일 일본 쓰쿠미로 날아가 한 달간 전지훈련에 돌입했다. 김 감독은 여기서도 선수들을 묵묵히 지켜봤다. 특별한 주문이 없어도 박철순과 김형석을 비롯한 베테랑 선수들이 자발적으로 움직이기 시작했다. 차가운 바람이 나그네의 외투를 벗기는 것이 아니라 따뜻한 햇볕이 외투를 벗겼다. 베테랑들이 움직이니 젊은 선수들도 따라 움직였다. 얼었던 분위기가 풀렸고, 선수들의 얼굴에도 조금씩 웃음기가 번지기 시작했다.


## ⚾ 심정수와 이도형, 캠프부터 장타력 폭발……
## 2차 지명 진필중, 정수근 눈길

기존의 주전 선수들은 어차피 모두 아는 인물. 그런데 김 감독의 눈길을 사로잡는 젊은 선수들이 하나둘 나타났다.

한 선수가 백스크린 너머로 까마득하게 홈런 타구를 펑펑 날려댔다. 바로 프로 2년생 '소년 장사' 심정수였다. 동대문상고를 졸업하고 1994년 입단한 심정수는 첫해 1군 무대에서 출장 기회를 많이 잡지 못했다. 32경기에서 홈런 3개를 때려냈을 뿐이다. 심정수는 결국 1995년 무려 21개의 홈런포를 터뜨리는 괴력을 발휘한다.

또 다른 젊은 타자도 파워를 자랑했다. 1993년 입단한 포수 이도

1995년 주전 포수로 홈플레이트를 지켰던 거포 포수 이도형

형이었다. 1994년 처음 1군 무대에 올라와 60경기를 백업 포수로 뛰며 4홈런을 기록했다. 그러나 이도형은 1995년 주전 포수로 발탁되며 '잠실 홈런왕'으로 성장한다.

"심정수는 입단 후에 3루수를 보면서 백업으로 내야 여기저기를 왔다 갔다 하고 있었어요. 당시 주전 3루수 후보로 임형석이 있으니까 심정수를 쓰쿠미에서 외야로 돌렸는데 그게 성공했고. 이도형도 방망이가 괜찮았어요. 그해 주전 포수로 올라섰는데 결정적일 때 홈런을 많이 때렸죠."

김인식 감독의 회상이다.

이에 앞서 OB는 1994년 8월 말에 '1995년 신인 1차 지명' 주사위 던지기를 한 결과 패하고 말았다. 그해 최대어는 충암고-고려대 출신의 좌타 거포 심재학. OB와 LG가 1차 지명 선수 이름을 적어 넣은 봉투를 교환한 결과 양 팀 모두 심재학을 선택했던 것이다. 결국 양 팀 모두 2개의 주사위를 세 차례씩 던져 숫자를 합치는 방식으로 우선권을 가렸는데 OB는 LG에 13-20으로 지고 말았다. 1986년부터 잠실 라이벌 두 팀이 1차 지명 우선권을 놓고 동전·주사위 던지기를 해왔는데 이로써 전적이 2승 7패로 밀리게 됐다.

LG는 심재학을 데려가게 됐고, OB는 심재학의 충암고 동기인 건국대 우완투수 송재용을 선택했다. 송재용은 첫 시즌에 전체적으로는 기대에 못 미치는 결과를 냈지만, 시즌 막판 1995년 페넌트레이스 우승에 한몫하는 승리를 거두었다.

OB로서는 2차 지명에서 수확이 있었다. 2차 2라운드에서 선택한 진필중(휘문고-중앙대)이 훗날 큰 몫을 해내는 투수로 성장했기 때문이다.

여기에 덕수상고 출신으로 고졸 연고 지명 신인으로 뽑은 외야수 정수근도 눈길을 끌었다. 체격이 작고 파워가 떨어져 배팅 연습을 할 때도 타구가 내야를 넘어가지 못할 때가 많았지만 발 하나만큼은 발군이었다. 대주자와 외야 대수비로 충분히 활용할 만한 자원으로 보였다.

김인식 감독은 1993년과 1994년 2년간 〈스포츠서울〉 객원기자를 하면서 OB 베어스를 객관적인 눈으로 관찰해왔다. "OB 전력이 나쁘지 않다"고 평가를 했던 김인식 감독은 스프링캠프에서 예상하

2차 2라운드 출신으로 OB 마운드에 샛별로 등장한 진필중

지 못한 신인급 선수들까지 눈에 띄자 내심 더 큰 그림을 그리기 시
작했다.

## ⚾ "한번 해볼 만하다" 김인식 감독의 자신감

1994년 바닥까지 떨어졌던 OB. 1995년 시즌 개막에 앞서 OB를 강팀으로 분류하는 전문가는 거의 없었다. 대부분 "모래알같이 흩어진 팀 분위기를 김인식 감독이 수습만 해도 다행"이라고 평가했다.

구단 내부에서도 "그룹 탄생 100주년이 되는 1996년에 우승에 도전한다"는 목표를 세워두고 있었기에, 1995년 시즌에는 그 가능성을 싹틔우기만 해도 성공적이라는 계산이었다.

그러나 김인식 감독은 쓰쿠미 전지훈련을 마친 뒤부터 "한번 해볼 만하다"며 자신감을 내비쳤다. 시즌 개막에 앞서 각 언론사가 출사표를 물을 때마다 "4강은 무난하다"며 목소리를 높였다. 선수들에게 높은 목표 의식을 심어주기 위한 목적만은 아니었다. 나름대로 계산을 끝낸 근거 있는 자신감이었다.

그리고 시범경기에서 5승 1패를 기록하며 가능성을 보여줬다. 롯데(5승 1무)에 이은 2위였지만 타격 10위 안에 4명이나 포진하는 등 팀 타율 1위를 기록하면서 시즌 개막에 대한 기대감을 끌어올렸다.

> 선수들이 하고자 하는 의욕을 가지고 있는 등 팀 분위기가 좋아졌다. 지난해에도 가능성이 있는 팀이었는데 엉뚱한 일로 능력을 발휘하지 못했다. (중략) 이제까지 드러난 단점은 기동력으로 보완하는 야구를 보여주겠다. 선수들이 제 기량만 발휘한다면 4강은 무난하다는 생각이다.
>
> _1995년 4월 15일자 〈한겨레〉 'OB 김인식 감독 개막전 출사표'

# BEARS
# 47

## LG에 6G차 → 반게임 차 1위
## '기적의 1995년'…
## 13년 만에 KS로 나아가다

드라마 같은 한 시즌을 보낸 1995년 베어스 선수들

김상진이냐, 장호연이냐.

OB 새 지휘봉을 잡은 김인식 감독은 누구를 1995년 개막전 선발 투수로 쓸지 고민을 거듭했다.

구위만 놓고 보면 당연히 김상진. 1989년 배팅볼 투수로 입단한 뒤 1991년부터 1994년까지 4년 연속 10승을 올렸고, 특히 1994년에는 팀 분위기가 가라앉은 상황에서도 9차례나 완투를 펼치며 14승 10패 7세이브, 평균자책점 2.37로 기량이 무르익었다.

그런데 OB는 개막전만 되면 떠오르는 이름이 있다. 장호연. 동국대를 졸업한 뒤 1983년 OB에 입단하자마자 개막전 선발로 나서 MBC 청룡을 상대로 완봉승을 올리며 '개막전의 사나이'로 가는 길을 닦았다. 1995년 시즌에 앞서 개막전에서만 통산 8차례 등판해 5승 2패를 기록했다.

개막전은 정규시즌 126경기 중 1경기일 뿐이지만, 한해 농사의 시작을 알리는 상징적 의미가 있다. 더군다나 전년도 선수단 집단이탈과 7위라는 성적표를 받아든 OB였다. 새 감독 체제 아래 첫출발하는 개막전. 분위기 전환을 위해서라도 승리가 필요했다.

김 감독은 구위와 경험을 놓고 장고를 거듭한 끝에 개막 4일 전에 장호연에게 선발 등판을 준비하도록 지시했다.

1994년 난파선과 다름없던 OB 베어스는 곧바로 1995년 페넌트레이스 1위에 오르는 기적의 레이스를 펼쳤다. 김인식표 '믿음의 야구'로 8월말까지 1위 LG에 6경기 차나 뒤졌지만, 광란의 9월 레이스를 통해 0.5경기 차 뒤집기에 성공하는 믿기지 않는 신화를 만들었다. 13년 만에 한국시리즈 진출권을 거머쥔 기적의 스퍼트 장면을 살펴보자.

## ⚾ 김상진 대신 장호연······ '개막전 사나이'의 마지막 개막전 승리

"장호연은 제가 동국대 감독 시절에 선수였는데 OB에서 다시 만나게 됐죠. 대학 시절에도 잘 던졌던 투수예요. 프로에 가더니 개막전 때 항상 잘 던지더라고요. 경험도 많으니까 장호연을 선택했습니다. 전년도에 선수단 집단이탈이라는 안 좋은 일도 있었고, 아무래도 장호연이 새로운 각오로 나서지 않겠나 하는 기대도 있었죠. 베테랑 투수가 개막전을 잡아준다면 팀 분위기도 살아날 테니까."

김인식 전 감독은 오래된 기억의 시계를 돌렸다. 세월이 많이 흘렀지만 자신의 지도자 경력에서 가장 화려했던 OB 감독 시절의 첫 개막전이었기에 생생하게 당시를 회상했다.

1995년 개막전 4번 타자로 출전한 김종석

장호연은 1993년까지 통산 100승을 기록했다. 그러나 1994년 부상 등이 겹치며 15경기에 등판해 2승 6패에 그쳤다. 데뷔 후 가장 저조한 성적이었다. 하지만 썩어도 준치. 김 감독이 장호연을 선택한 것은 관록과 경험을 믿었기 때문이다. 김인식표 '믿음의 야구' 출발점이었다.

장호연 역시 백척간두에 선 심정이었다. 선수단 집단이탈 징계

차원에서 스프링캠프 직전 대만프로야구 쥐궈 베어스로 팔려 갈 뻔한 위기도 있었다. 이탈 선수 17명 중 마지막으로 재계약을 하면서 가까스로 다시 OB 유니폼을 입게 됐다. 예년과 다른 마음가짐으로 개막전에 나설 수밖에 없었다.

산전수전 다 겪은 장호연도 떨리기는 마찬가지. 그는 "남들은 내가 '개막전의 사나이'니까 안 떨리는 줄 알지만, 신인 때나 은퇴하던 시즌이나 개막전엔 늘 긴장됐다"고 말했다. 그 은퇴 시즌의 개막전이 바로 1995년 4월 15일 대전구장에서 열린 한화전이었다.

한화 선발투수는 1992년 입단 이후 14승, 13승, 14승을 올리며 독수리 군단 영건 에이스로 도약한 정민철. 만만찮은 상대였다.

그런데 막상 뚜껑을 열어보니 OB의 화력이 기대 이상으로 폭발했다. OB는 김종석과 대타 추성건의 홈런 2방 등 장단 16안타를 몰아치며 개막전을 12-3 대승으로 장식했다. 특히 1989년 입단 이후 만년 기대주로 머물던 김종석은 일약 개막전 4번 타자로 발탁됐는데, 0-1로 끌려가던 4회초 역전 투런포를 포함해 5타수 3안타 2타점으로 김 감독의 용병술에 부응했다.

장호연은 역시 장호연이었다. 5회까지 4안타 2삼진 3사사구 2실점. 6회초 폭발한 타선 덕분에 다시 승리투수가 됐다. 커리어 마지막 개막전 등판이었고, 커리어 마지막 개막전 승리였다. 여전히 깨지지 않는 KBO 개막전 최다경기(9)와 최다승(6승 2패) 기록은 이렇게 완성됐다.

## ⚾ LG와 시즌 첫 만남…… 강병규, 박철순 카드로 2연승 '심상찮은 바람'

OB는 개막 이튿날 김상진을 내세웠지만, 한화 한용덕-구대성의 이어던지기에 막혀 1-5로 패했다. 그러나 김상진에 대해 실망할 필요는 없었다. 그해 17승을 거두며 에이스로 도약했기 때문이다.

18일부터 잠실에서 LG와 벌이는 시즌 첫 3연전이 진검승부였다. LG는 1994년 우승을 차지한 강호이자 잠실 라이벌. LG는 앞서 잠실에서 열린 삼성과의 개막 2연전에서도 이상훈과 김태원을 차례로 내세워 2연승을 달리며 위세를 떨쳤다. OB로서는 시즌 초반 행보를 가늠할 수 있는 가장 큰 난적을 만난 셈이었다.

LG는 김기범, 정삼흠, 이상훈으로 이루어진 선발 로테이션을 준비한 상황. OB는 강병규, 박철순, 권명철 카드를 선발로 대기시켰다.

첫날 고졸 5년생 강병규가 4-2 승리를 이끌어내면서 분위기를 살렸다. 전년도 시즌 초반 4연승을 달리다 허리 부상으로 5승 5패에 그쳤던 강병규는 이날 선발 출전해 8이닝 2실점(비자책점)의 역투를 펼쳤다. 전년도 연이은 부상으로 전열에서 이탈했던 특급 소방수 김경원도 마지막 1이닝을 가볍게 삼자범퇴로 돌려세우며 시즌 첫 세이브를 따냈다.

19일에는 '불사조' 박철순이 선발 등판했다. 김인식 감독은 이날 경기에 앞서 "박철순은 되도록 잠실에서만 던지게 할 생각이다"고 밝혔다. 당시만 해도 KBO리그에서 개념이 없던 사실상의 6선발. 일종의 조커였다. KBO 현역 최고령 투수에게 체력 안배를 해주면서 긴요할 때 힘을 쓸 수 있도록 하겠다는 복안이었다.

특히 박철순은 선수단 집단이탈과 윤동균 감독의 퇴진 과정에서 가장 무거운 책임감을 느낄 수밖에 없었던 팀의 맏형이었다. 그런 만큼 그 역시 1995시즌 첫 등판에 임하는 각오는 남달랐다.

박철순은 이날 7회까지 무실점을 기록하다 8회에 1실점하며 내려왔지만, 노익장을 과시했다. 그야말로 속죄하듯 혼신의 힘을 다해 던졌다. OB의 5-3 승리. 만 39세 1개월 7일의 나이로, 팀 선배 계형철이 보유한 KBO 최고령(만 38세 5개월 10일) 승리투수 기록을 갈아치웠다.

1991년부터 4년 연속 7승을 올리며 마운드에 힘을 보탰던 박철순은 1995년 등판할 때마다 자신이 작성한 KBO 최고령 승리투수 기록을 스스로 갈아치웠다. 그해 올린 9승(2패)은 1982년 원년 24승을 거둔 뒤 개인 한 시즌 최다승 기록. 그가 얼마나 간절하게 1995시즌에 임했는지를 알 수 있는 대목이다.

OB는 3연전 마지막 날인 20일, LG에 2-6으로 패해 2연승에서 멈췄다. 권명철은 시즌 첫 선발 등판에서 패전투수가 됐다. 그러나 권명철은 다음 등판인 인천 태평양전 첫 승을 시작으로 그해 15승 8패, 평균자책점 2.47을 기록하며 생애 최고의 시즌을 만든다. 1995년 김상진, 권명철 원투펀치는 페넌트레이스 32승을 합작했고, 한국시리즈 7차전에서는 나란히 등판해 13년 만의 우승을 확정짓기도 했다.

## 🎾 4월과 5월의 약진…… 김상진 3연속 완봉승 '미친 존재감'

1995년의 4월 판세는 1994년의 물구나무 형국. 1994년 7위였던 OB와 8위였던 쌍방울이 초반에 치열한 선두 경쟁 레이스를 펼쳤기 때문이다.

OB는 4월 30일 대구 삼성전에서 8-5로 승리하며 4월 전적 9승 4패를 기록했다. 전날까지 공동 1위였던 쌍방울을 물리치고 단독 1위로 올라섰다. 김인식 감독이 지휘봉을 잡은 OB는 마운드와 타선의 신구 조화 속에 기동력까지 가미되면서 전년도와 완전히 다른 팀으로 탈바꿈하고 있었다. 마운드에서는 4월에 강병규가 3승으로 바람을 잡은 가운데 베테랑 박철순과 장호연이 2승씩을 보탰다. 1994년 시즌 내내 14승을 합작했을 뿐이었던 3명이 김인식 감독의 기다림과 믿음의 야구 아래 개막 첫 달에 그 절반의 승수인 7승을 수확하며 화답했다.

OB는 그 이후 5월 30일까지 한 번도 1위 자리를 내주지 않았다. '배트맨' 김상진이 OB의 5월을 견인했다. 4월에 1패 후 1승에 그쳤던 그는 5월 들어 압도적인 퍼포먼스로 '미친 존재감'을 뽐냈다.

특히 5월 11일 사직 롯데전(더블헤더 제2경기)부터 시작해 17일 잠실 삼성전, 23일 잠실 한화전까지 3경기 내리 완봉승을 작성했다. 마지막 한화전에서는 연장 12회까지 무려 17개의 삼진을 솎아내며 완봉승을 올리는 투혼을 불살랐다.

3경기 연속 완봉승은 KBO리그 최고 기록. 앞서 1982년 MBC 하기룡, 1986년 빙그레 이상군과 해태 선동열만이 작성한 바 있다. 김

경기 후 수훈선수로 선정되어 단상 인터뷰를 하는 김상진

상진 이후 2009년 롯데 송승준이 오랜만에 뒤를 이었다. 지금까지 총 5명만 이 기록을 보유하고 있다. 갈수록 마운드 분업화로 완투를 보기 힘들어진 시대. '3경기 연속 완봉승'은 앞으로도 전설로 남을 가능성이 크다.

## ⚾ 김상진과 이상훈 첫 맞대결⋯⋯ LG 3연전 충격의 스윕패

5월 30일부터 6월 1일까지 시즌 두 번째 LG와 3연전. 이 3연전에 앞서 1위 OB는 2위 LG에 1.5경기 차로 앞서 있었다. 3연전에서 2승 1패면 2.5경기 차로 벌리고, 1승 2패만 하더라도 선두를 유지할 수 있었다. 스윕패라는 최악의 결과만 피하면 됐다.

OB는 3연전 첫 경기에 선발투수로 김상진을 내세웠다. 5월에 3경기 연속 완봉승을 포함해 5연승을 달리며 시즌 5승 1패를 기록 중이었다. 평균자책점과 탈삼진 부문에서 줄곧 1위를 유지했다. 그러나 3연속 완봉승의 후유증이 없을 수는 없었다.

다행스러운 것은 28일 일요일에 선발 예정이던 쌍방울전이 비로 취소된 점이었다. 경기 일정이 없는 29일 월요일까지 쉴 수 있었다. 23일 한화전 12회 완봉승 이후 6일간 휴식기를 가졌다.

LG는 6승 1패로 다승 2위에 올라 있는 이상훈을 선발 카드로 내세웠다. 그야말로 첫판부터 제대로 붙었다.

40장 '배트맨 김상진, 8완봉 전설 그리고 이상훈과 맞대결'에서 소개했듯이, 양 팀 팬들은 에이스의 맞대결이 성사되자 흥분에 휩싸였다. 이날 경기는 화요일 야간경기였는데도 경기 전부터 지하철 2호선 잠실 종합운동장역은 팬들로 인산인해를 이뤘다. 결국 경기 시작 10분 전에 매표소에는 '매진'이라는 푯말이 붙었다. 암표상들은 표를 사지 못한 군중 사이를 여기저기 헤집고 다니며 거래를 했고, 웃돈을 얹어서라도 표를 구한 팬들은 환호성을 지르며 야구장 안으로 달려갔다.

잠실야구장 관중석을 반으로 갈라 자리를 잡은 양 팀 팬들은 경기 전 에이스들이 점퍼를 벗고 그라운드를 달리며 몸을 풀자 "김상진! 김상진!"과 "이상훈! 이상훈!"을 연호했다. 그러곤 이내 "LG 바보~"와 "OB 꼴찌~"를 메아리처럼 맞받아치며 뜨거운 신경전을 펼쳤다. 흥분한 팬들은 일찌감치 파도타기 응원을 시작하며 장관을 연출했다.

그러나 승부는 싱겁게 기울어졌다. LG가 1회와 2회에 5점을 뽑아내면서 초반부터 승부를 갈랐다. 김상진의 구위가 3연속 완봉승을 거둘 때와 비교해 떨어지기도 했지만, OB 야수들의 연이은 실책이 화근이 됐다. 1회말 1실점 후 3루수 임형석이 땅볼을 놓쳐 추가 2실점 했고, 좌익수 김상호의 악송구까지 겹치면서 1회에만 4점을 헌납했다. 30이닝 연속 무실점 기록이 중단된 김상진은 2회말에도 1실점 하면서 조기 강판되고 말았다.

OB가 3회초 이상훈을 상대로 1점을 뽑아내긴 했지만 1-5 완패. 이상훈은 8이닝 1실점으로 시즌 7승 1패, 한화 정민철과 다승 공동 1위로 도약했다. 그러면서 OB와 LG는 0.5경기 차로 좁혀졌다.

OB는 이후 2경기에 강병규와 권명철을 차례로 선발로 내세웠지만, 정삼흠과 김기범 선발 카드로 맞선 LG에 연이어 무릎을 꿇었다. 5월 31일에 4-5로 지면서 LG에 0.5경기 차로 1위 자리를 내줬고, 6월 1일엔 2-4로 패하면서 1.5경기 차로 밀려났다. OB로서는 3연전에 앞서 '설마' 했던 최악의 시나리오를 맞이했다.


## 🎾 LG에 추월당한 여름, 드라마를 위한 밑그림

OB는 다시 전열을 정비해 6월 4일 잠실 쌍방울전부터 21일 잠실 롯데전까지 2무 포함 9연승을 달렸다. 그사이 14일과 15일에는 더블헤더를 포함해 LG와 3연전을 펼쳤는데 2승 1무를 거두고 1위를 탈환했다. 약 보름 전 3연패의 아픔을 사실상 되돌려줬다.

그 이후 OB와 LG는 선두 자리를 주고받는 피 말리는 순위 싸움을 계속했다. OB가 6월에 16승 2무 8패로 호성적을 올렸지만, LG 역시 6월에 16승 1무 8패로 고공행진을 펼쳤다.

1995년 기적의 한 시즌을 이끈 김인식 감독

OB는 한여름에 접어들면서 고비를 만났다. 7월초 LG와 격돌한 잠실 3연전이 뼈아팠다. 4일에 김상진과 이상훈의 시즌 두 번째 선발 맞대결이 펼쳐졌다. 김상진은 9회까지 2실점으로 완투했지만 다시 완투패를 떠안았다. 이상훈이 9회까지 1실점 완투승을 올렸기 때문이다. 에이스 완투 대결에서 패한 여파는 컸다. OB는 3연전을 모두 내주고 말았다.

7월에 OB가 6승 2무 7패로 주춤하는 사이, LG는 9승 7패를 거뒀다. 7월까지 OB는 선두 LG에 2경기 차로 밀리게 됐다.

8월 11~13일 다시 LG와 만났다. 1승 1패 후 13일에 김상진과 이상훈이 시즌 3번째 맞대결을 펼쳤다. 여기서 OB는 또 1-7로 완패했다. 김상진은 1995년 17승을 거두며 생애 최고의 성적을 올렸지만, 친구이자 라이벌 이상훈과 시즌 3차례 맞대결에서 모두 패하면서 2인자에 머물고 말았다. 반면 이상훈은 그해 20승 고지에 올랐다. 결과적으로 3차례 선발 맞대결 결과가 그해 둘의 다승왕 운명을 가른 셈이 됐다.

엎친 데 덮쳤다. 후반기 들어서면서 박철순, 장호연, 강병규가 부상으로 이탈했는데 복귀가 쉽지 않았다. 7월 22일 LG와 공동 선두를 달린 이후 줄곧 2위에 머물던 OB는 이 3연전에서 1승 2패로 밀리면서 LG에 무려 6경기 차나 뒤지게 됐다. 1995시즌 들어 양 팀 간에 경기 차가 가장 크게 벌어진 순간이었다.

OB는 그 이후 8월 27일까지 6승 3패로 선전했지만, LG 역시 같은 기간 5승 2무 2패로 흔들림 없는 레이스를 펼쳤다. 여전히 6경기 차. 페넌트레이스 99경기를 소화한 시점이었다.

1995년은 팀당 정규시즌 126경기를 하던 시절. 야구계에서는 "3경기 차를 따라잡으려면 한 달 정도의 기간이 필요하다"는 게 통설이다. 남은 27경기에서 6경기 차를 극복한다는 것은 사실상 불가능에 가까웠다. 아무리 막판에 OB가 선전해도 LG가 자멸하지 않는다면 뒤집기는 어려워 보였다.

오히려 이 시점에서 OB는 앞쪽보다는 뒷덜미를 신경 써야 했다. 3위 롯데가 2경기 차로 뒤를 쫓아왔고, 해태와 삼성도 5.5경기 차로 추격해왔다.

그러나 이때까지는 드라마를 위한 밑그림일 뿐이었다. 가슴이 웅장해지는 기적의 9월 레이스가 기다리고 있었다.

## 🎾 1위 LG에 6G차…… 마지막 27G 대역전 스퍼트의 시작

LG는 8월 하순까지 정규시즌 1위로 골인할 기세였다. 그런데 8월말부터 갑자기 비틀걸음을 걷기 시작했다. 8월 29~31일 잠실에서 상승세의 롯데에 3연전을 모두 내주고 말았다. 첫판에서 특급 소방수 김용수가 승리를 지키지 못하면서 연장 12회 승부 끝에 2-3으로 졌다. 김용수는 그해 42경기 무패 행진을 이어가던 상황이라 LG로서는 충격이 컸다.

이튿날에는 김태원이 무너졌다. 1-5 패배. 1위 LG와 2위 OB의 간격이 4.5경기 차로 좁혀졌다.

추격하는 OB로서는 여전히 멀어 보이는 거리였지만, 달아나는 LG로서는 안심할 수 없는 격차였다. '컵에 물이 반이나 남았다'고 바라보는 것과 '컵에 물이 반밖에 남지 않았다'고 바라보는 것의 차이. 무리수 없이 메이저리그식 마운드 운영을 하던 LG 이광환 감독이 3연전 마지막 게임에 사흘만 쉰 이상훈을 선발 등판시키는 승부수를 던졌다.

그때만 해도 이상훈은 절정의 구위를 자랑하며 승승장구하고 있었다. 8월 13일 김상진과 벌인 맞대결에서 2-1 완투승으로 시즌 17승, 18일 잠실 해태전에서는 1-0 완봉승으로 시즌 18승까지 수확했다. 이제 이상훈은 시즌 20승까지 두 걸음 남았다.

그런데 이상훈이 그 이후부터 헛걸음질만 쳤다. 27일 잠실에서 쌍방울과 치른 더블헤더 제1경기에 선발 등판해 9회까지 1실점 완투를 했지만 경기가 1-1 무승부로 끝나는 바람에 승수 추가에 실패했다.

그러고는 3일 휴식 후 이날 롯데전에 선발 등판했다. 6회초 2실점했지만 7회 1사에서 마운드를 물러날 때까지 나름대로 혼신의 힘을 다해 역투했다. 그러나 이날 LG 타선이 롯데 윤형배-김상현에게 꽁꽁 묶였다. 0-3으로 졌다. LG로서는 충격적인 3연전 스윕패였다.

2위에 끼인 OB는 좋아하기도 애매한 상황이었다. 앞서 달리는 LG의 3연패보다 뒤쫓아오는 롯데의 3연승이 더 크게 다가왔기 때문이다. 이날 OB는 태평양과 더블헤더에서 1승 1패를 나눠 가졌다. 그러면서 3위 롯데에 1경기 차로 바짝 쫓기게 됐다. 정규시즌 3위로 떨어진다면 준플레이오프부터 치러야 하기에 OB로서는 롯데의 상승세가 여간 신경 쓰이는 게 아니었다. 하지만 나중에 되돌아보면 이 3연승은 OB가 롯데에게 큰절을 해야 하는 고마운 선물이었다.

# ⚾ 운명을 바꾼 추석 연휴 해태 4연전 스윕······ 50일 만에 선두 탈환

LG는 9월 들어서도 제 페이스를 찾지 못하고 흔들렸다. 흔들린 정도가 아니었다. 롯데에 3연패를 당한 시점부터 9월 12일까지 13경기에서 3승 1무 9패로 침잠했다. LG가 반타작도 못 하고 이처럼 자멸하리라고 누가 예상이나 했을까.

반면 OB는 기적의 스퍼트를 시작했다. 8월 31일부터 9월 12일까지 12경기에서 무려 11승 1패(6연승-1패-5연승)라는 혁혁한 전과를 올렸다. LG가 승패 마진 -6을 기록하는 동안 OB는 +10을 올렸으니 이 기간 양 팀 간에 8경기 차가 뒤바뀌게 됐다. OB가 6경기 차를 뒤집고 1위로 올라서는 기적이 펼쳐지는 순간이었다.

### 1995년 OB 베어스 기적의 막판 스퍼트 경기 일지

| 월 | 일 | 구장 | 상대팀 | 스코어 | 결과 | 승패투수 | 순위 |
|----|----|----|----|----|----|----|----|
| 8 | 31 | 인천 | 태평양 | 7-0 | 승 | 김상진 | 2 |
| 9 | 1 | 잠실 | 쌍방울 | 7-4 | 승 | 권명철 | 2 |
| 9 | 3 | 잠실 | 쌍방울 | 8-2 | 승 | 진필중 | 2 |
| 9 | 3 | 잠실 | 쌍방울 | 6-4 | 승 | 송재용 | 2 |
| 9 | 5 | 잠실 | 한화 | 1-0 | 승 | 김상진 | 2 |
| 9 | 6 | 잠실 | 한화 | 4-1 | 승 | 장호연 | 2 |
| 9 | 7 | 잠실 | 한화 | 4-7 | 패 | 권명철 | 2 |
| 9 | 8 | 광주 | 해태 | 3-1 | 승 | 송재용 | 2 |
| 9 | 9 | 광주 | 해태 | 4-2 | 승 | 진필중 | 2 |
| 9 | 9 | 광주 | 해태 | 4-3 | 승 | 박철순 | 2 |
| 9 | 10 | 광주 | 해태 | 10-9 | 승 | 한태균 | 1 |
| 9 | 12 | 잠실 | LG | 6-1 | 승 | 김상진 | 1 |
| 9 | 13 | 잠실 | LG | 3-4 | 패 | 권명철 | 1 |
| 9 | 14 | 잠실 | LG | 1-5 | 패 | 송재용 | 2 |
| 9 | 15 | 대전 | 한화 | 3-6 | 패 | 이용호 | 2 |
| 9 | 16 | 잠실 | 삼성 | 5-1 | 승 | 진필중 | 2 |
| 9 | 17 | 잠실 | 삼성 | 8-1 | 승 | 김상진 | 2 |
| 9 | 19 | 전주 | 쌍방울 | 3-4 | 패 | 권명철 | 2 |
| 9 | 20 | 전주 | 쌍방울 | 15-3 | 승 | 박철순 | 1 |

| 9 | 21 | 전주 | 쌍방울 | 5-2 | 승 | 진필중 | 1 |
| 9 | 22 | 잠실 | 한화 | 2-1 | 승 | 김경원 | 1 |
| 9 | 23 | 잠실 | 한화 | 8-9 | 패 | 이용호 | 1 |
| 9 | 24 | 광주 | 해태 | 6-1 | 승 | 권명철 | 1 |
| 9 | 26 | 수원 | 태평양 | 1-0 | 승 | 김상진 | 1 |
| 9 | 27 | 인천 | 태평양 | 3-2 | 승 | 권명철 | 1* |

*1위 확정

특히 그중에서도 9월 8일부터 10일까지 추석 연휴 3일간 펼쳐진 광주 원정 4연전이 결정적이었다. 그 4연전은 지금도 회자되고 있다. 추석 연휴에 앞서 OB는 61승 5무 42패를 기록 중이었다. 1위 LG(63승 3무 42패)에 1경기 차로 따라붙은 상황. 그런데 4위를 달리던 해태를 상대로 더블헤더 포함 4연전을 모두 쓸어 담는 믿기지 않는 결과를 만들었다.

해태도 갈 길 바쁜 팀이었고, 반드시 OB를 잡아야 하는 절박한 상황이었기에 더욱 놀라운 성과였다.

해태가 총력전을 펼칠 수밖에 없었던 것은 당시 대회 요강 때문이었다.

추석 연휴 직전까지 4위 해태는 3위 롯데에 5.5경기 차로 뒤지고 있었다. 8개 구단 체제였던 그해에는 4강까지 포스트시즌 진출권이 주어졌지만, 대회 요강에는 3위와 4위가 3.5경기 차 이상 벌어지면 준플레이오프를 실시하지 않는다는 조건이 붙어 있었다.

해태로서는 어떻게 해서든 롯데에 3경기 차 이내로 진입해야 하는 상황. 더군다나 1995년은 해태그룹 창립 50주년이었다. '야구 명가'로서 가을야구 탈락은 받아들일 수 없는 일이었다. 포스트시즌 진출은 최소한의 자존심이었다.

해태의 격렬한 저항 속에 OB는 연일 1~2점 차 박빙 승부를 펼쳤다. 그리고 모두 승리했다. 8일 첫판에서 3-1로 이겼고, 9일 더블헤더에서도 각각 4-2와 4-3으로 승리했다. 난타전으로 끝난 10일 경기에서는 10-9로 이겼다.

반면에 LG는 추석 연휴에 7위 태평양을 잠실 안방으로 불러 3연전을 치르는 스케줄이었다. 이미 가을야구가 물 건너간 태평양. LG는 분위기 반전과 1위로 달아날 절호의 기회를 만난 셈이었다.

그러나 길고 짧은 것은 대봐야 아는 법. 막상 뚜껑을 열고 보니 예상 밖의 흐름이 이어졌다. LG는 8일 태평양에 4-1로 손쉽게 승리했지만, 10일 더블헤더 제1경기에서 이상훈을 투입하고도 2-2 무승부를 기록하고 말았다. 더블헤더 제2경기에서는 선발 김태원이 난조를 보인 가운데 4-7로 무릎을 꿇었다.

이로써 OB는 65승 5무 42패, LG는 64승 4무 43패. OB는 추석 연휴 시리즈가 끝난 시점에 LG를 1경기 차로 밀어내며 50일 만에 1위를 탈환했다. 거꾸로 LG는 50일 만에 선두 자리를 내주고 2위로 내려앉았다.

LG는 해태가 미울 수밖에 없었지만, 해태 역시 지고 싶어서 진 게 아니었다. 롯데에 5.5경기 차로 밀려나 낭패감이 밀려왔다. 결국 그 후유증으로 그해 최종 순위 4위를 차지하고도 3위 롯데에 4.5경기 차로 뒤져 포스트시즌 진출에 실패했다. 1985년 이후 10년 만에 가을야구를 못 하게 된 해태였다.

## 🎾 마지막 보름간의 전쟁…… OB와 LG의 반집 차 순위 싸움

50일 만에 선두를 탈환한 OB지만 기뻐하기는 일렀다. 9월 12일부터 14일까지 잠실에서 LG와 시즌 마지막 3연전이 예정돼 있었기 때문이다. 다른 팀에 승리하거나 패하면 반경기 차 효과를 얻지만, 맞대결에서 이기거나 지면 곧바로 1경기 차가 가감된다.

LG도 사실상의 마지막 승부처라 판단하고 총력전으로 나섰다. 한대화를 비롯해 박종호, 김재현, 조현, 박철홍 등이 삭발에 가까운 짧은 스포츠머리로 경기장에 나타났을 정도로 결전에 임하는 의지가 뜨거웠다.

12일 첫 경기에 OB는 에이스 김상진을 선봉에 내세웠다. 그동안 LG에 재미를 보지 못했던 김상진은 아예 삭발을 하고 마운드에 올랐다. 그러고는 혼신의 힘을 다해 7이닝 1실점의 역투를 펼치며 팀의 6-1 승리를 이끌었다. 김상진은 시즌 마지막 LG전에서 15승을 올렸고, OB는 추석 연휴 광주 4연승을 포함해 파죽의 5연승을 이어갔다. 2위 LG에도 2경기 차로 앞서나갔다.

13일 두 번째 경기. OB 선발투수는 권명철이었다. 그러나 1-0으로 앞선 1회말 무사 만루 위기에서 김형석의 실책이 나오면서 3실점 하고 말았다. 초반에 승기를 넘겨줬다. 타선도 LG 김기범과 김용수에게 막히면서 3-4로 패했다. OB의 5연승 행진이 마감됐다. 다시 1경기 차로 좁혀졌다.

14일 3연전 마지막 경기. LG는 이상훈 카드를 뽑아 들었다. OB 선발투수는 1차 지명 신인 송재용. 2회말 LG 김재현에게 2점 홈런을 맞았다. 4회초 OB 심정수가 시즌 18호 솔로포를 뽑아내며 대등한 흐름을 만들었다. 그러나 OB는 뒷심에서 밀리며 이날 1-5로 패했다. 이상훈은 8회 2사까지 1실점으로 호투하며 27일 만에 승수를 추가해 시즌 19승에 성공했다.

1승 후 2연패. OB는 경기 차 없이 승률에서 4리가 부족해 3일 만에 다시 선두 자리를 내주게 됐다.

이후 하루하루가 피 말리는 선두 싸움. 15일에 OB는 한화에 3-6으로 패하며 3연패에 빠졌다. 7월 4~6일 LG에 스윕당한 뒤 한 번도 3연패가 없었던 OB였다. 10경기를 남겨둔 시점이었기에 갑작스러운 연패가 당황스러웠다. 8월말부터 12경기에서 11승 1패의 고공행진을 벌이다 곧바로 3연패를 당했으니 '연승 다음에 연패를 조심하라'는 야구계의 격언이 떠오를 수밖에 없었다. OB 입장에서 다행스러운 건 LG도 이날 삼성에 0-2로 패했다는 것이었다.

이제 2위 OB는 10경기, 1위 LG는 11경기가 남았다.

LG는 9월 16일과 17일 대전에서 더블헤더 포함 한화 3연전을 모두 쓸어 담았다. OB도 잠실에서 삼성에 2연승을 올렸지만, 한 경기를 더 이긴 LG가 0.5경기 차로 앞서나갔다.

OB는 19일과 20일 최하위 쌍방울을 만났다. 19일에 3-4로 패했고, 20일에는 15-3 대승을 거뒀다. 그러나 반게임 차로 1, 2위가 엎치락뒤치락하는 이 중요한 시기에 반드시 잡고 가야 할 쌍방울을 상대로 거둔 1승 1패는 결코 만족할 수 없는 전적이었다.

그런데 LG가 더 얄궂은 시련을 맞이했다. 19일과 20일 사직에서 롯데에 2연패를 당한 것. OB 입장에서는 롯데에 다시 큰절을 올려야 할 판이었다. 롯데는 8월말 LG에 3연전 스윕승을 거두더니 9월 초에는 3연전에서 2승 1패를 기록했다. 이번 2연승까지 약 3주 사이에 LG전 8전 7승 1패의 놀라운 성과를 올렸다. OB는 LG를 0.5경기 차로 제치면서 6일 만에 선두자리를 되찾았다. 되돌아보면 OB가 1위로 도약하고 LG가 2위로 떨어지는 과정에서 롯데가 결정적인 역할을 한 셈이다.

21일에는 OB가 쌍방울을 5-2로 꺾었고, LG 역시 태평양에 5-1로 나란히 승리해 0.5경기 차 1위는 그대로 유지됐다.

그리고 맞이한 22일 경기에서 양 팀은 대조적인 결과표를 받아 쥐었다. LG는 인천에서 태평양을 상대로 연장 12회 혈투 끝에 1-2로 패했다. 철벽 소방수 김용수가 권준헌에게 끝내기 안타를 맞았기에 상처가 컸다.

OB 역시 잠실에서 한화를 상대로 연장 12회 혈투를 펼쳤다. LG와 다른 게 있다면 끝내기 승리를 거뒀다는 것. 3-4로 뒤진 9회말 이명수의 우익선상 2루타와 2사 후 김광현의 우익수 쪽 3루타로 극적인 동점을 만들어 승부를 연장으로 몰고 간 뒤 12회말 장원진의 끝내기 홈런으로 5-4 역전승을 거뒀다.

이로써 OB는 LG에 1.5경기 차로 달아났다. 4경기를 남겨둔 시점에서 매직넘버도 3으로 줄였다. OB의 주포로 자리 잡은 김상호는 이 경기에서 0-3으로 끌려가던 6회말 추격의 시즌 24호 홈런을 터뜨리면서 서울팀 최초의 홈런왕과 타점왕을 향해 기세를 한껏 끌어 올렸다.

이제 양 팀에게 남은 경기 수는 4경기씩. 그런데 23일 LG가 전주

12회말 끝내기 홈런의 주인공 장원진

에서 쌍방울을 9-4로 꺾은 반면 OB는 잠실에서 한화와 난타전 끝에 8-9로 일격을 당했다. 3회까지 7-3으로 앞서다 역전패를 당했기에 아쉬움은 더욱 컸다. 김상호가 1회 1사 1루에서 투런포를 뽑아내 시즌 마지막 홈런인 25호포와 세 자릿수 타점(101)을 돌파했지만, 팀 패배로 빛이 바랬다.

OB와 LG의 간격은 다시 0.5경기 차. 3경기씩 남겨둔 시점에 OB의 매직넘버는 그대로 3으로 고정됐다. 한국시리즈 직행 티켓의 향

방은 또 오리무중으로 빠져들었다.

OB는 23일 토요일에 무거운 발걸음으로 광주로 향했다. 24일 일요일에는 해태의 전설적 강타자 김성한의 은퇴식이 예정돼 있었다. 36장 '백곰 윤동균이 떠나던 날'에서 소개했듯이, 1989년 OB 윤동균이 KBO 최초 은퇴식 겸 은퇴경기를 펼친 바 있다. 김성한은 KBO 역대 2호 은퇴식 겸 은퇴경기를 치르는 상황이었다.

해태는 준플레이오프 진출을 위해 1승이 아쉬운 처지. 추석 연휴 4연전에서 OB에 스윕패를 당한 아픔을 되돌려주기 위해 독기를 품고 있었다. 게다가 구단 레전드의 은퇴경기였기에 반드시 이기겠다는 각오로 나섰다. 해태와 OB는 이날 경기 전까지 나란히 13승을 거두고 있던 차세대 에이스 이대진(13승 5패)과 권명철(13승 8패)을 선발 카드로 준비해놓고 있었다.

OB는 1회와 3회 1점씩을 뽑아 2-0으로 앞서나간 뒤 7회 장원진의 2점 홈런으로 승기를 잡으면서 6-1로 승리했다. 9회말 2사 후 대타로 타석에 들어선 해태 김성한은 3루 땅볼로 아웃당하며 14년에 걸친 선수 생활을 마무리했다. 권명철은 시즌 14승째를 완투승으로 장식했다.

LG는 잠실에서 패색이 짙던 경기를 뒤집고 승리를 챙겼다. 2-4로 뒤진 8회말 2사 만루에서 류지현과 김재현의 연속 밀어내기 볼넷으로 동점을 만든 뒤 연장 10회말 서용빈의 좌월 끝내기 안타로 한화를 5-4로 물리쳤다. OB와 LG의 0.5경기 차는 그대로 이어졌다.

26일에는 LG의 경기가 없는 가운데 OB는 수원에서 태평양을 상대했다. 산 넘어 산. 해태 이대진을 넘었더니 태평양 정민태가 나왔다. OB는 김상진을 선발로 내세웠다.

8회까지 0-0의 피 말리는 투수전. 마지막 이닝에서 승부가 갈렸다. 9회초 선두타자 김민호가 우전안타에 이은 도루로 무사 2루 찬스를 잡자 장원진이 우전 적시타로 결승점을 뽑아 1-0 신승을 거뒀다. 김상진은 9회까지 무실점으로 막아내면서 시즌 8번째 완봉승을 올렸다. 1986년 해태 선동열만 유일하게 보유하고 있던 한 시즌 최다 완봉승과 타이기록을 이루는 순간. OB는 LG에 1경기 차로 앞서게 됐다.

LG는 2경기(27일 잠실 쌍방울전, 28일 잠실 해태전)가 남았지만, OB는 최종 1경기(27일 인천 태평양전)만 남겨둔 상황. 1경기 차로 앞선 OB는 시즌 최종전을 이기기만 하면 잔여 경기 결과와 관계없이 자력으로 페넌트레이스 1위를 확정할 수 있게 됐다. 그러나 태평양을 건너지 못한다면 LG가 2연승을 거두는 경우 역전당하게 된다. 만약 OB가 무승부를 기록하고, LG가 2연승을 올린다면 동률이 돼 한국시리즈 직행 티켓을 놓고 3전2선승제의 우승 결정전을 치러야만 했다.

## 최종전에서 반게임 차 정규시즌 1위 확정…… OB 감격의 KS행 순간

"명철아, 너 나갈 수 있냐?"

최일언 투수코치가 권명철에게 다가와 의사를 물었다.

최 코치가 이렇게 물어본 까닭은 권명철이 9월 24일 김성한의 은퇴경기로 치러진 해태전에서 완투한 뒤 이틀만 쉬고 태평양전에 나서야 했기 때문이다.

현재 두산 베어스 2군 투수코치로 있는 권명철은 그날의 기억이 또렷하다.

1995시즌 최종전에 선발 등판한 권명철

"사실 원래는 제가 나갈 차례가 아니었거든요. 완투한 다음에 휴식일이 이틀밖에 안 돼 어깨도 좀 무거웠고, 인천구장이 작으니까 부담이 컸죠. 그렇지만 최종전을 이겨야만 페넌트레이스 1위를 확정하는 상황이었잖아요. 저도 14승 투수에 머무느냐, 15승 투수로 도약하느냐가 걸려 있어 결국 던지겠다고 했습니다."

그해 김상진의 구위도 절정이었지만, 권명철 역시 생애 최고의 피칭을 이어가던 시즌이었다. 직구와 슬라이더 투 피치였지만 두 구종만으로 타자를 압도했다. 특히 슬라이더의 각과 예리함이 압권이었다.

앞서 설명한 대로 태평양은 일찌감치 7위로 확정된 상황. 그러나 태평양 역시 이겨야 할 이유는 있었다. 인천 홈 팬들 앞에서 태평양 유니폼을 입고 치르는 마지막 경기였기 때문이다. 이미 8월 31일에 현대그룹이 태평양을 인수하기로 공식 발표를 했기에 태평양은 홈 팬들에게 승리로 마지막 인사를 하고 싶었다.

이틀 휴식 후 어깨가 무거웠던 탓일까. 권명철이 먼저 점수를 내줬다. 3회말 선두타자 김동기를 볼넷으로 내보낸 뒤 이희승에게 중전 적시타를 맞고 말았다.

잠실에서는 LG가 1회말 2점을 먼저 뽑았다는 소식이 들려왔다. 만약 OB가 패하고 LG가 이긴다면 OB로서는 자력 우승의 길이 사라지게 된다.

이런 불안감이 엄습하던 4회초. 이날 선발 마스크를 쓰고 권명철과 호흡을 맞추던 이도형이 타석에 등장해 김홍집을 상대로 장쾌한

동점 좌월 솔로포를 터뜨렸다. 시즌 14호 홈런. 이날 경기 전까지 이도형은 시즌 13개의 홈런 중 구장 규모가 가장 큰 잠실에서만 12개를 기록해 '잠실 홈런왕'으로 불리고 있었다. 반면 원정에서는 홈런 1개밖에 없었다. 그런데 결정적인 경기, 결정적인 순간, 잠실이 아닌 원정지에서 값진 홈런포를 쏘아 올렸다.

5회말 권명철이 이숭용에게 우월 솔로포를 맞고 1-2로 다시 리드를 빼앗겼다. 그러자 OB는 6회초 김태형의 볼넷에 이은 장원진의 우중간 2루타로 2-2 동점에 성공했다.

입술이 바짝바짝 타들어가던 OB는 8회초 무사 1, 3루의 황금 기회를 잡았다. 여기서 김민호가 안병원을 상대로 좌익수 희생플라이를 날리면서 3-2로 리드했다.

권명철은 7회까지 2실점으로 역투를 거듭한 뒤 8회초 타선이 역전 점수를 뽑자 8회말 마운드를 김경원에게 물려줬다. 8회를 무실점으로 넘긴 김경원은 9회말 2사 후 태평양 슬러거 김경기를 맞이했다. 마지막 타구는 한가운데 펜스를 향해 무서운 기세로 날아갔다. 홈런이라면 동점. 그러나 날쌘돌이 신인 중견수 정수근이 어느새 담장 앞까지 달려가 있었다. 그러고는 오른손에 낀 글러브로 공을 낚아챘다. 3-2 승리. OB 선수들이 미친 듯이 더그아웃을 박차고 나와 마운드로 달려갔다.

OB는 올 시즌 마지막 경기인 27일의 인천 경기에서 태평양에 3대 2로 역전승했다. OB는 이로써 올 시즌을 74승 5무 47패로 마무리, 28일 해태전을 남긴 LG의 승패에 관계없이 페넌트레이스 1위를 확정 지었다. 프로야구 원년 우승팀인 OB가 페넌트레이스 1위를 한 것은 13년 만에 처음이다.

_1995년 9월 28일자 〈동아일보〉

OB가 한국시리즈 직행 티켓을 따내는 순간이었다. 단일 시즌 제도가 도입된 1989년 이후로만 따지면 OB 구단 역사상 처음으로 정규시즌 1위에 오르는 감격스러운 순간이었다. 원년인 1982년 전기리그 우승으로 한국시리즈에 직행한 뒤 13년 만의 한국시리즈 진출. 그라운드에서 서로 부둥켜안고 감격을 나누던 OB 선수들은 더그아웃에 샴페인이 준비되자 서로의 얼굴에 부어대며 한국시리즈 진출을 자축했다.

김인식 감독도 샴페인 세례에서 예외일 수 없었다. 선수들이 김 감독 머리 위로 샴페인을 퍼부었다. 김 감독은 그라운드에서 팔짱을 낀 채 가만히 서서 선수들이 부어주는 샴페인을 온몸으로 흠뻑 받아냈다. 개인적으로 해태에서 코치로 4년 연속(1986~1989년) 한국시리즈 우승을 해봤지만, 쌍방울 창단 감독으로서 3년간 포스트시즌 진출에도 실패했다. 프로야구 감독으로서는 생애 처음 정규시즌 1위를 경험하는 순간이었다.

김 감독은 기자들 앞에서 "올 시즌 목표는 4강이었다. 오늘 경기전까지도 페넌트레이스 1위를 확신하지 못했다"며 감격한 목소리로 소감을 밝혔다. 좀처럼 흥분하는 법이 없는 김 감독도 그 순간만큼은 목소리 톤이 올라가고 있었다.

선수들에게 샴페인 세례를 받은 김 감독은 고생한 선수들의 이름을 하나하나 열거하며 칭찬 세례로 화답했다.

"전반기에 김민호와 이명수가 기대 이상의 활약을 해줘 선수들이 자신감을 가질 수 있었다. 특히 김상호, 김형석이 후반기 들어 기대 이상으로 활약했다. 박철순, 장호연은 전반기 마운드를 잘 지켜줬다. LG와 6경기 차로 벌어져 팀이 어려울 때 송재용, 진필중 등 신인들이 잘 막아줬다. 김민호, 이명수, 임형석 등 주전 3명이 부상한 후반기 초가 고비였다. 이때 심정수와 이도형이 불방망이를 휘둘러줘 게임을 쉽게 풀어나갈 수 있었다. 누구 할 것 없이 전 선수들이 잘해줬다."

1995시즌 페넌트레이스 우승 후, 선수들이 김인식 감독을 헹가래 치는 모습

LG는 다음 날 순위 싸움에 의미 없는 시즌 마지막 경기였지만, 해태를 6-1로 꺾고 4연승으로 페넌트레이스를 마무리했다.

시즌 최종 성적에서 OB는 74승 5무 47패(승률 0.607)로 1위. LG는 74승 4무 48패(승률 0.603)로 2위. 1위와 2위가 0.5경기 차로 나란히 선 순간이었다.

0.5경기 차는 당시까지 역대 정규시즌 1위와 2위의 최소 경기 차 기록이었다. (이후 2019년 두산과 SK, 2021년 kt와 삼성이 1위 싸움에서 동률로 정규시즌을 마치는 사례가 나왔다. 2019년에는 상대 전적에서 앞선 두산이 한국시리 즈에 직행했고, 2021년에는 우승 결정전으로 kt가 한국시리즈 직행 티켓을 따냈다.)

8월말까지 한때 LG에 6경기 차나 뒤졌던 상황에서 한 달도 채 되지 않는 기간에 대역전 드라마를 펼친 OB의 뚝심과 저력은 놀라움 그 자체였다. 암흑기를 견뎌낸 OB 팬들도 그날만큼은 감격을 감출 수 없었다.

OB 베어스 선수단은 소름 돋는 페넌트레이스 우승을 뒤로하고, 13년 만에 찾아온 구단 역사상 두 번째 한국시리즈를 준비하기 시작했다.

# BEARS
# 48

## 1995년 KS 2승 3패 후 역전 우승…
## 13년 만에 되찾은 챔피언 자리

1995년 OB 베어스의 캐치프레이즈. OB는 이해에 기적을 완성했다.

OB는 1995년 페넌트레이스에서 8월말까지 1위 LG에 6경기 차나 뒤지다 9월의 질주로 0.5경기 차 뒤집기 우승에 성공하는 기적을 만들었다. 1982년 KBO 원년 한국시리즈 우승 이후 13년 만에 한국시리즈 진출 티켓을 거머쥔 OB는 이제 누가 파트너가 될지 느긋하게 기다리면 됐다.

플레이오프는 예상 밖으로 흘러갔다. 정규시즌 3위 롯데가 2위 LG에 4승 2패를 거두며 한국시리즈 진출권을 얻었다. 1994년 우승팀이자 강력한 우승 후보로 꼽히던 LG는 막판에 OB에 반게임 차로 뒤져 한국시리즈 직행이 무산되자 허탈해진 탓인지, 정규시즌에서 5.5경기 차나 앞섰던 롯데에 일격을 당하고 말았다.

이로써 한국시리즈 사상 OB와 LG가 최초로 맞붙는 '더그아웃 시리즈'는 무산되고 말았다. 그 대신 사상 최초의 '경부선 시리즈'가 성사됐다.

48장은 OB 베어스 시절의 마지막 한국시리즈 이야기다. 3패(2승)를 먼저 당한 뒤 역전 우승에 성공한 1995년 가을의 기적. 그 전설의 시작과 끝을 되돌아본다.

## ⚾ 13년 만에 오른 KS, 롯데와 '경부선 시리즈'

　OB는 그해 투타에서 안정된 전력을 자랑했다. 불과 1년 전, 선수단 집단이탈 사태로 위기에 빠졌던 팀이 그야말로 환골탈태했다. 팀 타율(0.266) 1위에다 서울팀 최초로 세 자릿수 홈런(101)을 기록하는 기염을 토했다. 전통의 홈런 군단을 제치고 8개 구단 중 팀 홈런 부문 1위를 차지했다는 점에서 의미가 컸다. 김상호가 서울팀 선수 최초로 홈런왕(25개)과 타점왕(101개)에 오른 데다, 심정수(21홈런)와 이도형(14홈런) 등 신진이 폭발적인 화력을 더해준 덕분에 이룩된 성과였다. 고졸 신인 정수근은 주로 대주자와 대수비로 출장하면서도 25도루를 기록해 두산의 기동력을 업그레이드시켰다.

　마운드에서는 김상진(17승)과 권명철(15승) 원투펀치가 32승을 합작했고, 박철순(9승)과 장호연(7승)도 노익장을 과시했다. 전년도 부상으로 이탈했던 김경원(6승 15세이브, 평균자책점 2.93)이 돌아왔고, 김경원이 부진할 때 이용호(3승 10세이브, 평균자책점 1.95)가 마무리를 맡아 뒷문이 강해졌다.

　신인 투수 중에서도 두각을 나타낸 선수가 있었다. 중앙대 출신으로 그해 2차 지명 2라운드에 뽑은 진필중은 후반기에 돌풍을 일으키며 시즌 6승 2패 2세이브를 거뒀다. 특히 9월에만 4연속 선발승을 올리는 상승세를 타면서 한국시리즈에서도 중책을 맡게 된다.

김용희 감독이 이끈 롯데는 그해 전준호(69도루)를 중심으로 팀 도루를 무려 220개나 성공하면서 KBO 신기록을 작성했다. 대부분의 선수가 도루 능력을 갖춰 '뛰는 야구'에서는 타의 추종을 불허하는 팀이었다. 1992년 우승 당시에는 '소총부대'였지만, 1995년에는 국가대표 출신 신인 마해영(18홈런)과 2년생 임수혁(15홈런)이 가세해 장타력도 갖춘 팀으로 변모했다.

염종석, 강상수, 윤형배, 김상현 등이 군 복무(방위)를 하면서 선발 로테이션 구성에 어려움을 겪었지만, 맏형 윤학길(12승)과 주형광(10승)이 주축을 이루고 강상수와 가득염이 7승씩을 거들었다. 7경기만 치르면 되는 한국시리즈 무대이기에 무시할 수 없는 마운드 전력이었다.

## ⚾ 1차전 10월 14일(잠실)
### =실책으로 패배······'험난한 여정' 예고

| 팀 | 1회 | 2회 | 3회 | 4회 | 5회 | 6회 | 7회 | 8회 | 9회 | 합계 |
|---|---|---|---|---|---|---|---|---|---|---|
| 롯데(1승) | 0 | 1 | 0 | 2 | 0 | 0 | 0 | 1 | 0 | 4 |
| OB(1패) | 0 | 0 | 0 | 0 | 0 | 0 | 2 | 0 | 0 | 2 |
| 승리투수 : 염종석 | | | 세이브투수 : 김상현 | | | | 패전투수 : 김상진 | | | |

"7전 4선승제 한국시리즈니까 1차전은 꼭 이겨야 한다는 생각뿐이었어요. 당연히 구위가 가장 좋은 에이스를 1차전 선발로 내야 했습니다. 그래야 에이스를 7차전까지 최대한 많이 활용할 수 있으니까."

김인식 전 감독은 1995년 한국시리즈를 돌아보면서 김상진을 1차전 선발 카드로 낙점하기까지 큰 고민이 없었다고 털어놨다. 김상진은 한국시리즈라는 큰 무대를 경험하지 않았지만, 어차피 OB 내에서 그 무대를 밟아본 선수는 1982년 한국시리즈 우승을 경험한 KBO 최고령 투수 박철순밖에 없었다.

김상진은 그해 17승을 올린 OB의 에이스이기도 했지만, 정규시즌 마지막 8경기에서 6승 무패에 평균자책점 1.71을 기록할 정도로 기세가 좋았다. 시즌 막판 OB가 LG를 추월하는 데 결정적인 몫을 한 투수이기도 했다.

롯데 선발투수는 염종석. 1992년 17승으로 신인왕에 오르며 롯데 우승의 주역으로 맹활약한 투수다. 1995년에는 군 복무 관계로 정규시즌 7승 7패에 그쳤지만, 평균자책점 2.98(9위)로 만만하게 볼 투수가 아니었다.

선취점은 롯데가 뽑았다. 그것도 실책 때문이었다. 2회초 선두타자로 나선 4번 타자 마해영의 땅볼을 OB 유격수 김민호가 가랑이 사이로 빠뜨렸다(김민호는 이 실책으로 1차전 패배의 빌미를 제공했지만, 이후 한국시리즈 우승 영웅으로 거듭난다). 이어 김응국의 유격수 땅볼. 더블플레이가 완성되는가 했으나, 이번에는 공을 넘겨받은 2루수 이명수의 1루 악송구가 나오고 말았다. 1사 1루. 여기서 김응국은 별명 '호랑나비'처럼 가뿐히 2루 도루에 성공했고, 김종훈의 우전 적시타 때 홈을 밟았다.

롯데는 4회초 2점을 추가하며 3-0으로 앞서나갔다. 박정태와 마해영의 연속 안타에 이어 김응국의 좌익선상 2루타와 김종헌의 희생플라이가 이어졌다.

오랜 휴식이 독이 된 것일까. OB는 수비도 흔들렸지만, 타선도 감을 잡지 못했다. 염종석의 역투에 막혀 6회까지 3안타 무득점에 그쳤다.

답답하던 흐름은 7회말 소용돌이쳤다. 1사 후 5번 타자 이도형의 중전안타와 김형석의 우월 2루타로 2, 3루 찬스. 주장 이명수의 2타점 좌전 적시타가 폭발하면서 2-3, 1점 차로 따라붙었다. 염종석 강판 후 김상현이 마운드에 올랐다. 8번 타자 심정수의 삼진, 9번 타자 안경현의 유격수 땅볼. OB로서는 여기서 추가점을 올리지 못한 것이 뼈아팠다.

8회초 김상진이 선두타자 강성우에게 안타를 맞자 김인식 감독은 투수 교체를 단행했다. 그러나 구원 등판한 이용호가 김민재를 몸에 맞는 볼로 내보낸 뒤 2루 견제 악송구까지 범해 무사 2, 3루 위기를 만났다. 결국 전준호의 중견수 희생플라이로 롯데가 4-2로 달아났고, 이 점수로 승부가 결정됐다.

염종석은 팔꿈치 통증이 있었지만 이를 참아가며 6과 1/3이닝 2실점으로 승리투수가 됐다. 신인 시절이던 1992년 준플레이오프 1차전, 플레이오프 1차전과 4차전, 한국시리즈 4차전 승리에 이어 1995년 한국시리즈 1차전까지 포스트시즌 5연승(1세이브) 무패 가도를 달렸다.

김상진은 수비진의 실수 속에 7이닝 4실점(2자책점)으로 생애 첫 한국시리즈 등판에서 패전의 멍에를 쓰고 말았다. 1차전을 지고도 우승할 수 있을까. OB로서는 남은 6경기에서 4승을 거둬야 하는 부담을 떠안게 됐다.

## ⚾ 2차전 10월 15일(잠실)
### = 권명철 완투+김민호 끝내기 밀어내기 볼넷

| 팀 | 1회 | 2회 | 3회 | 4회 | 5회 | 6회 | 7회 | 8회 | 9회 | 합계 |
|---|---|---|---|---|---|---|---|---|---|---|
| 롯데(1승 1패) | 0 | 1 | 0 | 0 | 0 | 0 | 0 | 0 | 0 | 1 |
| OB(1승 1패) | 0 | 0 | 0 | 0 | 1 | 0 | 0 | 0 | 1 | 2 |
| 승리투수 : 권명철 | | | | | 패전투수 : 주형광 | | | | | |

OB는 잠실에서 열리는 2차전을 반드시 잡고 부산으로 넘어가야 만 했다. 선발투수는 페넌트레이스에서 롯데전에 유난히 강한 면모 를 보였던 권명철. 15승 중에 롯데전에서만 3승 무패, 평균자책점 1.89의 성적을 거뒀다.

"1차전에서 김상진이 져서 솔직히 2차전 선발로 나설 때 부담이 컸어요. 정규시즌에서 롯데에 강하긴 했지만 전 당시 직구와 슬라이 더 2가지 공만 던지는 '투 피치 투수'였잖아요. 제 구종은 어차피 롯 데에서 뻔히 알고 있었죠. 그런데 그날 롯데가 왠지 말리더라고요."

현재 두산 퓨처스 투수코치를 맡아 경기도 이천에서 주로 생활하 고 있는 권명철은 "참 오래된 일"이라며 웃더니 그날의 기억을 더듬 어나갔다.

한국시리즈 2차전 선발이라는 중책을 맡아 호투한 권명철

　롯데 선발투수는 구위가 가장 좋은 고졸 2년생 주형광. 플레이오프 최종 6차전에서 롯데가 1-0으로 LG를 꺾고 4승 2패로 한국시리즈행 티켓을 따냈을 때 1안타 완봉승을 거둔 주인공이었다.

　한국시리즈 2차전을 앞두고 아침부터 가랑비가 흩날리던 잠실 하늘에는 경기가 시작되자 햇살이 비치기 시작했다.

　경기 초반 어려움이 닥쳤다. 전날처럼 2회초 롯데에 다시 선취점을 내주고 만 것이다. 1회초를 삼자범퇴로 처리한 권명철이 선두타자 4번 마해영을 중전안타로 내보냈다. 김응국과 김종훈을 연속 삼진으로 돌려세웠지만, 공필성에게 좌중간을 꿰뚫는 3루타를 맞고 말았다.

5회말 찬스가 왔다. 1사 후 8번 타자 안경현의 2루타, 9번 타자 김태형의 중전 적시타로 값진 동점을 뽑아냈다. 주전 포수로 성장한 이도형이 한국시리즈 1차전에서 공수에서 다소 부진하자 2차전 선발 출장의 기회를 잡은 김태형이었다(김태형은 그해 방위 복무 후 시즌 중반에 팀에 본격적으로 합류했는데, 2차전부터 7차전까지 선발 마스크를 쓰며 우승을 지휘하게 된다).

이후 권명철과 주형광의 팽팽한 투수전. 누구도 먼저 마운드를 내려올 기미를 보이지 않았다. 7회와 8회에 양 팀 모두 삼자범퇴를 당할 정도였다.

연장전의 기운이 감돌던 9회말. OB 선두타자 이명수가 모처럼 좌전안타를 치고 나갔다. 5회 김태형의 적시타 이후 OB의 첫 안타였다. 김형석의 3루수 앞 희생번트로 1사 2루. 롯데 벤치는 투구 수 127개를 기록한 주형광을 내리고 강상수를 투입했다.

심정수의 고의볼넷과 안경현의 3루수 땅볼로 2사 2, 3루. OB 김인식 감독은 김태형 타석을 승부처라 보고 그해 팀 내 최고 타율(0.299)을 기록한 좌타자 김종석을 대타로 내보냈다.

그러자 롯데는 다시 고의볼넷 작전을 폈다.

롯데가 만루의 부담을 감수한 것은 강상수가 팀 내에서 가장 제구력이 좋은 투수였기 때문이다. 그런데 공교롭게도 타석에는 OB에서 가장 선구안이 좋은 1번 타자 김민호가 들어섰다.

한국시리즈 2차전, 9회말 2사 만루에서 타석에 섰던 김민호

볼-볼-스트라이크-스트라이크-볼.

강상수는 보더라인 근처로 직구만 내리 5개를 던졌다. 그런데 김민호는 단 한 번도 스윙을 하지 않았다.

1-1 동점에 9회말 2사 만루 풀카운트.

"타석에 들어서기 전 무조건 투 스트라이크를 먹을 때까지 치지 않고 최대한 기다리겠다고 마음을 먹었습니다. 스트라이크존에서 공을 넣었다 뺐다 하는데 방망이를 돌리지 않고 기다렸더니 풀카운트까지 간 거죠."

강상수는 6구째도 직구를 선택했다. 김민호로서는 비슷한 공이면 방망이를 돌려야 하는 상황. 그러나 공이 낮게 들어왔고, 김민호는 몸을 한번 움찔하더니 방망이를 내밀지 않았다.

김양경 주심의 팔이 올라가지 않았다. 대신 김민호의 두 팔이 하늘을 향해 올라갔다. 끝내기 밀어내기 볼넷. 3루 주자 이명수가 만세를 부르며 홈으로 달려 들어왔고, OB 벤치의 모든 선수가 그라운드로 쏟아져 나왔다. 1990년 한국시리즈 2차전에서 LG 김영직이 최초로 끝내기 밀어내기 볼넷을 기록한 뒤 역대 한국시리즈 2번째 진기록이었다. 김민호가 한국시리즈 MVP로 가는 열차에 탑승한 순간이었다.

생애 처음 포스트시즌 무대에 등판한 선발투수 권명철은 2회초 2개의 안타와 6회초 김민재에게 볼넷을 내준 것을 제외하면 나머지 7이닝을 모두 삼자범퇴로 처리하는 완벽한 피칭을 보여주었다. 9이닝 110구 2안타 1볼넷 6탈삼진 1실점 완투승. 권명철의 역투가 OB를 살렸다.

## ⚾ 3차전 10월 17일(사직)
### = 신인 정수근 결승타와 김민식표 위장 스퀴즈, 1패 후 2연승

| 팀 | 1회 | 2회 | 3회 | 4회 | 5회 | 6회 | 7회 | 8회 | 9회 | 10회 | 합계 |
|---|---|---|---|---|---|---|---|---|---|---|---|
| OB(2승 1패) | 0 | 0 | 1 | 0 | 0 | 1 | 0 | 0 | 0 | 3 | 5 |
| 롯데(1승 2패) | 0 | 0 | 0 | 1 | 0 | 0 | 0 | 0 | 1 | 0 | 2 |
| 승리투수 : 이용호 | | | | | 패전투수 : 김상현 | | | | | | |

경부선을 타고 부산으로 내려갔다. 롯데는 베테랑 중의 베테랑인 '고독한 황태자' 윤학길을, OB는 영건 중의 영건인 신인 진필중을 선발로 내보냈다. 진필중이 9월 들어 투구가 무르익었기에 3선발로 낙점된 것이었다.

OB가 1점을 뽑으면 롯데가 1점을 내고, OB가 1점을 도망가면 다시 롯데가 1점을 추격하는 양상. 3회초 OB 선두타자 안경현의 좌월 2루타가 터졌다. 2사 3루에서 장원진의 중전 적시타가 이어지면서 1-0 리드를 잡았다. 한국시리즈 들어 처음으로 OB가 선취점을 내는 순간이었다.

그러나 4회말 1사 후 진필중이 박정태, 김응국, 마해영에게 연속 안타를 맞더니 '자갈치' 김민호에게 밀어내기 볼넷을 허용하면서 1-1 동점을 내주고 말았다. OB 김민호가 2차전 끝내기 밀어내기 볼넷으로 장군을 부르자, 롯데의 동명이인 김민호가 3차전에서 밀어내기 볼넷으로 멍군을 부르는 진기한 장면이 연출됐다.

OB는 6회초 2사 후 김형석의 중월 2루타와 이명수의 볼넷에 이어 김종석의 중전 적시타로 다시 2-1로 달아났다.

한국시리즈 3차전 선발로 등판해 6이닝 1실점으로 호투한 진필중

신인 진필중은 6이닝 동안 단 1실점으로 기대 이상의 호투를 펼쳤다. 김경원이 7회부터 구원 등판했다. 8회말 선두타자 전준호에게 2루타를 맞자 이번에는 이용호가 구원 등판했다. 9회말 1사까지 잘 잡았다.

타석에는 롯데의 '화약고' 공필성. 몸쪽 공은 절대 피하지 않고 맞고 나가는 투지의 화신이지만, 그해 정규시즌 홈런 4개였을 정도로 장타력과는 다소 거리가 먼 선수였다.

볼카운트 2B-2S에서 5구째 몸쪽 낮은 공. 공필성의 방망이가 전광석화처럼 돌았다. 사직구장에서 함성이 화산처럼 폭발했다. 타구는 총알처럼 좌중간 펜스를 넘어갔다. 2-2 동점 솔로 홈런. 다 된 밥에 코를 빠뜨린 OB는 깊은 한숨을 내쉬었다.

그러나 그 한숨이 다시 환호로 바뀌는 데는 오랜 시간이 걸리지 않았다. 돌아선 연장 10회초. 윤학길이 9회까지 2실점을 기록한 뒤 내려가고, 김상현이 구원 등판했다. 1사 후 OB 1번 타자 김민호가 중전안타로 나간 뒤 과감하게 2루를 훔쳤다.

타석에는 덕수상고를 졸업한 뒤 갓 입단한 새내기 정수근. 대수비와 대주자 요원으로 한국시리즈 엔트리에 포함된 정수근은 7회말 장원진 대신 중견수로 투입된 터였다. 정수근은 여기서 우중간으로 강한 타구를 날렸다. '수비의 귀재'로 꼽히는 롯데 중견수 김종헌이 몸을 날렸지만 공이 글러브에 맞고 오른쪽으로 흘렀다. 1타점 3루타. OB가 3-2 리드를 잡는 순간이었다. 정수근은 김상호의 1루수쪽 내야안타 때 총알처럼 홈까지 파고들어 추가점을 뽑았다.

이어 김형석의 중전안타로 1사 1, 3루. OB 김인식 감독은 여기서 준비된 작전을 구사한다. 3루 주자 김상호가 홈으로 달리는 동작을 취하고 타석의 이명수가 스퀴즈번트 동작에 들어간 것. 그러나 이명수의 배트는 공을 맞히지 못하고 헛스윙을 하고 만다.

3루 주자가 독 안에 든 쥐처럼 꼼짝 못 하고 객사할 수밖에 없는 상황. 그런데 롯데 포수 김선일이 3루 주자를 잡으려는 순간 김상호는 유유히 3루로 귀루를 해버렸다. 그러는 사이 발 느린 1루 주자 김형석은 아무런 견제도 없이 서서 2루로 들어갔다. 기록상으로는

2루 도루였다.

당시 이를 두고 야구 전문가들도 "스퀴즈번트 실패다", "타자와 3루 주자 중 한 명이 사인을 잘못 봤다" 등등 의견이 분분했다. 그러나 이는 OB가 한국시리즈를 준비하면서 미리 손발을 맞춘 작전이었다. 발 느린 1루 주자를 공짜로 2루에 보내 더블플레이를 방지하기 위한 것. 지금은 일반화된 '위장 스퀴즈번트' 작전이지만, 당시 김인식 감독이 들고 나온 묘수에 상대뿐만 아니라 전문가들조차 모두 당했다. 이 작전은 나중에 절체절명의 7차전에서 또 한 번 빛을 발한다.

김인식 전 감독은 위장 스퀴즈번트를 준비한 과정에 대해 이렇게 설명해주었다.

"한국시리즈를 앞두고 연습을 많이 했어요. 이런 상황에서 3루 주자가 홈으로 뛰어가면 3루수가 소리를 지르게 돼 있습니다. 그러면 포수는 3루 주자를 쳐다볼 수밖에 없고. 그런데 3루 주자가 홈으로 너무 많이 갔다가 3루로 돌아오면 포수 송구에 걸려 죽으니까 귀루하는 타이밍이 중요하죠. 그걸 계속 연습한 겁니다."

OB는 계속된 1사 2, 3루에서 상대 실책으로 1점을 더 뽑아내 5-2로 넉넉한 리드를 잡았다.

연장 10회말. 이용호가 2사 만루까지 몰린 뒤 공필성을 1루수 파울플라이로 유도하며 승리를 확정했다. OB는 1패 후 2연승으로 기세를 올렸다.

## ⚾ 4차전 10월 18일(사직)
### =8회말 통한의 결승점 헌납, 2승 2패 장군멍군

| 팀 | 1회 | 2회 | 3회 | 4회 | 5회 | 6회 | 7회 | 8회 | 9회 | 합계 |
|---|---|---|---|---|---|---|---|---|---|---|
| OB(2승 2패) | 0 | 0 | 0 | 0 | 1 | 0 | 1 | 0 | 0 | 2 |
| 롯데(2승 2패) | 0 | 1 | 0 | 0 | 0 | 1 | 0 | 1 | × | 3 |
| 승리투수 : 김경환 | | | | | 패전투수 : 김상진 | | | | | |

1차전 패전투수 OB 김상진과 2차전 끝내기 밀어내기 볼넷을 내준 강상수의 선발 맞대결로 4차전이 시작됐다.

"1995년 한국시리즈 1차전은 생애 처음 경험하는 큰 게임이었어요. 당시 한국시리즈를 앞두고 타구에 왼쪽 손등을 맞아 깁스를 하고 나갔거든요. 무조건 이겨야 하는 게임이고, 이기고 싶었던 게임이었어요. 그런데 1차전에서 패했고, 너무 속상해 정말 떡이 되도록 술을 마셨던 것 같아요. 저는 기억이 없지만, 합숙하던 호텔 로비에서 제가 김태룡 매니저님(현 두산 단장)을 부둥켜안고 울고불고 난리를 쳤다고 하더라고요."

현 두산 퓨처스 코치인 김상진의 이야기다. 1차전 패전의 쓰라림이 남아 있는 만큼, 4차전에 선발 등판하는 각오는 더 뜨거울 수밖에 없었다.

경기는 1점씩을 주고받는 진땀 나는 시소게임으로 전개됐다. 롯데가 달아나면 OB가 따라잡는 양상.

김상진이 먼저 점수를 허용했다. 2회말 선두타자 공필성을 몸에 맞는 볼로 내보낸 뒤 와일드피치와 내야땅볼로 1사 3루가 됐다. 여기서 김상진이 유난히 어려움을 겪던 8번 타자 강성우에게 중견수 희생플라이를 맞고 말았다.

찬스를 점수로 연결하지 못하던 OB 타선은 5회초 반격에 나섰다. 1사 후 2번 타자 장원진의 중월 2루타와 2사 후 4번 타자 김형석의 우월 2루타가 연결되면서 마침내 1-1 동점을 만들었다.

롯데가 6회말 1사 2루에서 김민재의 적시타로 2-1로 달아나자, OB는 7회초 1사 2루에서 김상호의 2루타로 다시 2-2 동점에 성공했다.

그러나 OB는 8회말 결정적인 실점을 하고 말았다. 역시 선두타자 공필성을 볼넷으로 내보낸 게 화근이었다. 김종헌의 희생번트로 1사 2루. 2루 주자 공필성은 베이스를 들락거리며 OB 내야진의 신경을 자극했다. 이때 김상진의 2루 견제구가 중견수 쪽으로 빠졌다. 2루 주자 공필성은 3루까지 내달렸다.

타석에는 1차전 3타수 2안타에 이어 이날도 안타를 때리는 등 김상진에게 강점을 보인 강성우. 결국 고의볼넷 작전을 펼쳤다.

1사 1, 3루. OB 벤치는 투수 교체를 단행했다. 김상진이 내려가고 이용호가 올라왔다. 여기서 김민재에게 좌익수 희생플라이를 허용하면서 결승점을 헌납하고 말았다.

7회 무사 1루에서 강상수를 구원 등판한 롯데 김경환은 2와 2/3이닝을 무실점으로 막고 한국시리즈 첫 승을 올렸다. 경성대 시절 압도적인 퍼포먼스를 펼친 김경환은 1993년 롯데 1차 지명을 받고 프로에 들어왔지만 어깨 부상으로 수술과 재수술을 이어가는 불운을 겪었다. 그러고는 1995년 군 복무를 마치고 나와 후반기에야 프로 무대에 데뷔하게 됐다. 9경기에서 1승 1패, 평균자책점 5.89의 성적을 올렸다. 롯데의 이날 승리는 현재까지 롯데 구단의 마지막 한국시리즈 홈경기 승리로 남아 있다.

## 🎾 5차전 10월 20일(잠실)
### = 13년 만의 KS 마운드, 불사조 투혼도 헛되이

| 팀 | 1회 | 2회 | 3회 | 4회 | 5회 | 6회 | 7회 | 8회 | 9회 | 10회 | 합계 |
|---|---|---|---|---|---|---|---|---|---|---|---|
| 롯데(3승 2패) | 0 | 0 | 4 | 0 | 0 | 1 | 0 | 0 | 1 | 1 | 7 |
| OB(2승 3패) | 0 | 4 | 0 | 0 | 0 | 0 | 1 | 0 | 1 | 0 | 6 |
| 승리투수 : 김경환 | | | | | 패전투수 : 김경원 | | | | | | |

당시 대회 요강에 따라 5~7차전은 잠실에서 치르게 됐다. 그중 6차전이 롯데 홈으로 편성돼 있긴 하지만, 잠실에서 나머지 모든 게임을 진행하기에 평소 잠실을 홈구장으로 사용하는 OB로서는 이점이 있었다.

2승 2패 후 맞이하는 5차전. 경기의 무게만큼이나 선발투수 이름부터 숨이 막혔다. 2차전에서 빛나는 투수전을 펼친 롯데 주형광과 OB 권명철의 재대결. 그러나 예상과는 달리 둘 다 초반부터 난조를 보이면서 어지러운 게임이 펼쳐졌다.

OB가 선제타를 날렸다. 2회말 한꺼번에 4점을 뽑아낸 것. 1사 1,

2루에서 안경현이 좌전 적시타를 치고 이어 심정수의 좌월 3점 홈런이 터지며 빅이닝이 만들어졌다. 1995년 한국시리즈 내내 저득점 양상이 이어졌기에 4점이면 사실상 승기를 완전히 틀어쥐는 점수처럼 느껴졌다.

그러나 3회초 곧바로 롯데의 반격이 시작됐다. 전준호의 1타점 우월 2루타와 김종헌의 1타점 내야안타로 2점을 뽑고, 마해영의 2타점 우월 2루타로 순식간에 4-4 동점이 됐다.

그러고는 중반까지 소강상태가 이어졌다. 6회초 선두타자 마해영의 볼넷과 박정태의 희생번트, 대타 임수혁의 우전안타로 롯데가 1사 1, 3루의 황금 기회를 얻었다. 여기서 공필성의 우전 적시타가 나오면서 롯데가 5-4로 앞서나갔다.

계속된 1사 1, 3루.

OB 김인식 감독은 마침내 결단을 내렸다. '불사조' 박철순을 호출했다. 박철순으로서는 원년 자신의 손으로 한국시리즈 우승을 확정하던 6차전 이후 13년 만에 오르는 KS 마운드였다. 그러나 감회에 젖을 상황이 아니었다. 추가 실점은 패배와 직결되는 무거운 점수. 절체절명의 위기였다.

박철순은 강성우를 상대로 혼신의 힘을 다해 공을 뿌렸다. 1B-0S에 연속 5개의 파울이 이어졌다. 7구째 볼이 들어오는 순간 1루 주자 공필성이 2루 도루에 성공했다. 1사 2, 3루. 박철순은 결국 9구째에 몸쪽 높은 공으로 강성우를 헛스윙 삼진으로 돌려세웠다. 그러고는 다음 타자 김민재도 풀카운트 승부 끝에 바깥쪽 슬라이더로 루킹 삼진을 잡아냈다.

두 주먹을 불끈 쥐고 환호를 할 법도 했지만, 박철순은 의외로 덤덤한 표정으로 마운드를 내려왔다.

그러나 OB 팬들마저 덤덤할 순 없었다. 1982년의 기억이 오버랩된 팬들은 기쁨에 겨워 환호성을 질렀다. 그사이 수없이 쓰러지고 일어나기를 반복한 불사조의 스토리가 떠오른 팬들은 가슴속에서 올라오는 뜨거운 기운을 삼켜야만 했다.

박철순은 7회초를 1볼넷 무실점으로 막아냈다. 마치 13년 전의 영웅이 현실 세계에 빙의한 듯 자신감 넘치는 모습이 그 시절 그대로였다.

맏형이 역투를 거듭하자 OB 타선도 7회말 힘을 냈다. 김민호와 장원진이 연속 안타로 무사 1, 2루 밥상을 차렸다. 롯데는 호투하던 주형광을 벤치로 불러들였다. 롯데 두 번째 투수는 김상현. OB 김상호가 김상현에게 삼진으로 물러났지만, 대타 김종석의 좌전 적시타로 다시 5-5 동점을 이뤘다.

8회초에도 등판한 박철순은 선두타자 박정태를 풀카운트 승부 끝에 볼넷으로 내보내고 말았다. 박철순은 결국 김경원에게 마운드를 물려주고 내려왔다.

1과 2/3이닝 37구 무안타 2볼넷 2탈삼진 무실점. 이것이 박철순의 마지막 한국시리즈 등판이 됐다.

양 팀의 몸부림은 9회에 더 거세졌다. 9회초 롯데가 김민재와 김종헌의 안타로 1사 1, 3루를 만든 뒤 대타 손동일의 우익수플라이로 6-5로 치고 나갔다.

그러자 OB는 9회말 선두타자 김민호의 좌월 2루타로 반격의 신

마운드에 모인 김인식 감독과 투수 박철순, 포수 김태형

호탄을 쏘아 올린 뒤 정수근의 투수 앞 희생번트로 1사 3루 기회를
만들었다. 여기서 시리즈 내내 부진하던 김상호가 롯데 4번째 투수
김경환을 상대로 중전 적시타를 때리면서 극적인 6-6 동점을 만들
었다.

3차전에 이어 1995년 한국시리즈에서만 두 번째 연장전. 10회초
롯데 공격에서 선두타자 마해영이 볼넷으로 나가자 이용호가 구원
등판했다. 박정태의 희생번트와 폭투로 1사 3루. 여기서 임수혁의
우익수 희생플라이가 나오면서 롯데가 다시 7-6으로 앞서나갔다.

연장 10회말. OB는 볼넷 2개로 2사 1, 2루 마지막 찬스를 잡았다.

그러나 김태형의 대타로 들어선 김광현이 삼진으로 물러나고 말았다. 6-7 패배. .

9회 등판한 롯데 김경환은 1과 2/3이닝을 막고 한국시리즈 2연승을 올렸다. 1995년 정규시즌 1승과 한국시리즈 2승. 이것이 김경환의 공식경기 마지막 승리였다.

7전4선승제인 한국시리즈에서 3승을 선점하는 팀이 절대적으로 유리하다는 것은 삼척동자도 다 아는 사실. 1982년 시작된 한국시리즈에서 3패를 먼저 당한 팀이 우승한 사례는 1984년 롯데 자이언츠 한 팀뿐이었다. 통계만 본다면 OB로서는 절망적인 상황이었다.

그러나 '미라클 베어스'는 기적 같은 반격의 드라마를 준비하기 시작했다.

## ⚾ 6차전 10월 21일(잠실)
### ='절망 속에서 핀 꽃' 진필중 완투승…… 3승 3패 기사회생

| 팀 | 1회 | 2회 | 3회 | 4회 | 5회 | 6회 | 7회 | 8회 | 9회 | 합계 |
|---|---|---|---|---|---|---|---|---|---|---|
| OB(3승 3패) | 0 | 2 | 1 | 0 | 0 | 0 | 0 | 1 | 0 | 4 |
| 롯데(3승 3패) | 0 | 0 | 0 | 0 | 0 | 0 | 0 | 1 | 0 | 1 |
| 승리투수 : 진필중 | | | | | 패전투수 : 염종석 | | | | | |

"이기든지 지든지 내일은 그냥 자신 있게 던져. 지금까지만 해도 신인으로서 충분히 잘했어."

1995년 10월 20일 금요일 밤. OB는 한국시리즈 기간에 서울 경기를 할 때 논현동의 리츠칼튼호텔을 숙소로 사용했다. 베어스의 맏형이자 정신적 지주인 박철순은 한국시리즈 5차전이 끝난 뒤 숙소 방에서 룸메이트인 신인 진필중에게 용기를 불어넣었다.

"그래. 선배님 말씀이 맞아. 그동안 네가 잘 던져서 우리 팀이 여기까지 온 거야. 부담 갖지 말고 그냥 편하게 던져."

5차전 선발투수로 등판했던 권명철도 그날 밤 박철순과 진필중이 묵는 방으로 찾아와 함께 있었다. 그는 박철순 선배의 말을 이어받으며 진필중에게 격려를 했다.

OB가 2승 1패로 앞서다 2연패를 당하며 2승 3패로 몰린 상황. 7전4선승제 한국시리즈에서 3패를 먼저 당한 뒤 우승하는 것은 기적에 가깝다. 더군다나 OB는 4차전에서 김상진(시즌 17승), 5차전에서 권명철(시즌 15승) 원투펀치를 소진한 터라 절망감이 엄습했다.

OB가 가용할 수 있는 선발 카드는 신인 투수 진필중. 3차전에서 6이닝 1실점으로 기대 이상의 호투를 했지만, 팀이 벼랑 끝에 몰린 상황에서 선발 등판은 새내기가 감당하기에는 부담감이 클 수밖에 없었다.

박철순과 권명철 두 선배도 말은 하지 않아도 팀의 운명이 6차전 선발투수 진필중의 어깨에 달려 있다는 것을 알고 있었다. 겉으로 티를 내지 않을 뿐이었다.


"OB 구단에서 가능성 하나 보고 저를 2차 2라운드에 지명했지만, 사실 초등학교 때부터 대학 때까지 저는 잘나가는 투수가 아니었어요. 늘 불안했던 선수였죠. 휘문고 다닐 땐 1년 후배 임선동이 에이스라 중요한 경기에서 저는 벤치에 앉아 있었어요. 중앙대로 진학해서도 별 볼 일 없었죠. 4학년 때 갑자기 구속이 빨라지더라고요. 최고 149km를 찍었어요. 그런데 왼쪽 어깨가 습관성 탈구로 말썽을 부리지 뭡니까. 수술을 했죠. 뜻밖에도 프로 지명을 받았고, 첫해 패전처리로 시작했지만 1군 무대에서 던지게 됐고, 후반기에 선발로 나서기 시작해 9월에 4연속 선발승을 거두었고요. 그러고는 한국시리즈 엔트리에 들고, 3차전에 선발 등판을 했어요. 꿈만 같은 일이 입단 첫해부터 하나씩 이뤄지는데 정말 모든 게 고마웠어요."

1995년 신인 투수 진필중은 한국시리즈를 지금도 생생하게 기억하고 있다.

그는 연장 10회 승부 끝에 5-2로 승리한 한국시리즈 3차전에 선발투수로 나서 6이닝 1실점 역투를 펼친 바 있다. 2-1로 앞선 상황에서 마운드를 내려와 승리 요건을 갖췄지만 9회말 동점을 허용하면서 승리투수가 되지는 못했다.

그러나 진필중의 역투가 없었다면 그날의 승리도 없었기에 3차전 직후 진필중의 주가는 급등하고 있었다.

"3차전 선발 등판 때는 1승 1패를 한 상태였기 때문에 부담이 되긴 해도 사실 크게 압박감을 받지는 않고 등판했던 것 같아요. 지더라도 다음이 있는 거잖아요. 그런데 2승 3패 후 6차전 선발 등판할 때는 긴장이 안 될 수가 없었죠. 6차전을 지면 다음이 없는 거니까요. 1년 내내 고생해온 모든 선수들의 노력을 제가 날려버릴 수 있다고 생각하니 부담이 컸죠. 그렇지만 박철순, 권명철 선배님의 말씀처럼 그냥 '열심히만 던지자'고 생각했어요. '무조건 이긴다'는 긍정적인 생각만 하면서 길게도 안 보고 '한 타자, 한 타자 집중해서 던지자'고 다짐하고 마운드에 올랐죠. 등판 전에 긴장은 됐지만 오히려 집중력은 최고조에 달했던 것 같아요."

당시 대회 요강에 따라 한국시리즈 5차전부터 7차전까지 잠실에서 거행됐지만, 6차전은 롯데의 홈경기로 치러졌다. OB가 선공, 롯데가 후공이었다.

롯데는 가을이면 더 강해지는 염종석을 선발로 낙점했다. 염종석은 1차전에서도 6과 2/3이닝 2실점으로 승리투수가 됐고, 1992년 데뷔 후 포스트시즌 5연승을 달리고 있는 '불패 투수'였다.

그러나 염종석은 14일에 열린 1차전 투구 후 팔꿈치 통증을 호소했다. 충분한 휴식 뒤 7일 만에 마운드에 올랐지만 분명 1차전보다 구위가 떨어져 있었다.

내일이 없는 OB는 이런 염종석을 2회초부터 몰아붙였다. 선두타자 이명수의 좌전안타와 김종석의 2루수 땅볼로 1사 2루 찬스를 잡았다. 여기서 안경현의 중월 2루타, 2사 후 김태형의 좌전 적시타가 연이어 터졌다. 2-0으로 앞서나갔다.

3회에는 선두타자 김형석이 볼넷을 골라 나간 뒤 이명수의 희생번트로 만든 1사 2루서 김종석의 우전 적시타가 나왔다. 결국 염종석이 강판되고, 박동희가 구원 등판했다.

3-0으로 리드하는 가운데 OB 선발투수 진필중은 역투를 거듭

했다. 빠른 공뿐만 아니라 제구 또한 완벽했다. 1회부터 3회까지 삼자범퇴 행진. 롯데 2번 타자 김종헌에게만 4회말 1사 후 중전안타, 7회말 선두타자 볼넷을 내줬을 뿐이었다. 한 차례도 득점권에 주자를 두지 않았을 만큼 롯데의 모든 타자를 압도해나갔다.

한국시리즈 6차전 결승 득점을 올린 이명수

8회초 OB 선두타자 이명수가 볼넷으로 출루한 뒤 2루 도루에 성공해 무사 2루. 김종석과 안경현이 아웃됐지만 심정수가 좌익선상 2루타로 값진 추가점을 뽑았다. 4-0 리드.

거침없는 투구를 이어가던 진필중은 8회말 첫 위기를 맞이했다. 1사 후 공필성과 손동일에게 연속 안타를 내주면서 처음으로 득점권에 주자를 두게 된 것. 1사 1, 3루. 여기서 김선일의 2루 땅볼로 1점을 허용했지만 더 이상 추가 실점은 없었다.

공격적인 피칭으로 8회까지 투구 수 92개로 제어한 진필중은 9회에도 씩씩하게 마운드에 올랐다. 1번 타자 전준호를 2루수 땅볼, 2번 타자 김종헌을 3루수 땅볼로 처리했다.

타석에는 3번 타자 박정태. 초구에 배트가 돌았다. 타구는 높이 떴고, 중견수 정수근이 낙구 위치를 고르더니 여유 있게 잡아냈다.

4-1 승리. 진필중은 9회에도 공 9개로 가볍게 롯데 타선을 요리했다. 제 손으로 승리를 확정한 진필중은 오른손으로 모자를 벗더니 하늘 위로 크게 한 바퀴 돌렸다. 마치 하늘을 나는 기분이었다.

9이닝 101구 3안타 1볼넷 3탈삼진 1실점 완투승. 누구도 예상하지 못한 신인 투수의 화려한 퍼포먼스였다. 진필중은 절벽에 섰던 팀을 구해내면서 새로운 영웅의 탄생을 알렸다. 이를 발판으로 '미라클 베어스' 신화가 꿈틀대기 시작했다.


"마지막 아웃카운트를 잡고 속으로 '아, 이제 됐다. 끝났구나. 7차전으로 가는구나. 내가 이 중요한 경기에서 해냈구나'라는 생각이 들면서 너무나 홀가분했어요. 한 타자, 한 타자만 집중해서 잡자고 생각했는데 완투까지 갈 줄은 꿈에도 몰랐죠. 룸메이트 박철순 선배님이 마운드까지 올라오셔서 머리를 쓰다듬어주시더라고요."

믿기 힘든 완투승으로 팀을 구한 진필중

진필중은 이날 경기 후 수훈선수 인터뷰에서 '9회가 다 끝나자 어둡고 긴 터널을 지난 뒤 마지막 태양을 보는 느낌이었다'라는 소감을 밝혔다. 초등학교 때부터 누구도 거들떠보지 않았던 무명 투수의 눈앞에는 그동안 견뎌온 기나긴 어둠의 시간이 주마등처럼 스쳐지나갔다.

"미리 준비했던 소감도 아닌데, 저도 모르게 그런 인터뷰를 했더라고요. 한국시리즈 엔트리에 들어가는 것 자체가 꿈이었는데 거기서 완투승까지 올렸잖아요. 나도 할 수 있다는 희망을 얻은 게임이었어요. 그래서 그런 말이 무의식중에 나온 것 같아요."

## 🎾 7차전 10월 22일(잠실)
### = 김상진-권명철 역투, 다시 위장 스퀴즈······ OB 시대 마지막 우승

| 팀 | 1회 | 2회 | 3회 | 4회 | 5회 | 6회 | 7회 | 8회 | 9회 | 합계 |
|---|---|---|---|---|---|---|---|---|---|---|
| 롯데(3승 4패) | 0 | 0 | 1 | 1 | 0 | 0 | 0 | 0 | 0 | 2 |
| OB(4승 3패) | 2 | 0 | 2 | 0 | 0 | 0 | 0 | 0 | × | 4 |
| 승리투수 : 김상진 | | | 세이브투수 : 권명철 | | | | 패전투수 : 윤학길 | | | |

결국 최종전까지 왔다. 어차피 양 팀 모두 막다른 골목에 몰려 있었다. 7차전 선발투수로 OB는 김상진, 롯데는 윤학길 카드를 빼 들었다.

OB는 1회에 약한 징크스가 있는 윤학길을 몰아붙였다. 1회말 OB 1번 타자 김민호가 좌중간 안타로 포문을 열었다. 김민호는 이로써 한국시리즈 1차전부터 7차전까지 전 경기 안타를 생산해낸 선수가 됐다.

"사실 안타 이전에 파울플라이로 아웃되는 상황이었어요. 롯데 3루수 공필성 선배가 파울지역에서 낙구 지점을 포착하지 못해 뒤로 주춤주춤 따라가다 유격수(김민재)하고 부딪쳐서 공을 놓치더라고요. 거기서 살아나서 결국 풀카운트까지 가서 안타를 쳤는데 우리가 1회부터 2점을 냈어요."

김민호는 "당시 상황이 모두 기억난다. 생생하다"고 했다.

이어 2번 타자 장원진의 중전안타로 무사 1, 3루. 합숙 기간 김민호와 룸메이트였던 1년 선배 장원진은 7차전 전날 밤 "민호야, 잘하면 네가 MVP 가능성이 있겠다"라며 응원을 해줬는데, 1회 시작하자마자 김민호, 장원진 룸메이트 테이블세터가 멋지게 밥상을 차렸다.

이어 한국시리즈 중반까지 부진하던 3번 타자 김상호가 좌전 적시타를 날렸다. OB는 손쉽게 1-0 리드를 잡았다.

윤학길이 1번부터 3번까지 3연속 안타를 맞자 당황한 롯데는 투수 교체를 단행하는 초강수를 뒀다. 강상수가 마운드를 이어받았다. OB는 김형석의 1루수 땅볼로 만든 1사 1, 3루에서 이명수의 유격수 땅볼로 1회부터 2-0으로 앞서나갔다.

강상수가 2회말 3연속 탈삼진으로 안정을 찾자, 롯데가 3회초 반격을 시작했다. 선두타자 김민재가 좌익선상 안타로 출루했다. 이어 전준호의 타구는 원바운드 투수 정면 땅볼. 더블플레이가 예상되는 순간이었다. 그런데 김상진이 2루에 던진 것이 그만 악송구가 되고 말았다. 유격수 김민호가 2루로 들어가다 역동작에 걸리면서 몸을 날려봤지만 공은 중견수까지 굴러갔다.

무사 1, 3루 위기. 여기서 김상진은 침착했다. 김종헌을 상대로 느린 커브를 던져 유격수 앞 병살타로 유도하면서 1점과 아웃카운트 2개를 맞바꿨다. 2-1로 리드가 이어졌다.

곧 이은 3회말. 승부를 가르는 결정적 장면이 펼쳐졌다. OB는 1사 후 김상호의 좌전안타와 김형석의 중전안타로 1사 1, 3루 기회를 얻었다.

여기서 OB 김인식 감독의 준비된 작전이 다시 한번 빛났다. 타석에 들어선 이명수가 초구에 스퀴즈번트 동작을 취했다. 3루 주자 김상호는 3차전 때처럼 홈으로 뛰는 척하더니 3루로 귀루해버렸다. 롯데 포수 강성우가 3루 주자를 신경 쓰는 사이, 발 느린 1루 주자 김형석은 여유 있게 2루까지 들어갔다. 강성우는 어디에도 공을 던지지 못했다.

3차전 연장 10회초에 써먹어 재미를 봤던 위장 스퀴즈번트 작전이었다. 공교롭게도 3루 주자, 1루 주자, 타자가 3차전과 모두 같았다. 롯데는 3차전에서 한번 당했기에 어느 정도 대책을 준비하고 나왔지만 7차전에서 또 속수무책으로 당하고 말았다.

사실 알고도 당할 수밖에 없는 비기秘技였다. 요즘은 위장 스퀴즈번트가 흔해졌지만, 1995년 한국시리즈에서 김인식 감독이 들고 나온 이 작전은 1루 주자를 공짜로 2루에 보내면서 병살타 위험을 제거하는 '기발한 묘수'로 화제가 됐다. 위장 스퀴즈번트 작전은 이후 KBO리그 전체에 유행처럼 확산됐다.

1사 2, 3루에서 이명수가 1루수 파울플라이로 물러났다. 상황은 2사 2, 3루로 바뀌었다.

여기서 예기치 않았던 결정적인 장면이 펼쳐졌다. 김종석의 2루 쪽 땅볼을 롯데 2루수 박정태가 뒤로 흘리는 실책을 범하고 만 것. 2사 이후였기에 3루 주자와 2루 주자가 모두 홈까지 파고들어 스코어는 순식간에 4-1이 됐다. 위장 스퀴즈번트 작전으로 1루 주자가 2루까지 진출해 있었기에 이 장면에서 OB는 1득점이 아닌 2득점에 성공할 수 있었다.

김상진은 4회말 마해영에게 솔로 홈런을 맞았지만 6회까지 3안타 1볼넷 2실점(1자책점)으로 역투하며 4-2 리드를 지켰다.

김상진이 7회초 선두타자 공필성을 몸에 맞는 공으로 내보내자 김인식 감독은 곧바로 권명철을 호출했다. 그해 32승을 합작한 원투펀치를 한꺼번에 모두 쏟아붓는 승부수를 던졌다.

"사실 그때 제가 마운드에 올라갈 거라고는 생각하지 못했어요. 이틀 전 5차전에서 던지고 하루밖에 못 쉬었고, 그해 우리 불펜 투수들이 좋았잖아요. 박철순 선배도 있었고, 이용호, 김경원도 있었고요. 저는 스파이크도 안 신고 있었어요. 6회말 끝나고 더그아웃 뒤쪽으로 화장실을 갔다 왔는데 누군가가 막 뛰어와서 '감독님이 몸 풀고 준비하라고 했다'고 하더라고요. 갑자기 몸 풀고 무사 1루 상황에서 마운드에 올라갔죠."

권명철의 기억이다.

어차피 마지막이었다. 권명철은 혼신의 힘을 다해 투구를 이어갔다. 첫 타자 강성우를 투수 앞 땅볼로 잡아 1사 2루. 여기서 OB에게 행운이 찾아왔다. 대타 이종운의 유격수 땅볼 때 2루 주자 공필성이 무리하게 3루로 달리다 아웃된 것. 이어 이종운이 2루 도루를 감행했지만, 포수 김태형의 정확한 송구에 잡혔다.

권명철은 8회를 무실점으로 넘긴 뒤 9회초에도 마해영과 박정태를 각각 3루수 땅볼과 1루수 땅볼로 처리했다. 2아웃까지 속전속결로 막았다.

이제 우승까지 아웃카운트 하나. OB 선수들이 모두 더그아웃 앞까지 나와 마운드로 달려갈 채비를 하고 있었다.

그러나 롯데는 그대로 주저앉지 않았다. 슬라이더가 주무기인 권명철을 상대로 밀어치기로 응수했다. 임수혁과 공필성이 연속 우전 안타를 날려 2사 1, 2루를 만들었다.

홈런 한 방이면 역전도 가능한 상황. 롯데 김용희 감독은 강성우 타석에 한 방이 있는 대타 손동일을 투입했다.

초구는 한가운데 스트라이크.

여기서 포수 김태형이 2구째에 갑자기 포크볼 사인을 냈다. 권명철이 프로 데뷔 후 실전에서는 한 번도 구사하지 않았던 구종. 상대가 계속 슬라이더를 노리는 듯하자, 전혀 예상하지 못한 필살기를 선택한 것이었다.

권명철이 던진 포크볼은 스트라이크존 한가운데에서 기막히게 떨어졌다. 그런데 문제는 그다음. 포수 김태형이 공을 뒤로 빠뜨리고 말았다. 원바운드도 아니었기에 공식기록원도 포수의 패스트볼로 기록할 수밖에 없었다.

4-2로 앞선 2점 차 승부에서 2사 2, 3루. 이제 안타 한 방을 맞는다면 다 잡았던 우승이 날아가는 절체절명의 위기였다.

OB 벤치는 다급해졌다. 6차전에서 완투한 진필중까지 불펜으로 이동해 몸을 풀도록 지시했다.


"권명철이 한국시리즈를 앞두고 포크볼을 던졌는데 기가 막히게 들어오더라고요. 그래서 결정적일 때 써먹어야겠다고 생각하고 있다가 포크볼 사인을 냈던 거예요. 그런데 2루 주자와 1루 주자가 더블스틸을 할 수 있는 상황이니까 3루로 뛸 준비를 하는 2루 주자를 쳐다보다가 그만 공을 뒤로 빠뜨렸던 거죠. 어휴, 그때 생각만 하면……."

김태형 전 두산 감독은 아직도 그 순간이 잊히지 않는다. 그 생각만 하면 지금도 등에 식은땀이 난다.

바로 그때 김인식 감독이 타임을 부르고 직접 마운드에 올라왔다. 김태형도 함께 마운드로 향했다. 김 감독은 거기서 특유의 코맹맹이 목소리로 한마디만 툭 던졌다.

"야, 기냥 편하게 던져, 기냥~. 괜찮어~."

그러고는 말없이 마운드를 내려갔다. 눈치 빠른 포수 김태형은 감독의 의중이 무엇인지 알았다. 말없이 권명철의 어깨를 한번 툭 친 뒤 안방으로 돌아갔다.

3루 쪽 관중석을 가득 채운 롯데 팬들은 잠실구장을 찢을 듯 응원의 목소리를 높였다. 1992년 이후 3년 만의 우승 기회. 하늘이 준 마지막 찬스를 살려야만 했다. 1루 쪽 관중석의 OB 팬들은 기도하듯 두 손을 맞잡고 발을 동동 굴렀다. 13년 만에 찾아온 한국시리즈 우승 기회를 놓칠 순 없었다.

벤치에 앉은 OB 선수들의 얼굴에는 긴장한 빛이 역력했다. 박철순은 눈을 감아버렸고, 그 옆에 앉은 장원진은 거의 우는 듯한 얼굴로 승리에 대한 간절한 마음을 여과 없이 드러냈다.

안방으로 돌아온 포수 김태형은 오히려 더 힘 있게 사인을 냈다. 권명철이 가장 편하게, 가장 자신 있게 던질 수 있는 공. 바로 슬라이더였다.

한국시리즈 우승 확정 순간 투수 권명철과 포수 김태형

공은 한가운데에서 바깥쪽으로 활처럼 크게 휘어나갔다. 손동일이 기다렸다는 듯 방망이를 돌렸다. 그러나 공은 배트 밑동에 빗맞았다. 타석 앞에서 한 차례 크게 바운드를 일으키자 권명철이 마운드 앞으로 쏜살처럼 달려 나갔다. 그러고는 강한 스핀을 먹고 한 번더 숏바운드를 일으킨 타구를 잡자마자 재빨리 1루로 던졌다.

1루수 김형석의 오른손 미트에 공이 빨려 들어갔다. 27번째 아웃 카운트가 완성되는 순간. 김형석은 그 자리에서 폴짝폴짝 뛰더니 무아지경에 빠져 우승 결정구를 하늘로 던져버렸다. 발 느린 김태형은 선수 생활 중 가장 빠른 스피드로 마운드로 달려갔다. 우승 확정 순간 대체로 투수가 덩치 큰 포수에게 안기지만, 체격이 작은 김태형은 육중한 권명철의 가슴팍으로 온몸을 내던졌다.

벤치 앞에서 숨을 죽이며 지켜보던 OB 선수들도 미친 듯이 마운드로 달려 나갔다. 마운드 위에서 뒤엉키고, 서로를 부둥켜안고 환호했다.


"권명철은 체격이 크고 저는 키가 작으니까 투수가 포수한테 뛰어오르긴 그렇잖아요. 그래서 덩치 작은 제가 뛰어올랐죠."


김태형 전 감독은 헹가래 투수 권명철의 품에 안겼던 27년 전 기억이 떠오르는지, 당시 상황을 설명하면서 웃는다.

OB는 이로써 한국시리즈 역사상 최초로 맞붙은 경부선 시리즈에서 2승 3패 벼랑 끝에 몰렸다가 역전 우승에 성공하는 '미라클 베어스'의 역사를 완성했다. 1982년 한국시리즈 우승 이후 13년 만에 맛보는 감격. 구단 역사상 두 번째 우승이었다. 아울러 1998년까지 존재했던 OB 베어스 시대의 마지막 우승이기도 했다.

OB 선수들은 그라운드에서 샴페인을 서로의 얼굴에 퍼붓기 시작했다. 얼굴은 샴페인 반, 눈물 반으로 범벅이 됐다. 이때 박용민 전 사장이 그라운드에 들어갔다. 그의 발걸음은 자신도 모르게 박철순에게로 향했다. 후배들과 기쁨을 만끽하던 박철순은 박용민 전 사장을 보자마자 두 팔로 끌어안았다. 그러고는 마치 어린아이처럼 엉엉 소리 내어 울기 시작했다. 사나이들의 눈물. 통곡도 그런 통곡이 없었다.

"박용민 사장님은 OB 베어스 초대 단장으로 미국 무대에서 뛰던 저를 영입하기 위해 밀워키까지 직접 날아오셨던 분이세요. 원년 우승 이후 허리 부상으로 미국에서 수술을 받을 때도 도움을 주셨고, 수많은 부상 속에서도 재기할 때까지 기다려주셨죠. 그런데 1994년 그 일(선수단 집단이탈)이 있었잖아요. 박 사장님 얼굴을 보는 순간 너무나 감사하기도 하고, 너무나 미안하기도 해서 저도 모르게 엉엉 울었던 것 같아요. 원년 우승 때는 멋모르고 우승을 했잖아요. 제게 더 기억에 남는 건 1995년 우승이에요."

박철순은 그날의 감격이 다시 떠오르는 듯 눈을 지그시 감았다. 1956년생. 이제 곧 칠순을 앞둔 '불사조'의 눈가에 다시 슬며시 이슬이 맺혔다. 그만큼 그에게는 가슴 아린 우승이었고, 감격스러운 순간이었다.

한편, 유격수이자 1번 타자 김민호는 1995년 한국시리즈에서 0.381(31타수 12안타)의 고타율에 역대 단일 한국시리즈 최다안타 신기록(12개)을 달성했다(이후 2004년 삼성 김한수가 14개의 안타를 작성해 김민호의 기록은 역대 2위로 남아 있다). 아울러 최다도루(6개)도 기록했다. 이런 호성적을 바탕으로 1995년 한국시리즈 MVP에 올랐다. 1993년

1995년 한국시리즈 우승 기념 사진

계명대 졸업 후 어떤 팀도 불러주지 않아 테스트를 받고 OB에 입단했던 무명의 연습생 선수가 비로소 성공 시대를 열었다.

## 1995년 한국시리즈 우승의 추억

### ▲김인식 감독

1995년 우승은 나로서는 잊을 수 없다. 개인적으로 첫 우승이기도 했으니까. OB 감독으로 처음 왔을 때 흐트러진 선수들을 모으는 과정부터 많이 생각났다. 솔직히 한국시리즈 우승 순간보다 페넌트레이스에서 반게임 차로 LG를 제치고 한국시리즈 직행했을 때 감격이 더 컸다. 어쨌든 1995년 우승이 있었기 때문에 내가 두산 시절까지 장수 감독이 되지 않았나 하는 생각이 든다.

### ▲권명철

1993년에 10승을 하고 1994년에는 팔꿈치가 안 좋아 부진했다. 나는 당시 직구와 슬라이더만 던지는 투 피치 투수였다. 지금은 백도어 슬라이더가 흔하지만 당시 우타자 몸쪽으로 던지는 백도어 슬라이더로 재미를 봤다. 구종이 다양하지 않았으니 코스를 다양하게 공략했다. 1995년 한국시리즈 1차전에서 김상진이 져서 2차전 부담이 컸는데 그 경기를 이기면서 잘 풀렸던 것 같다. 세월이 많이 흘렀지만 7차전 마지막 장면은 평생 못 잊는다. 내 인생에서 가장 큰 추억이다.

### ▲김상진

내 생애 가장 큰 게임인데 무조건 이겨야 한다는 생각밖에 없었다. 7차전 선발 등판하는데 그 압박감은 말도 못 한다. 내가 엘리트 코스를 거쳐 프로에 입단한 선수도 아니다 보니 그런 압박감을 이기기 쉽지 않았다. 1회를 마치고 나니 긴장이 풀렸다. 우승 순간 더 그아웃을 뛰쳐나가 미친 듯이 기분을 만끽했다. 그런데 다음 날 일어나니까 너무 허무하더라. 이러려고 이 고생을 했나 싶어 웃음이 났다. 근데 우승 바로 다음 날이 주장 이명수 선배 결혼식이었다. 밤새 얼마나 술을 마셨는지 다들 눈이 시뻘건 상태로 결혼식장에 나타나더라. 나중에 하객 사진을 봤는데 모두 얼굴이 떡이 돼 있었다. 심지어 명수 형 얼굴도 정상이 아니었다(웃음).

### ▲진필중

6차전에서 완투를 할 거라고는 생각도 안 했다. 대학 시절까지 무명이었는데 '나도 이 정도로 노력하니까 되는구나'라는 것을 느꼈고, 자신감이 생겼다. 그 경험이 훗날까지 성장의 큰 원동력이 됐다. 7차전에서 9회에 권명철 선배가 위기를 맞았을 때 최일언 투수코치 님이 다급하게 "불펜에 가서 몸을 풀라"고 하셨다. 속으로 "여기서 권명철 선배가 끝내게 해달라"고 기도를 했다. 내가 등판하는 상황이 온다는 것은 승리가 날아간다는 의미였다. 그래서 권명철 선배를 향해 "힘내라, 힘내라"를 외쳤다. 우승 확정 순간 글러브를 불펜에 집어던지고 마운드로 달려갔던 생각이 난다. 초등학교 시절 야구를 시작한 뒤 우승을 경험한 것도 처음이었고, 내가 팀 우승에 도움을 준 것도 당연히 처음이었다.

### ▲김민호(MVP)

우승 순간 부모님이 많이 생각났다. 나는 고등학교(경주고) 들어가서 뒤늦게 야구를 시작했다. 대학도, 프로도 불러주는 팀이 없어 어렵게 들어갔다. 계명대 김충녕 감독님이 OB 구단에 부탁해 테스트를 받았다. 그때 윤동균 감독님한테 "제가 유격수로는 삼성 류중일 선배님보다 더 잘할 자신이 있습니다"라고 당돌하게 말씀드렸더니 껄껄 웃으시더라. 그렇게 테스트를 받고 1993년 OB에 입단했다. 당시 부모님은 좋은 조건을 제시한 실업팀(한국화장품)에 가지 않고 연습생으로 프로에 가니까 많이 속상해하셨다. 어머니가 많이 우셨다. 그때 부모님한테 "저는 프로 가려고 야구를 한 거지 아마추어 가려고 야구를 한 게 아닙니다"라고 말씀드렸다. 1995년 우승하고 한국시리즈 MVP가 됐을 때 자식 된 도리를 다한 것 같아 기뻤다. 야구를 한 뒤 우승이란 걸 처음 해봤다. 당시 기억이 생생하다. 1995년 한국시리즈는 잊을 수 없다.

1995년 한국시리즈 OB 베어스 엔트리

▲감독=김인식

▲코치=김윤겸, 유지훤, 송재박, 김광수, 최일언

▲투수(9명)=박철순, 장호연, 강길용, 권명철, 김상진, 이용호, 홍길남, 김경원, 진필중

▲포수(4명)=김태형, 박현영, 이도형, 김광현

▲내야수(7명)=이명수, 안경현, 김종석, 김민호, 윤기수, 소상영, 김정규

▲외야수(5명)=김형석, 김상호, 장원진, 정수근, 심정수

# BEARS
# 49

## '불사조' 박철순의 '파이널 커튼'…
## 마운드 키스와 〈마이 웨이〉

불사조 박철순이 은퇴식에서 마운드에 입맞추는 모습

And now the end is near~ ♬

그리고 이제 끝이 가까워져요


And so I face the final curtain~ ♬

그리고 난 인생의 마지막 커튼을 맞이해요


(중략)


And more much more than this~ ♬

그리고 이보다 더, 훨씬 더 중요한 건


I did it my way~ ♬

난 내 방식대로 그걸 했다는 거죠


프랭크 시나트라Frank Sinatra의 노래 〈마이 웨이My Way〉가 잠실야구장에 묵직하게 울려 퍼졌다. 불혹을 훌쩍 넘긴 중년의 선수는 파노라마 필름을 훑어보듯 관중석을 찬찬히 둘러봤다.

짧았던 영광과 긴 시련. 그사이 감정마저 메말라버린 고통의 세월. 그러나 관중석을 가득 메운 팬들의 기립박수를 보는 순간, 그의 눈가에는 뜨거운 눈물이 차올랐다.

이번 이야기는 OB 베어스를 상징하는 최고 스타, '21번' 투수의 은퇴식 추억이다. KBO 역사에서도 손꼽히는 가장 아름다운 은퇴식. '불사조' 박철순은 1997년 4월의 봄날 밤, 마운드 투수판에 키스를 한 채 마지막 날개를 접고 있었다.


## ⚾ "야 인마, 너 1년 더 해"······ 은퇴를 결심하게 만든 술자리

1996년 시즌 말미. OB 베어스는 잠실 라이벌 LG 트윈스와 꼴찌 경쟁을 하고 있었다. 불과 1년 전만 하더라도 반게임 차로 1, 2위를 주고받았던 두 팀이었다. OB는 그 치열한 싸움을 뚫고 페넌트레이스와 한국시리즈 우승 고지를 밟았다.

그러나 1년 만에 우승팀이라는 타이틀이 무색한 성적표. 김민호, 이명수, 김상진 등 핵심 전력의 잦은 부상과 이탈이 이어졌고, 이도형 등 주력 선수들의 군 복무 문제가 겹친 탓이었다.

사실 전력 보강 측면에서만 본다면 꼴찌도 나쁘지 않았다. 당시에는 전력 평준화 차원에서 최하위 팀에게 신인 드래프트 2차 지명 1라운드 때 먼저 2명을 선택할 수 있는 기회가 주어졌기 때문이다.

게다가 "10년에 한 번 나올까 말까 한 포수"라는 평가를 듣던 고려대 진갑용이 최대어로 나온 해였다.

그러나 우승팀이 이듬해 곧바로 최하위가 되는 건 KBO 역사상 최초의 일. 두산그룹 창립 100주년을 맞이해 한국시리즈 2연패를 노리던 OB로서는 자존심이 상할 수밖에 없었다. OB 사령탑을 맡자마자 '우승'이라는 천당을 경험한 뒤 곧바로 '꼴찌'라는 나락으로 떨어진 김인식 감독의 속도 가벼울 수 없었다.

"야, 소주나 한잔하자."

시즌 종료를 앞둔 어느 날, OB 김인식 감독은 백전노장 박철순을 불렀다.

'아, 끝이구나. 이제 그만둘 때도 됐지. 그래, 이 정도면 야구 오래 했어.'

1956년생. 박철순은 당시 KBO 최고령 투수였다. 지금이야 KBO리그에서 불혹을 넘긴 투수도 어렵지 않게 볼 수 있는 시대지만, 당시만 해도 박철순은 40대의 나이에 마운드에 선 최초의 투수였고 유일한 투수였다. 한마디로 노장 중의 노장이었다.

감독이 마련하는 술자리. 박철순은 김 감독의 부름에 "예, 알겠습니다!"라는 한마디를 하고서 뒤따라 나섰지만, 은퇴를 권유하기 위해 특별히 부르는 자리라고 짐작했다.

박철순은 1995년 9승을 올리면서 OB가 13년 만에 우승하는 데 힘을 보탰다. 9승은 1982년 24승을 올린 뒤 박철순이 거둔 한 시즌 개인 최다승이었다. 1994년 시즌 말미 선수단 집단이탈과 윤동균

40대의 나이에 최초로 마운드에 올랐던 박철순

감독 사퇴로 팀이 풍비박산 난 상황. 팀 맏형으로서 죄책감을 씻기 위해 죽을힘을 다해 공을 던진 결과였다.

그런데 1996년에는 성적이 시원찮았다. 21경기(선발 11경기)에 등판해 2승 6패 1세이브, 평균자책점 2.62. '약방의 감초' 같은 몫은 해냈지만 전년도 성적에 비해 하향세였다.

그보다 더 큰 문제는 선발 등판 일정이 잡히기만 하면 몸 여기저기가 아팠다는 점이었다. 김인식 감독이 1996년 개막전 선발로 일찌감치 내정하는 배려를 했지만, 개막 이틀 전에 허리가 고장 나면서 마운드에 서지 못했다. 김 감독은 대신 김상진과 진필중을 놓고 고민하다 컨디션이 좋은 진필중을 선발투수로 선택했다.

박철순은 4월 말에서야 시즌 첫 등판을 했는데 그 이후에도 몸이 말을 듣지 않았다. 허리뿐만이 아니었다. 선발 등판 당일에 잠을 잘 못 자는 바람에 목이 움직이지 않아 선발 펑크를 내는 일도 있었다. 나이가 드니 회복도 더뎠다. 체력도 예전 같지 않았다.

박철순은 "그해 나 때문에 선발 로테이션이 꼬인 게 한두 번이 아니었다"고 회상했다. 1996시즌 팀이 최하위로 떨어진 데 스스로도 책임을 느끼고 있었다.

그런데 김인식 감독은 박철순에게 소주잔을 건네며 한마디를 툭 던졌다.

"야 인마, 너 1년 더 해. 1년 더 충분히 던질 수 있어. 나 좀 도와줘."

은퇴를 종용하는 자리가 아니었다. 반대였다.


"사실 1996년 그해에 팀은 꼴찌지, 저는 선발 등판 일정만 되면 몸에 탈이 났어요. 감독님께 정말 죄송했어요. 속으로 '먼저 그만두겠다고 할 걸 그랬나?' 하는 생각이 들더라고요. 그런데 감독님께서 1년 더 뛰라고 하시는 게 아니겠습니까. 진심으로 말이죠. 솔직히 그 자리에서 너무 뜻밖이라 '정말 감사합니다'라고 했어요. 감독님의 말씀이 그렇게 기분 좋을 수가 없었어요. 끝이라고 생각했다가 희망의 불빛을 본 기분이랄까."

박철순은 그날의 일을 기억의 주머니에서 끄집어내더니 다시 말을 이어나갔다.

"그런데 그게 아니었어요. 그렇게 술자리를 파하고 집에 돌아왔는데, 가만히 생각해보니 그렇게 해서는 안 되겠더라고요. 당시 '박수 칠 때 떠나라'라는 유행어가 있었는데, 감독님이 이렇게 말씀하실 때 떠나야겠다는 생각이 들더라고요. 감독님 짐을 덜어드려야겠다고. 오히려 감독님 말씀에 감동해서 그날 밤에 은퇴를 결심했던 거예요. 정말로."

김인식 감독에게 그날 일에 대해 물었더니 "박철순은 구위도 괜찮았지만 경기 운영하는 노하우가 있으니 충분히 1년은 더 던질 수 있다고 봤던 것"이라면서 "베테랑은 아무것도 안 하는 것 같아도 팀에 꼭 필요하지. 어린 선수들한테 한마디 해주는 게 큰 힘이 돼. 팀이 어려울 때 한 번씩 거들어주면 되는데, 본인이 은퇴를 하겠다고 하니 나로선 어떻게 할 도리가 없었다"라고 돌이켰다.

박철순은 1996년 정규시즌이 끝난 뒤 10월 4일 서울 프라자호텔에서 기자회견을 열었다. 정장을 입고 나온 그는 이 자리에서 "다소 늦은 감이 없지 않다"면서 "매 시즌 은퇴를 생각해왔다. 그동안 용기가 없어서 은퇴를 차일피일 미뤄왔다. 가장 큰 이유는 체력의 한계를 몸으로 느낄 정도였다. 나이와 상관없이 성적이 시원찮았다. 다른 큰 이유는 없다"며 은퇴의 변을 밝혔다.

## ⚾ 불사조 은퇴식, 잠실 라이벌 LG전으로 맞춰 준비하다

1997년 4월 29일. 화요일 야간경기였다. 전년도 꼴찌를 다투던 잠실 라이벌 두 팀은 시즌 초반 반등의 분위기를 만들어가고 있었다. 천보성 감독이 새롭게 지휘봉을 잡은 LG는 전날까지 9연승을 달리며 단독 선두를 질주했고, OB도 5할 안팎의 승률로 4강권에 포진했다.

평일이었지만 이날 잠실구장은 팬들로 인산인해를 이뤘다. OB와 LG의 잠실 라이벌전이기도 했지만, KBO리그를 상징하는 원년 최고 스타 박철순의 은퇴식을 보기 위해 구름 관중이 몰려들었다. 당시 잠실구장 만원 관중인 3만 500명이 가득 들어찼다.

"박철순! 박철순!"

경기 시작 전부터 팬들은 박철순의 이름을 연호했다. 박철순은 이날 OB 엔트리에 이름을 올리지 않았다. 마운드에도 오를 수 없다. 팬들 역시 이 사실을 잘 알고 있었지만, 선수로서 마지막 날이기에 '이때가 아니면 언제 다시 불러보겠냐'는 듯 박철순의 이름을 목 놓아 불렀다.

OB는 당초 은퇴식뿐만 아니라 은퇴경기를 열어 마지막으로 투구하는 모습을 팬들에게 선사하려 했다. 1989년 윤동균이 은퇴경기에서 멋진 2루타로 마지막을 장식한 것처럼, 박철순도 마지막 삼진을 잡고 팬들과 작별한다면 그보다 멋진 장면도 없으리라고 봤다.

그러나 박철순 스스로 은퇴경기를 거절했다. 처음에는 구단의 제의에 고마움을 느꼈지만, 자신이 은퇴경기를 욕심낸다면 후배 중 누군가는 엔트리 한 자리를 양보해야 하기 때문이었다. 박철순은 팀에 민폐를 끼치기 싫다며 은퇴경기를 고사했던 것이다. 더군다나 OB 는 그해 시즌 초반 4강 싸움을 하던 상황이었다.

박철순이 은퇴경기를 고사하자, OB 베어스는 그 대신 최고의 은퇴식을 준비하기 위해 시즌 개막 전부터 구단 차원에서 대대적으로 움직였다. 박철순은 OB 베어스뿐만 아니라 KBO리그의 '살아 있는 전설'. 박철순 이름 석 자가 주는 무게감은 가볍지 않았기 때문이다.

"1989년에 윤동균 선수 은퇴식을 KBO 최초로 기획하고 진행했 지만 사실 대대적인 이벤트는 아니었어요. KBO 전체에서도 윤동균 선수 다음 은퇴식이 해태 타이거즈 김성한 선수였는데, 경기 후에 은퇴사를 밝히는 정도의 조촐한 은퇴식이었죠. 그 시절엔 그것만 해 도 대단한 일이었지만요."

박철순 은퇴식을 준비하고 기획한 당시 OB 베어스 이운호 홍보 팀장은 설명을 이어나갔다.

"박철순은 당시 KBO리그의 상징적인 인물이었잖아요. 불사조라 는 별명으로 불릴 정도로 팬들에게 인기도 높았던 선수라 기억에 남을 만한 은퇴식을 만들고 싶었어요. 1997시즌 개막 전부터 준비 를 시작했죠. 날짜와 상대팀을 놓고 고민하다가 잠실 라이벌인 LG 전으로 선택했어요. 해태라든지 다른 팀도 의미는 있었겠지만, 아무 래도 LG가 더 의미가 있고 적합한 상대팀이라고 판단했죠. 팬들도 많이 올 수 있으니까 그날로 잡았습니다. 박철순의 마지막 등판은 없는 일이 됐고, 경기가 끝난 뒤에 대대적인 은퇴식을 열기로 했죠."

이날 경기 흐름은 초반부터 LG로 넘어갔다. LG는 OB 선발투수 강병규를 상대로 2회초 4점을 뽑아내며 기선을 잡았다. OB가 0-5로 뒤진 6회말 1점을 따라갔지만, LG는 7회초와 9회초에도 1점씩을 뽑아내며 7-1로 승리했다. '불사조' 박철순이 은퇴하게 되면서 KBO 최고령 투수 타이틀을 넘겨받은 LG '노송' 김용수는 이날 선발로 나서 5와 1/3이닝 5안타 1실점으로 호투하며 시즌 2승째를 올렸고, 7회부터 마운드를 이어받은 차명석이 경기를 마무리하며 시즌 2세이브(2승)를 기록했다.

10연승의 LG는 시즌 12승 3패로 1위를 질주했고, OB는 7승 1무 7패 5할 승률로 4위를 유지했다.

## 🎾 박철순의 시간…… 팬들이 불사조에게 보낸 마지막 선물

경기는 싱겁게 끝났다. 그러나 이때부터 KBO 역사에 길이 남을 하이라이트가 시작됐다. '박철순의 시간'이 펼쳐졌다.

OB 선수단이 박철순 뒤로 도열했다. 박철순은 마운드 앞에 서자 감정이 북받쳐 오르는지 호흡을 한 번 크게 했다. 입풍선을 불자 볼살이 부풀어 올랐다.

어느 순간부터 박철순을 상징하는 노래가 된 프랭크 시나트라의

은퇴식 전광판에 찍힌 'Good bye! 박철순'

〈마이 웨이〉가 잠실구장에 울려 퍼지기 시작했다. 박철순은 오른손으로 한 번, 왼손으로 한 번 관중석 곳곳을 가리키며 인사를 했다.

경기가 끝났지만 팬들은 잠실구장을 떠나지 않았다. 심지어 LG 팬들도 모두 자리를 지켰다. 평소 만나기만 하면 "OB 꼴찌", "LG 바보"라며 으르렁거리던 양 팀 팬들도 이 순간만큼은 모두 하나 되어 "박철순"을 외쳤다. 다 함께 기립해 라이터를 켜고 위대한 스타의 마지막을 배웅했다.

잠실구장 관중석을 빼곡히 수놓은 라이터의 영롱한 불빛. 프로야구 최고의 별이 떠나는 순간, 팬들은 수만 개의 라이터 불꽃을 만들어 마지막 선물을 했다. KBO 출범 원년에 우리에게 프로야구란 무엇인지, 그 참맛을 알게 해준 원조 스타에 대한 헌정의 인사였다. 그야말로 장관을 연출했다.

"지금도 기억나요. 그때 촘촘히 팬들이 라이터를 켜고 있었는데, 마운드에서 멀리 보니까 그 불꽃들이 하나하나 점처럼 보였어요. 지금도 어떻게 감사한 마음을 전할 방법은 없지만, 그 자리에 계신 한 분 한 분 모두 소중한 팬들이었죠. 선수 생활 내내 저한테 보내온 함성, 칭찬, 비난……. 전부 진심이었을 거예요. 그 마음이 고스란히 전해져오니까 가슴이 벅차올랐어요. 벅차다는 말로도 부족하죠. 감사하다는 말로도 부족하죠."

등번호 21번의 투수가 목에 화환을 걸고 은퇴식을 진행하는 사이, 등번호 81번의 감독이 마운드에 뚜벅뚜벅 올라와 15년간 수고한 불사조의 오른쪽 어깨를 두들기며 격려했다.

그러더니 농담처럼 한마디를 던졌다.

"짜아식, 내가 1년 더 하라니까. 수고했어."

박철순은 그 자리에서 김인식 감독에게 인사를 올리면서 웃고 말았다.

이어 상대팀 LG 주장 노찬엽이 다가와 꽃다발을 건네자 박철순은 포옹을 하며 감사의 마음을 전했다. 이때만큼은 잠실 라이벌도, 적군도 아니었다. 서로 존경하는 선배였고, 사랑하는 후배였다.

그러던 순간, 회색 양복을 입은 신사가 꽃다발을 들고 마운드로 다가왔다. 윤동균 전 감독, 아니 윤동균 선배였다.

1982년 프로야구 출범 당시 선수를 대표해 선서를 했던 인물. 1989년 KBO 최초로 은퇴식을 했던 주인공. 1993년 KBO 선수 출신 최초로 감독에 오른 사나이. 그러나 1994년 OB 선수단의 집단이

윤동균의 어깨에 얼굴을 파묻고 눈물을 쏟는 박철순

탈로 불명예스럽게 유니폼을 벗은 감독.

박철순과 윤동균은 서로 보자마자 뜨겁게 포옹했다. 박철순은 그 순간 자신의 얼굴을 선배의 오른쪽 어깨에 파묻었다. 참았던 눈물이 쏟아졌다. 1995년 우승 순간 박용민 전 사장을 끌어안고 대성통곡을 한 것처럼, 다시 어린아이처럼 하염없이 어깨를 들썩이며 흐느꼈다. 윤동균은 말없이 후배의 등을 토닥거렸다.

"제가 큰 죄를 지었죠. 선배로서 그걸 못 막았던 게……."

박철순은 은퇴식에서 윤동균 감독을 붙잡고 울었던 상황을 설명하다 다시 눈시울을 붉혔다. 회한의 눈빛. 그 아래로 다시 눈물이 고였다.

"1994년 선수단 집단이탈 때 제가 막았어야 했어요. 그 때문에 감독님이 유니폼을 벗었죠. 그럼에도 그날 제 은퇴식을 빛내주시러 오셨잖아요. 감사했어요. 만약 입장 바꿔서 저였으면 안 왔을 것 같아요. 대인배 같은 성격이죠."

이날 은퇴식에는 각계각층의 사람들이 참석해 아쉬움과 축하의 마음을 전했다. 박용오 구단주는 물론 평소 박철순의 열렬한 팬이라는 사실을 공공연히 밝혔던 김종필 자민련 총재를 비롯한 정치권 인사들까지 찾아왔고, 백혈병 어린이 후원회, 배명고 동문회, 불사조 후원회 등 박철순과 인연을 맺은 10여 개의 단체 대표와 팬클럽 대표들도 줄을 이었다.

무엇보다 1995년 삼풍백화점 붕괴 사고의 생존자인 박승현 씨가 그라운드에 나와 많은 팬의 박수갈채를 받기도 했다. 박철순은 당시의 기억을 돌이키며 "그날 정말 많은 분이 오셔서 축하를 해주셨는데, 삼풍백화점 사고 때 살아남았던 박승현 씨와 후원을 했던 백혈병 어린이가 왔던 게 지금도 가장 기억에 남는다"고 했다. 박승현 씨는 '불사조'라는 공통분모를 갖고 있었고, 오랜 기간 아파봤던 박철순이었기에 백혈병 어린이 또한 눈에 밟혔다.

### 🎾 투수들만의 의식······ '원조 마운드 키스'는 어떻게 시작됐을까

작별의 시간이 다가왔다. 잠실구장 전광판에 '잘 가요 박철순'이라는 글씨가 새겨진 가운데 프랭크 시나트라의 〈마이 웨이〉가 다시 잔잔히 울려 퍼졌다.

박철순은 오른손으로 마이크를 잡았다.

"그동안 많은 사랑과 질타를 주셨던 팬 여러분……."

그 말을 하는 순간, 모질었던 지난 세월이 주마등처럼 스쳐 지나갔다. 숱한 절망과 질곡의 시간을 이겨낸 불혹의 사나이는 말을 잇지 못했다. 왼손으로 뺨을 타고 흘러내리는 눈물을 훔쳤다. 숨죽이며 은퇴사를 들으려고 귀를 쫑긋 세운 팬들이 응원의 함성을 지르며 박수를 보내자 박철순은 목소리를 가다듬고 다시 마이크를 잡았다.

"그동안 많은 사랑과 고통을 받았던 마운드를 떠나려 합니다. 그동안 많이 보내주신 신뢰와 사랑은 저의 사랑하는 가족과 함께 제 마음속 깊이 남아 있을 것입니다. 팬 여러분, 이제 저는 마운드를 떠나가지만 언제나 여러분 가슴속에 남아 있을 것입니다."

관중석의 팬들은 다시 함성과 함께 기립박수를 보냈다.

박철순은 마운드 위에 서서 천천히 무릎을 꿇었다. 그러고는 오른손으로 자식의 얼굴을 어루만지듯 흙으로 뒤덮인 투수판을 정성스럽게 쓰다듬었다. 가로 24인치(61cm), 세로 6인치(15.2cm)의 직사각형 고무 평판. 이 작은 투수판에 자신의 희로애락이 고스란히 담겨 있었다.

천천히 작별의 키스를 했다. 마지막 입맞춤. 입술이 가늘게 떨렸다. 투수판에 진한 키스를 끝낸 불사조는 다시 일어섰다. 환호를 보내는 팬들을 향해 OB 베어스를 상징하는 삼색 모자를 흔들며 감사의 뜻을 전했다.

'마운드 키스'는 지금도 박철순의 은퇴식을 상징하는 명장면으로 기억된다. 그렇다면 이 의식은 어떻게 시작된 걸까.

"당시만 해도 은퇴식 사례가 많지 않았잖아요. 외국 사례를 참고하려고 해도 지금처럼 동영상이 있는 시절이 아니니까 한계가 있더라고요. 서적이나 잡지 등을 찾아보고 그랬죠. 메이저리그 전문가나 기자 등에게 물어보기도 하고, 해외 축구나 다른 해외 스포츠 스타들의 은퇴식 등에 대해서도 조사를 하기도 했어요. 그래도 마땅한 아이디어가 안 떠오르더라고요. 그런데 그때 〈중앙일보〉 이태일 기자한테 조언을 구했더니 마운드 키스가 어떻겠느냐고 아이디어를 주더라고요."

당시 OB 베어스 홍보팀장을 맡고 있었던 이운호 씨는 설명을 이어나갔다.

"홍보팀과 응원단이 은퇴식과 관련해 매일 회의를 하고, 당사자인 박철순 선수도 직접 회의에 참여해 의견을 나누고 있었는데 다들 이 아이디어에 찬성을 했어요. 그런데 무릎을 꿇는 방향을 어디로 할지를 놓고도 갑론을박했던 기억이 나네요. 홈플레이트 방향으로 보고 엎드릴 거냐, 아니면 전광판을 보고 엎드릴 거냐, 옥신각신하다가 백스톱 뒤쪽 팬들에게 엉덩이를 보이는 것은 예의가 아닌 것 같다는 의견에 따라 결국 홈플레이트를 보고 엎드리게 됐습니다."

NC 다이노스 사장을 거쳐 현재 스포티즌 부사장으로 있는 이태일 기자는 그때 어떻게 '마운드 키스' 아이디어를 낸 것일까.

"당시 OB 베어스 구단에서 박철순 은퇴식 때 어떤 세리머니를 하면 좋겠느냐고 물어보더라고요. 그때 메이저리그 캔자스시티 로열스의 전설적 타자 조지 브렛George Brett의 은퇴식 장면이 생각났어요. 브렛은 타자여서 홈플레이트에 키스를 했죠. 박철순은 투수니까 투수판에 키스를 하는 게 어떨까 싶어 이야기를 했더니 그게 채택이 됐더라고요."

박철순 이후 KBO 후배 투수들은 이제 은퇴식을 할 때면 모두 의식처럼 마운드에 무릎을 꿇고 투수판에 키스를 한다. KBO리그 투수 은퇴식 문화에서 하나의 전통처럼 이어져 내려오고 있다.

"당시엔 이벤트 업체도 없을 때라 구단 홍보팀과 응원단이 밤을 지새우면서 아이디어 회의를 했던 기억이 납니다. 박철순 아닙니까. 멋있는 은퇴식을 만들어주고 싶었어요. 은퇴식 사흘 전부터는 잠실 구장에서 직접 리허설도 했고요. 팬들께서는 지금도 박철순 은퇴식 장면이 기억에 남아 있다고들 해요. 은퇴식을 준비했던 당사자로서 보람과 자부심을 느끼고 있습니다."

2011년 두산 베어스에서 퇴사한 이운호 전 홍보팀장은 박철순 은퇴식 이야기가 나오자 "OB 베어스가 곧 박철순이었고, 박철순이 곧 OB 베어스였다"며 다시 한번 1997년 4월 29일 밤을 추억했다.

박철순은 그날 마운드 키스를 한 뒤 그라운드를 한 바퀴 돌았다. 그러고는 선수 시절 입었던 21번 유니폼을 벗어 강건구 단장에게 반납하면서 90번이 새겨진 코치 유니폼으로 갈아입었다. 당시에는 국내에 영구결번 문화도 일반화되지 않았을 때라, 박철순의 21번 영구결번식은 그 후 2002년에 별도로 이뤄졌다.


## ⚾ 〈마이 웨이〉 그리고 〈에이스를 위하여〉

박철순은 KBO리그 역사에서 위대한 투수 이상의 의미를 갖는 선수다. 프로야구 원년 '22연승 신화'를 썼던 영웅이지만, 우리가 그를 기억하고 감동하는 것은 선수 생명이 끝날 뻔한 숱한 부상에도 포기하지 않고 일어선 불굴의 의지와 도전정신 때문인지도 모른다.

9장 "'불사조' 박철순, 7전 8기 악몽의 시작'에서 설명했지만 그의 선수 생활은 불운과 눈물의 연속이었다.

진통제 주사를 맞고 허리를 붙잡아가며 1982년 원년 우승을 위해 공을 던졌던 대가는 컸다. 1983년 2월 대만 스프링캠프 도중에는 허리 디스크 증세로 쓰러져 일본 병원으로 후송됐고, 오랜 재활 후 그해 9월 22일 MBC전에 복귀했지만 운명의 장난처럼 1회말 송영운의 직선타구에 허리를 맞고 그 자리에서 쓰러져 구급차에 실려

은퇴경기를 고사한 박철순이 경기 후 공을 던지는 모습

나갔다.

1984년 미국으로 건너가 두 차례 허리 수술을 받았지만, 오히려 하반신이 마비됐다. 머리카락이 다 빠진 채 휠체어를 타고 귀국하는 모습을 본 야구 관계자들은 두 눈을 질끈 감아야만 했다. 운동선수는커녕 정상적인 일상생활을 영위하기도 어려워진 몸 상태. 그러나 박철순은 포기하지 않고 다시 일어서서 마운드에 돌아왔다.

1988년에는 새벽에 속옷 CF 촬영을 하면서 점프를 하고 착지하는 과정에서 왼쪽 발목의 아킬레스건이 끊어지는 불운을 겪기도 했다. 인대를 잇는 수술을 했지만 왼쪽 발뒤꿈치가 땅에 닿지 않는 시련이 이어졌다. 걷기조차 힘든 몸. 그는 초인적인 의지로 재활에 성공했고, 또다시 마운드로 돌아왔다.

그야말로 7전 8기 인생. 수없이 쓰러져도 다시 일어설 수 있었던 힘의 원천은 야구에 대한 사랑, 바로 그것이었다. 팬들은 날개가 꺾여도, 허리가 부러져도, 다리가 끊어져도, 죽지 않고 살아나는 그를 두고 '불사조'라 불렀다.

대한민국 국민들은 힘들고 지친 삶 속에서 그런 박철순을 보고 다시 도전하겠다는 의지와 희망을 되살리곤 했다. 그가 마운드에 돌아올 때마다 팬들이 뜨거운 함성과 박수로 맞이한 이유다.

어쩌면 박철순이 15년간 마운드에서 버티며 던진 것은 공이 아닌 혼이었는지 모른다. 1995년 펴낸 자전적 에세이 제목도 『혼을 던지는 남자』였다.

박철순은 이제 일흔을 앞둔 초로의 신사가 됐다. 순박한 미소는 여전하지만, 깊게 팬 얼굴의 주름과 듬성듬성한 흰 머리카락. 지난날 그가 겪었던 시련과 세월의 풍파가 느껴진다.

한 시대를 풍미했던 위대한 투수는 지금도 가끔 라디오를 듣다 프랭크 시나트라의 〈마이 웨이〉가 흘러나오면 자신도 모르게 흥얼거린다고 한다. 그 노래만 나오면 야구를 했던 그 시절 그 장면들이 파노라마처럼 떠오른다고 한다.


"사실 전 처음엔 〈마이 웨이〉라는 노래가 있는 줄도 몰랐어요. 구단에서 제가 등판할 때마다 틀어주다 보니 그냥 제 노래가 돼버렸

은퇴식에서 마지막 헹가래를 받는 박철순

던 거죠. 저하고 이미지가 딱 맞아떨어졌다고 해요. 가사를 번역해
도 제 인생과 닮았다고 하고. 그 노래가 나오면 팬들도 괜히 울컥울
컥했다고 그러더라고요. 사실 저도 그랬어요. 투수가 등판하면 경쾌
하고 밝은 노래를 틀어줘야 하는데 속으로 '아, 난 왜 이렇게 됐지?
왜 이렇게 짠한 사람이 됐지?'라는 생각 때문에 팬들에게 미안한 마
음이 들고 그랬어요."

그의 말처럼 '박철순' 하면 〈마이 웨이〉가 연관검색어처럼 떠오
르지만, 어느 순간부터는 그를 상징하는 새로운 테마송이 흘러나오
기 시작했다. 가수 권인하의 노래 〈에이스를 위하여〉다.

투수 박철순은 수많은 전설을 남기고 26년 전 봄날에 그라운드를 떠났다. 그러나 팬들은 지금도 가끔씩 그가 그리워질 때면 〈마이 웨이〉와 함께 〈에이스를 위하여〉를 부르며 '불사조'를 추억한다.

너와 함께했던 많은 날을 기억해

세상에서 주는 갈채와 환호 속에서도

너는 늘 내 곁에 함께했었지

때로는 기쁨으로 때로는 눈물로 엉킨 채

네가 밟고 간 베이스를 넘고 넘어서

우리에게 주어진 희망으로

승리를 위해 외로이 달리는

오직 너 하나만을 위해

_가수 권인하의 〈에이스를 위하여〉 중에서

# BEARS
# 50

## '우동수 트리오' 탄생과
## 'OB 베어스'의 마지막 시즌

1998년 공격 야구를 주도했던 '우동수 트리오'

국가대표 4번 타자 김동주(22·고려대)가 프로야구 사상 야수 최고액을 받고 OB에 입단했다. OB는 2일 98시즌 1차 지명 선수인 김동주와 계약금 4억 5000만 원, 연봉 2000만 원에 입단 계약을 했다. 이로써 김동주는 지난해 LG에 입단한 외야수 이병규(4억 4000만 원)를 제치고 역대 야수 계약금 1위, 투수를 포함해도 임선동(LG·7억 원), 차명주 손민한(이상 롯데·5억 원)에 이어 4위의 '귀하신 몸'이 됐다.

_1997년 12월 3일자 〈동아일보〉

1998년을 이야기하자면, 가장 먼저 떠오르는 것이 '우동수 트리오'의 탄생이다. 원년부터 OB 베어스를 상징하던 스타 박철순이 1997년 은퇴식을 통해 무대 저편으로 떠나면서 베어스는 새로운 간판스타가 필요한 시점이었다. 이때 새로운 얼굴들이 나타났다. 바로 김동주와 타이론 우즈였다. 4년 전인 1994년 입단한 심정수와 함께 이들은 곧바로 파워풀한 베어스의 공격 야구를 만들어가게 된다.

50장에서는 KBO리그 역사에서도 손꼽히는 강력한 중심타선 '우동수 트리오'의 시작과 17년간 지속돼온 OB 베어스의 마지막 시즌에 대해 이야기하고자 한다.

## 🎾 LG에 '주사위 던지기' 한풀이…… 미래의 '두목곰' 김동주 입단

OB는 1997년 여러 측면에서 기대감이 부풀어 오르고 있었다. 우선 부상으로 신음했던 김민호, 심정수, 김상진 등이 정상 컨디션을 회복하기 시작했다. 배명고-한양대 출신의 투수 이경필을 1차 지명했고, 2차 지명에서는 고려대 포수 진갑용과 인하대 좌완투수 김영수 등 대학야구 스타들을 선택해 나름대로 전력 보강을 했다고 판단했다.

시즌 중반까지는 줄곧 4강권을 형성했다. 그러나 올스타 브레이크 이후 다시 예상치 못한 주전들의 줄부상이 이어졌다. 심정수가 어깨 관절통을 호소하며 6월 중순부터 전열에서 이탈했고, 팀 내에서 최고 타격감을 유지하던 안경현은 팔꿈치 통증으로 8월부터 사라졌다. 이종범과 경쟁하며 생애 첫 도루왕에 도전하던 정수근이 왼쪽 손가락 골절상으로 엔트리에서 제외됐다.

여기에 김상호와 김형석 등 중심타자들도 부진했다. OB는 결국 시즌 57승 5무 64패로 5위에 그치며 가을야구에 나서지 못했다. 1996년 최하위를 생각하면 위안을 삼을 수 있지만, 아쉬움이 남는 것도 사실이었다.

그러나 다음 시즌을 향한 희망적인 뉴스가 나왔다. 바로 1998년 신인 1차 지명 최대어로 평가받던 김동주를 뽑았기 때문이다.

1997년 11월 8일. OB는 LG와 1차 지명 우선권을 가리기 위해 다시 주사위 던지기를 했다. 주사위 2개를 3차례 던져 숫자가 높은 팀이 우선권을 가져가는 방식. OB는 여기서 23-12로 이겼다. 1990년대 들어 처음으로 마침내 서울 연고 선수의 1차 지명 우선권을 갖게 된 것이다.

사실 OB는 4년 전에 당시 배명고 소속으로 투타에서 초고교급 활약을 하던 김동주를 곧바로 영입하기 위해 역대 최고 대우를 제

국가대표 4번 타자 출신으로 베어스 유니폼을 입은 김동주

시하기도 했다. 그렇지만 김동주가 고려대 진학을 선택하면서 OB는 4년 후 1차 지명을 노릴 수밖에 없었다.

4년을 기다린 끝에 주사위 던지기에서 다시 패해 김동주마저 놓친다면? 상상하기조차 싫은 최악의 시나리오였다. 그런데 주사위 던지기의 한도 풀고 '미래의 두목곰'이 될 김동주를 잡았으니, OB로서는 콧노래를 부를 만도 했다.

김동주는 대학 시절에도 국가대표 중심타자로 맹활약했다. 고려대 4학년 시절이던 1997년 대만에서 열린 아시아야구선수권대회에서 MVP로 선정됐다. 이 대회에서 타율 0.538(26타수 14안타), 9홈런, 19타점을 기록했다. 특히 훗날 일본 대표팀 에이스이자 메이저리그에도 진출한 우에하라 고지를 상대로 예선과 결승에서 홈런 4방을 몰아쳐 일본 관계자들마저 깜짝 놀라게 했다.

OB와 김동주는 입단 협상을 벌이며 줄다리기를 했으나 결국 12월 1일 계약금 4억 5000만 원에 최종 합의했다. 이는 1년 전 LG 유니폼을 입으며 이병규가 받은 4억 4000만 원보다 1000만 원 많은 당시 역대 야수 최고 대우였다.

1993~1994년에 김인식 감독은 쌍방울 사령탑 자리에서 물러난 후 고려대에서 잠시 투수 인스트럭터 생활을 한 적이 있다. 당시 인연이 4년 후 OB 감독과 중심타자로 다시 만나면서 이어질 줄은 누구도 몰랐다.

## 🎾 외국인 선수 제도 도입······ 타이론 우즈 계약 뒷얘기

"당초 우즈는 우리 팀 우선 후보가 아니었어요. 내야수 에드가 캐세레스Edgar Caceres를 1라운드에서 뽑고, 2라운드는 메이저리그 경력이 있는 스위치히터 주니어 펠릭스Junior Felix와 삼성에 입단하게 된 왼손투수 스코트 베이커Scott Baker를 놓고 고민하고 있었죠. 그런데 2라운드에서 OB에 앞서 지명권을 가진 LG가 주니어 펠릭스를 찍더라고요. 베이커는 OB의 숙원사업인 왼손투수라는 점에서 눈여겨 봤지만 김인식 감독님께서 '센터 라인과 장타력 보강이 시급하다' 고 해서 결국 캐세레스와 타이론 우즈를 선택하게 됐습니다."

1997년 OB 스카우트 팀장을 맡아 미국 플로리다로 날아갔던 구경백 일구회 사무총장의 기억이다.

1998년은 KBO리그에서 제도적으로 터닝포인트가 되는 해였다. 바로 외국인 선수 제도를 처음 도입했기 때문이다. 1994년 박찬호가 메이저리그 LA 다저스에서 데뷔하고, 1996년 선동열이 일본 프로야구 주니치 드래건스 유니폼을 입으면서 국내 유망주들이 대거 미국과 일본 무대로 빠져나가던 상황이었다. 그리하여 KBO 구단의 전력 보강은 물론 팬들의 관심을 끌어모으기 위해 외국인 선수를 수입하는 방안을 결정했다.

1997년 11월 14일, 미국 플로리다주 세인트피터즈버그 힐튼호텔에서 1998년에 입단할 외국인 선수 드래프트가 진행됐다. 당시만 하더라도 지금처럼 구단별로 자율적으로 계약하는 방식이 아니었다. 트라이아웃 캠프를 열고 각 구단이 순서대로 선수를 지명하도록 했다.

첫 트라이아웃에는 KBO리그 입성을 노리는 총 54명의 선수가 참가했다. KBO와 구단 관계자들이 지켜보는 가운데 훈련 및 5차례 평가 경기가 열렸다. 쌍방울이 모기업 재정난으로 트라이아웃 캠프 도중 철수하는 일이 벌어지기도 했다. 결국 7개 구단이 외국인 선수 지명 행사에 참여했다.

지명 순서는 최근 3년간(1995~1997년) 페넌트레이스 성적을 합산 한 역순. 1라운드에서는 현대, 한화, 롯데, OB, 삼성, LG, 해태 순으 로 지명하고, 2라운드에서는 해태부터 시작해 현대로 끝나는 'ㄹ'자 방식이었다. 총 5라운드까지 지명한 뒤 2명까지만 계약할 수 있었 는데, 첫해 연봉 상한선은 입단 보너스와 부대비용을 포함해 12만 달러로 제한했다.

1라운드에서 현대가 가장 먼저 강속구 투수 조 스트롱Joe Strong을 지명했다. 메이저리그 출신의 내야수 강타자 마이크 부시Mike Busch 와 저울질을 하다 스트롱을 선택한 것. 그러자 한화가 곧바로 부시 를 지명했다. 이어 롯데가 우완투수 빅터 콜Victor Cole을 찍었다.

OB 차례가 왔다. OB는 김인식 감독의 뜻에 따라 에드가 캐세레 스를 우선 지명했다.

캐세레스는 유격수와 2루수를 볼 수 있고, 스위치히터라는 강점 이 있었다. 특히 국내 선수는 흉내조차 내기 힘든 유려한 글러브질 이 압권이었다. 캐세레스는 베네수엘라 출신으로 당시 메이저리그 최고 유격수로 꼽히던 오마르 비스켈Omar Vizquel과 어린 시절 국가대표 키스톤 콤비를 이뤘던 사이였다.

다른 팀은 대부분 에이스급 투수와 거포를 우선으로 눈여겨보던 상황. OB 구단 프런트에서도 숙원사업 같은 왼손투수를 해결하려고 했다. 그러나 김인식 감독이 "캐세레스를 찍자"고 주장하면서 프런트는 고민에 휩싸였다.

결국 당시 트라이아웃 현장에 있던 강건구 단장이 서울에 있는 경창호 사장에게 전화를 걸어 현장과 프런트의 생각을 설명했다. 그러자 경 사장은 "감독 뜻대로 해줘"라며 교통정리를 했다.

김 감독은 왜 캐세레스를 먼저 선택했을까.

"당시 유격수 김민호는 군 문제가 걸려 있었고, 이명수는 구단에서 방출한 상황이라 내야 쪽에 변수가 많았어요. 센터 라인을 보강해야 하는데 캐세레스를 보니 수비와 주루에 능하고 야구 센스가 뛰어나더라고요. 메이저리그에서도 잠시 뛰었으니 KBO리그에 오면 방망이도 어느 정도는 해줄 걸로 봤죠."

당시 삼성 곽홍규 스카우트 팀장(훗날 두산 베어스 단장으로 부임)은 지명에 앞서 "OB가 누굴 찍을지 알려줘야 우리도 준비를 할 게 아니냐"며 힌트를 달라고 종용하기도 했다. 삼성 지명 순서가 OB 다음이었기 때문. OB가 캐세레스를 찍자마자 삼성은 호세 파라José Parra를 선택했다. 이어 LG가 투수 마이클 앤더슨Michael Anderson, 해태가 외야수 숀 헤어Shawn Hare를 지명하면서 1라운드 선발이 끝났다.

2라운드로 넘어간 상황. OB는 타자 2명을 영입하기로 마음먹고 있었다. 애초에 메이저리그까지 경험한 주니어 펠릭스를 시야에 두고 있었다.

그러나 펠릭스의 태도를 보고는 포기했다. 드래프트에 앞서 OB 측에서 오며 가며 펠릭스와 잠시 얘기를 나눌 기회가 있었는데 "여자친구가 이곳에서 보석상을 하고 있다"는 등 시큰둥한 반응을 보였다. 다른 팀과 이미 얘기가 끝났거나 지명을 하더라도 웬만한 조건으로는 한국행을 결정하지 않을 수도 있겠다는 판단이 들었다.

당시 OB 구경백 스카우트 팀장과 통역을 맡은 조성일 사원은 외국인 선수들이 묵는 낮은 등급의 숙소를 함께 사용하고 있었다. KBO와 다른 구단 프런트는 모두 최고급 하얏트 호텔에 묵고 있던 상황에서 둘만 선수들과 같은 숙소를 썼다.

OB가 이렇게 한 데는 이유가 있었다. 거기서 어떤 선수가 술을 먹고 밤늦게 들어오는지, 어떤 선수가 혼자 방망이라도 돌리고 있는지 등을 면밀히 체크하기 위해서였다. 또한 밤마다 트라이아웃에 참가한 외국인 선수를 1명씩 숙소 방으로 초대해 그들의 이야기를 들으며 개인사와 성격까지 알아보려고 했던 것이었다.

여기서 결정적으로 우즈를 선택하게 되는 팁을 얻게 된다.

김인식 감독이 "마지막으로 펠릭스를 한번 만나보라"고 하자, 구경백 팀장과 조성일 사원이 펠릭스의 방 앞에 "우리 방에서 만나서 얘기를 나누고 싶다"며 쪽지를 놔뒀다. 그러나 끝내 응답이 없었다.

반면 우즈는 달랐다. 자신에게 관심을 보이는 OB 구단에 감동했다. 1969년생인 우즈는 메이저리그 경력이 없는 유망주로 트리플A까지만 뛰었다. OB 프런트가 묵는 방까지 직접 찾아와 자신을 어필

했다.

한번은 OB 조성일 사원이 우즈에게 "너는 발이 느린 것 같더라"고 하자 펄쩍 뛰었다. 그러더니 다음 날 평가 경기 때 2루 도루를 시도하기도 했다. 비록 아웃됐지만 김인식 감독이나 OB 프런트는 이 장면을 감명 깊게 봤다. '반드시 KBO리그에서 뛰고 싶다'는 절실함이 묻어났기 때문이다.

우즈는 당시 트라이아웃에 참가한 선수 중 파워 하나만큼은 최상급이었다. 다소 거칠어 보이긴 해도 프리배팅 때 타구를 담장 너머 까마득하게 날려대자 김인식 감독은 "맞기만 하면 공이 150m는 날아가겠다"라며 웃었다.

앞서 설명한 대로 2라운드는 ㄹ자로 최근 3년간의 성적순으로 지명을 하게 됐다. 쌍방울이 불참한 가운데 해태, LG, 삼성, OB, 롯데, 한화, 현대 순으로 진행됐다.

해태가 먼저 투수 윌리엄 저비를 찍었다. 다음 차례인 LG가 주니어 펠릭스를 선택했다. 그리고 삼성이 좌완 스코트 베이커를 지명했다. OB로서는 오히려 고민이 사라졌다.

"자, 다음 OB 베어스 발표하세요."

KBO에서 원년부터 기록원으로 일하다 외국인 선수 트라이아웃을 기획하고 준비한 박기철 기획실장(작고)이 행사를 진행했다.

"OB 베어스 지명하겠습니다. 타이론 우즈!"

순간 장내가 웅성거렸다. 프리배팅 때는 타구를 까마득하게 펑펑 날렸지만, 실전 평가 경기에서는 계속 헛방망이만 돌리던 우즈였다. 타 구단에서는 다소 의외라는 반응이었다.

1998년 처음 도입된 외국인 선수 제도를 통해 베어스 유니폼을 입은 우즈

이어 롯데가 내야수 더그 브래디Doug Brady, 한화가 내야수 조엘 치
멜리스Joel Chimelis, 현대가 내야수 스코트 쿨바Scott Coolbaugh를 찍는 등
5라운드까지 지명이 완료됐다. 구단마다 최대 5명까지 지명하고
2명과 계약할 수 있었기 때문이다.

　OB 프런트는 계약을 위해 우즈와 만났다. 당시 대부분의 에이전
트가 이곳까지 찾아와 KBO 구단들과 몸값 협상을 벌였으나, 우즈
의 에이전트는 어찌된 일인지 플로리다까지 오지도 않았다. 그때는
지금처럼 휴대폰이 일반적으로 보급되지 않았던 시절. 조성일 사원

이 우즈의 개인 전화기를 빌렸다. 볼티모어에 있는 에이전트에게 전화를 걸어 협상을 시작했다.

에이전트는 OB에 다소 부담스러운 조건을 요구했다. 협상 줄다리기가 이어졌다. 통화가 끊어지지 않자 우즈는 옆에서 "전화요금 많이 나온다"며 "빨리 끊으라"고 재촉했다. 당시만 해도 마이너리그 연봉만 받던 우즈였으니 그럴 만도 했다. 그러더니 에이전트에게 전화상으로 "너무 까다롭게 굴지 말라"면서 OB 구단 측이 제시한 조건을 받아들이자고 했다.

결국 OB는 우즈와 9만 4000달러(계약금 2만 달러+연봉 7만 4000달러), 캐세레스와 9만 5000달러(계약금 2만 달러+연봉 7만 5000달러)에 합의하면서 외국인 선수 계약을 마무리했다.

## 🎾 개막전부터 화끈한 신고식······ 우즈 데뷔 타석 홈런포+김동주 신인 최초 연타석포

4월 11일. OB는 광주 무등야구장에서 해태 타이거즈와 1998년 시즌 개막전을 치렀다. 김인식 감독은 외국인 선수를 중심에 포진시킨 새로운 라인업을 들고 나왔다.

에드가 캐세레스를 유격수로 넣으면서, 유격수 터줏대감 김민호를 2루수로 이동시킨 부분이 눈길을 끈다(시즌 도중 김민호와 캐세레스가 자리를 맞바꾸게 된다).

**OB 베어스 시대의 마지막 1998년 시즌 개막전 라인업**

| 타순 | 포지션 | 이름 |
|------|--------|------|
| 1 | 2루수 | 김민호 |
| 2 | 중견수 | 정수근 |
| 3 | 유격수 | 캐세레스 |
| 4 | 좌익수 | 김동주 |
| 5 | 1루수 | 우즈 |
| 6 | 지명타자 | 장원진 |
| 7 | 우익수 | 심정수 |
| 8 | 포수 | 진갑용 |
| 9 | 3루수 | 안경현 |
| P | 선발투수 | 김상진 |

중심타선에 3번 캐세레스, 4번 김동주, 5번 우즈를 포진시켰다. 외국인 선수들이야 그렇다 쳐도 신인이 단숨에 4번 타자 자리를 차지하는 것은 보기 드문 일. 실제로 신인이 개막전 4번 타자를 친 것은 KBO리그 역사에서도 1995년 롯데 마해영 이후 역대 두 번째였다.

김동주는 배명고 시절에는 투수와 유격수를 보고, 고려대 시절에도 유격수와 외야수를 맡았을 정도로 다재다능한 선수였다. 1998년 개막전에는 김동주가 좌익수, 장원진이 지명타자를 맡았다(시즌 도중 김동주는 3루수로 이동하게 된다).

우즈가 개막전 첫 타석에서 화끈한 신고식을 했다. 0-1로 뒤진 2회초 해태 에이스 이대진을 상대로 좌월 솔로포를 날렸다. KBO리그 데뷔 첫 타석에서 홈런포로 팬들에게 인사한 최초의 외국인 타자가 됐다.

이번에는 김동주 차례. 8-5로 앞선 5회초 세 번째 타석에서 2점 홈런을 터뜨리더니 7회초에도 3점 홈런을 날렸다. KBO리그 역사상 신인 최초 개막전 연타석 홈런을 기록하는 순간이었다. 앞서 4회초 홈런성 타구를 낚아챈 박재용의 호수비만 아니었다면 개막전 최초 3연타석 홈런을 기록할 뻔했다.

우즈와 김동주가 데뷔전에서 홈런포로 강렬한 신고식을 하면서 OB는 13-7로 승리하며 산뜻하게 출발했다.

스프링캠프를 치르면서 김동주에게 "리노(Rhino·코뿔소)"라는 별명을 붙였던 우즈는 개막전 연타석 홈런을 보고는 김동주를 향해 "슈퍼스타다. 탤런트가 있다"며 엄지를 치켜세웠다. 우즈가 한국선수 중 유일하게 인정하는 타자가 있었으니 바로 김동주였다.

우즈와 김동주는 개막전에서 더할 나위 없는 강렬한 인상을 심어줬다. 그러나 이후 고비가 찾아왔다. 시즌을 치르면서 슬럼프를 겪었다. 특히 바깥쪽 변화구에 약점을 보였다. 성급한 팬들은 "퇴출하라", "2군 보내라"고 목소리를 높이기도 했다.

그러나 '기다림의 미학'을 지닌 김인식 감독은 인내심을 발휘하며 이들을 뚝심 있게 중심타선에 기용했다. 스스로 밤새 방망이를 돌릴 정도로 연습벌레였던 우즈는 어느 순간부터 바깥쪽 공도 밀어쳐서 홈런을 만들기 시작했다. 김동주 역시 정교함을 찾아가며 감독의 믿음에 보답했다.

우즈는 한여름부터 홈런 생산 속도를 끌어올렸다. 줄곧 멀리 앞서나가던 삼성 이승엽의 홈런 수를 추격하기 시작했다. 9월 13일 시즌 37호포를 기록하면서 마침내 이승엽과 타이를 이뤘다. 우즈는 당시 13경기에서 8개의 홈런을 몰아치는 괴력을 발휘했다. 이승엽은 8경기째 홈런포가 침묵해 타이를 허용하고 말았다.

그 시점에 OB는 109경기, 삼성은 120경기를 소화하고 있었다.

1998년 페넌트레이스 MVP를 차지한 우즈

1998년은 팀당 126경기 치르던 시즌. 이승엽은 단 6경기만 남겨두고 있었고, OB는 17경기가 남아 우즈가 훨씬 더 유리해진 상황이 됐다.

이후 우즈는 잠시 침묵 모드에 들어갔다. 이승엽도 좀처럼 홈런을 추가하지 못했다. 9월 20일 잠실 해태전. 우즈는 마침내 시즌 38호포를 쏘아 올렸다. 6경기 만에 홈런을 추가하면서 11경기째 홈런 수를 추가하지 못한 이승엽을 추월했다.

10월 1일 잠실 현대전. OB의 시즌 124번째 경기였다. 우즈는 0-1로 뒤진 4회말 무사 1루에서 현대 에이스 정민태를 상대로 백스크린 약간 오른쪽을 스치는 비거리 140m 초대형 홈런포를 쏘아 올렸다. 9월 26일 사직 롯데전에서 41호를 기록한 뒤 3경기 만에 시즌 42호를 터뜨렸다. 이는 1992년 장종훈(당시 빙그레)이 작성한 한 시즌 최다홈런 41개를 넘어서는 KBO 새 역사였다.

우즈는 1998년 126경기에 모두 출장해 타율 0.305(452타수 138안타), 42홈런, 103타점을 기록하며 KBO리그 첫 시즌을 성공적으로 마무리했다. 그러고는 그해 KBO 정규시즌 MVP를 차지했다. 최고령 다승왕(18승 6패 2세이브)에 오른 LG '노송' 김용수와 2차 투표까지 가는 접전 끝에 MVP를 거머쥐었다. 베어스 선수로는 1982년 원년 박철순, 1995년 김상호에 이어 구단 역대 3번째 MVP가 됐다.

그러나 우즈는 골든글러브 1루수 부문에서는 삼성 이승엽에게 밀려 탈락하는 아이러니한 상황을 겪기도 했다. 지금까지도 KBO 역사상 시즌 MVP가 골든글러브를 타지 못한 유일한 사례로 남아 있다.

그해 김동주는 타율 0.265로 정교함에서는 다소 기대에 미치지 못했으나, 24홈런에 89타점을 올리며 차세대 주포로서 기반을 다졌다.

여기에 4년 전 입단했던 '소년장사' 심정수도 부활의 신호탄을 쏘아 올렸다. 1995년 21홈런을 때리며 센세이션을 일으킨 심정수는 1996년에도 19홈런으로 베어스의 중심 거포로 자리 잡았다. 그러나 1997년 부상으로 5홈런에 그친 뒤 1998년 부상에서 회복하며

잠실구장에서 수많은 홈런을 합작해낸 심정수와 김동주

타율 0.294, 19홈런, 73타점의 호성적을 올렸다.

심정수는 개막전을 비롯해 시즌 초반에는 하위 타선에 들어섰지만, 시즌 6번째 경기인 4월 19일 잠실 LG전에서 시즌 1호 홈런을 신고한 뒤 점차 중심타선으로 밀고 들어왔다. 그러면서 우즈, 김동주, 심정수로 이어지는 '우동수 트리오'가 탄생하게 됐다.

'우동수 트리오'는 그해 85홈런을 합작하면서 상대에게는 그야말로 '공포의 삼총사'로 자리매김했다. 이듬해인 1999년에는 우즈

(34홈런 101타점), 김동주(22홈런 84타점), 심정수(31홈런 110타점)가 87홈 런과 295타점을 뽑는 가공할 시즌을 만들었다(우동수 이야기는 추후 두 산 베어스 시대에서 더 자세히 다룰 예정이다).


## ⚾ 막판 8연승 '미라클 베어스'⋯⋯ 0.5G차 해태 제치고 가을잔치 티켓

1998년 시즌에 앞서 OB는 가장 강력한 우승 후보 중 하나로 꼽 혔다. 그러나 계산대로 되지 않았다. 에이스 김상진과 마무리투수 김경원이 부진하고, 권명철도 2군으로 내려가는 등 마운드가 흔들 렸다. 주포 김상호도 일찌감치 전열에서 이탈했다.

이런 어수선한 상황으로 개막 첫 달에만 5할 승률(7승 7패)을 유지 했을 뿐, 8월말까지 월간 승률이 줄곧 3할대와 4할대를 오르내렸다. 8월까지 시즌 43승 53패 2무(승률 0.448)로 꼴찌로 처졌다.

설상가상으로 9월 시작부터 1위 현대와 3연전을 펼쳐 모조리 패 했다. 현대는 4일 OB를 3-2로 꺾고 정규시즌 1위를 확정했지만, OB는 쓸쓸한 입맛을 다실 수밖에 없었다. 게다가 OB는 우천 취 소된 경기가 압도적으로 많았다. 잔여 경기 일정이 벅찬 상황이라 4강 진출은 그야말로 그림의 떡. 우선 탈꼴찌부터 생각해야 할 상 황이었다.

그런데 누구도 예상하지 못한 기적이 다시 일어나기 시작했다. 두 차례 4연승을 올려 탈꼴찌에 성공하더니 9월 24일 대전 한화전부터 시즌 최종전인 10월 4일 광주 해태전까지 남은 8경기를 모두 승리하는 놀라운 막판 스퍼트를 펼쳤다.

특히 10월 3일과 4일 해태와 광주에서 치른 시즌 최종 2경기는 시즌 최고의 하이라이트였다. OB는 2일까지 6연승 속에 59승 3무 62패를 기록하며 5위까지 치고 올라간 상황. 4위 해태(61승 1무 62패)에 1경기 차로 따라붙었다.

그렇더라도 해태는 2경기에서 1무승부만 기록해도 준플레이오프 티켓을 거머쥘 수 있어 절대적으로 유리한 상황이었고, OB는 2경기를 모두 이겨야만 가을야구를 할 수 있었다.

3일 경기에서 OB는 1-1로 맞선 9회초 승기를 잡았다. 2사 1, 2루에서 정수근의 유격수 쪽 내야안타와 상대 실책으로 2점을 뽑아내 3-1로 달아났고, 9회말을 1실점으로 막아 3-2 승리를 챙겼다.

이어 추석을 하루 앞둔 4일. 일요일 낮경기였다. OB는 여기서 타선이 대폭발을 일으키며 해태를 11-5로 크게 이겼다. OB는 시즌 61승 3무 62패(승률 0.496)로 해태(61승 1무 64패)를 1경기 차로 끌어내리면서 포스트시즌 진출의 마지노선 4위에 턱걸이하게 됐다.

믿기지 않는 기적. OB 베어스 시대의 마지막 페넌트레이스는 그야말로 '미라클 베어스'의 완결판이었다. OB는 1995년 페넌트레이스에서 0.5경기 차로 LG를 제치고 1위를 할 때도 추석 연휴 광주 4연전에서 해태에 전승을 거두면서 기적을 만들었는데, 이번에는 시즌 최종 2연전에서 해태를 광주에서 잡고 다시 기적을 완성했다. 반대로 1980년대부터 왕조를 구축한 해태는 1984년 이후 14년 만에 처음으로 5위라는 낯선 순위표를 받아들었다.

## ⚾ LG와 더그아웃 시리즈······ OB 베어스의 마지막 게임

OB는 비록 극적인 8연승으로 가을야구로 가는 막차에 탑승했지만, 그 후유증이 만만치 않았다. 우천으로 추가 편성된 일정을 빡빡하게 소화하면서 선수들의 피로도가 급상승했다.

게다가 9월 29일에는 구단버스가 빗길에 전복 사고를 당하는 일도 있었다. 28일 롯데와 부산 야간경기를 마치고 광주로 이동하던 중 29일 새벽 1시께, 선수들을 태운 2호차 버스가 경남 하동군 금남면 계천리 부근 남해고속도로에서 빗속 커브길을 돌다 미끄러지면서 가드레일을 들이받고 옆으로 넘어졌다.

다행히 큰 부상자는 없었지만 투수 이경필과 이혜천, 류택현 등이 타박상과 찰과상 등을 입었다. 이경필은 왼쪽 무릎이 부어올랐고, 이혜천은 왼쪽 정강이와 왼손 새끼손가락을 다쳤다. 천만다행이었지만 OB로서는 포스트시즌에서 선수의 가동폭이 좁아져 경기력에 영향을 받을 수밖에 없었다.

준플레이오프 상대는 공교롭게도 잠실 라이벌 LG. 1993년 준플레이오프 이후 5년 만에 가을잔치에서 만나게 됐다. 5년 전에는 1승 2패로 져서 탈락했는데, OB가 그 빚을 갚아야 할 기회를 잡았다.

10월 4일 최종전을 치른 OB는 4일간 휴식을 취한 뒤 9일 LG와 3전2선승제의 준플레이오프 1차전을 맞이했다.

1차전에 OB는 선발투수로 강병규(시즌 5승 1무 10패, 평균자책점 3.63)를 내세웠다. 김상진과 박명환, 이경필 등의 컨디션이 좋지 않았고, 강병규가 정규시즌에서 LG에 나름대로 강한 면(2승 2패, 평균자책점 2.25)을 보였기 때문이다. LG 선발투수는 최고령 다승왕 김용수였다.

1차전부터 숨 막히는 접전이 펼쳐졌다. 라이벌 의식까지 더해져 경기 흐름은 한순간도 예측할 수 없는 난전으로 이어졌다.

선취점은 LG가 올렸다. 탐색전도 없이 1회말 외국인 선수 주니어 펠릭스가 우월 2점 홈런을 터뜨리며 펀치를 날렸다. 가만히 있을 OB가 아니었다. 2회초 김동주, 심정수, 캐세레스의 3연속 안타와 연속 땅볼 등으로 3점을 뽑아내며 단숨에 3-2로 역전에 성공했다.

다시 LG가 4회말 3-3 동점을 만들었다. 강병규는 4이닝 3실점으로 마운드에서 내려왔다.

OB는 6회초 캐세레스의 중전 적시타와 김민호의 2타점 우익선상 3루타로 6-3으로 앞서나갔다. 김용수는 그사이 5이닝 4실점의 부진한 투구로 강판됐다. OB의 시즌 막판 8연승의 기세가 이어지는 듯했다.

그러나 LG는 6회말 김재현의 중전 적시타와 OB 3번째 투수 이경필의 폭투 등으로 2점을 뽑고, 허문회의 좌전 적시타로 다시 6-6 동점을 만들었다.

9회에도 장군멍군을 불렀다. OB는 9회초 선두타자 정수근의 3루타와 김실의 사구로 무사 1, 3루의 황금 기회를 잡았다. 타이론 우즈 타석에서 LG는 김기범을 내리고 외국인 투수 마이클 앤더슨을 올렸다. 그런데 앤더슨이 보크를 범했다. OB는 7-6으로 앞서나갔다. 계속된 무사 2루. 그러나 OB는 여기서 추가득점에 실패한 것이 아쉬웠다.

아니나 다를까. 9회말 LG가 반격했다. 7회부터 등판한 진필중이 선두타자 김재현에게 중전안타를 내줬다. 심재학, 이병규의 연속 볼넷으로 1사 만루. 김동수의 2루수 앞 땅볼로 7-7 동점이 이뤄졌다.

숨 막히는 접전 속에 연장 승부에 돌입했다. 10회말 LG 선두타자 이준용의 우전안타와 류지현의 희생번트로 1사 2루. 여기서 결정적인 장면이 나온다. 김재현의 2루수 쪽 땅볼을 수비의 귀재 에드가 캐세레스가 가랑이 사이로 빠뜨리고 말았다. 2루 주자가 홈을 밟으면서 LG가 8-7 승리를 가져갔다.

KBO 포스트시즌 역사상 최초의 끝내기 실책. 캐세레스를 추억할 때면 지금도 1998년 준플레이오프 1차전의 그 끝내기 실책 장면부터 떠오른다. 그만큼 OB 팬들에게는 통한의 장면으로 남아 있다.

캐세레스는 수비 하나만 놓고 보면 최고의 플레이어였다. 당시 OB뿐만 아니라 다른 팀 선수들도 캐세레스의 메이저리그급 수비를 보고 새로운 교본으로 삼았을 정도다. 젠틀맨이었고, 성실한 자세와 야구에 대한 진지한 태도 또한 귀감이 되는 선수였다.

캐세레스는 진심으로 KBO리그에서 성공하고 싶어 했다. 트라이아웃에서 OB에 지명되자마자 라식 수술부터 하고 한국에 들어왔을 정도였다. 그러나 그것이 어쩌면 패착이 됐는지 모른다. 야간경기 때 빛 번짐 현상으로 타격할 때 어려움을 겪었다. 첫 시즌에 타율 0.250, 2홈런, 36타점에 그쳤다. 전형적인 거포 스타일의 외국인 선수가 아니라 수비와 주루(18도루) 등에서 팀에 도움을 준 선수였다.

OB로서는 1차전 연장 패배의 결과가 뼈아팠다. 1989년 도입된 3전2선승제 준플레이오프에서 1차전 승리팀이 100% 플레이오프에 진출했다. 통계를 본다면 OB는 벼랑 끝에 몰린 처지가 됐다.

2차전 선발투수는 LG 최향남과 OB 김상진. 초반에 승부가 갈렸다. 김상진은 1회초 3타자를 연속 삼진으로 잡으며 쾌조의 출발을 했으나, 2회초 LG 김동수에게 좌월 솔로 홈런을 맞았다. 이어 3회초 한꺼번에 7점을 내주면서 승기를 넘겨주고 말았다.

OB는 0-11로 뒤진 7회말 2점을 내고, 9회말 3점을 뽑으면서 마지막까지 반격을 시도했으나 결국 5-14로 패하면서 플레이오프 진출에 실패했다.

OB는 시즌 막판 8연승으로 포스트시즌 진출 티켓을 거머쥐는 기적을 만들었지만, 그 과정에서 선수단 내에 크고 작은 부상 선수가 속출했다. 앞서 설명한 대로 선수단이 탄 버스가 전복되는 사고까지 일어나면서 전력이 제대로 가동되기 힘든 상황이었다. 손가락 등을 다친 이경필, 이혜천, 류택현 등이 준플레이오프 마운드에 올랐지만 모두 제 기량을 발휘하지 못했다.

패장 김인식 감독은 언론 인터뷰에서 아쉬움을 나타냈다.

부상 선수가 너무 많아 정상적인 경기를 할 수 없었던 것이 2연패로 이어졌다. 특히 박명환 등 투수들이 줄줄이 부상을 당한 것이 아쉽다. 그나마 투혼을 잃지 않고 잘 싸워준 선수들이 고맙다. 내년 시즌에는 더 좋은 모습으로 팬들을 만날 것을 약속한다.

_1998년 10월 11일자 〈경향신문〉

1차전에서 석패한 것이 못내 아쉽다. 원래는 1차전에 박명환을 투입

하고 2차전에 강병규를 내세울 생각이었으나 박명환이 부상으로 나올

수 없어 차질이 있었다. 선발과 마무리투수를 보완해 내년 시즌에 대비

하겠다.

_1998년 10월 11일자 〈동아일보〉

1998년 준플레이오프는 유니폼 가슴에 'OB BEARS'라는 팀명을
달고 뛴 마지막 경기였다.


OB 베어스는 늘 최초의 팀으로 우리에게 기억된다. 최초로 프로
야구단을 창단하고, 최초로 어린이 회원을 모집했다. 최초로 우승
역사를 썼고, 최초로 MVP와 신인왕을 배출했다. 최초로 이천에 2군
전용구장을 지었고, 최초로 메이저리그 팀과 자매결연을 했다.

그렇게 최초의 역사와 기록을 써오던 'OB 베어스'는 17년의 세
월을 마무리했다. 1999년부터는 모기업인 두산그룹의 이름을 따서
'두산 베어스'라는 팀명으로 새출발하게 된다.

『베팬알백 – 베어스 팬이라면 죽기 전에 알아야 할 100가지 이야기』는 이로써
OB 베어스 시대 50가지 이야기를 먼저 소개해드렸습니다. 앞으로 이어질 두산
베어스 시대 50가지 이야기에도 많은 관심과 성원 부탁드립니다.

**베팬알백** 베어스 팬이라면 죽기 전에 알아야 할 100가지 이야기

**❷** 1986~1998

© 이재국 · 두산베어스 2023 | 본문 수록 사진 ⓒ 두산베어스

**1판 1쇄 인쇄** 2023년 4월 14일
**1판 1쇄 발행** 2023년 4월 25일

**지은이** 이재국 · 두산베어스
**펴낸이** 황상욱

**편집** 이은현 박성미 이미영 | **디자인** this-cover
**마케팅** 윤해승 장동철 윤두열 양준철 | **경영지원** 황지욱
**제작처** 더블비

**펴낸곳** ㈜휴먼큐브 | **출판등록** 2015년 7월 24일 제406-2015-000096호
**주소** 03997 서울시 마포구 월드컵로14길 61 2층
**문의전화** 02-2039-9462(편집) 02-2039-9463(마케팅) 02-2039-9460(팩스)
**전자우편** yun@humancube.kr

**ISBN** 979-11-6538-344-2 04690
          979-11-6538-342-8 (세트)

인스타그램 @humancube_books 페이스북 fb.com/humancube44